高等教育学学科建设丛书

丛书主编 · 张德祥　李枭鹰

高等教育社会学十二讲

李冲 · 等 著

广西师范大学出版社
GUANGXI NORMAL UNIVERSITY PRESS
· 桂林 ·

图书在版编目（CIP）数据

高等教育社会学十二讲 / 李冲等著. -- 桂林 : 广西师范大学出版社，2024. 12. --（高等教育学学科建设丛书 / 张德祥，李枭鹰主编）. -- ISBN 978-7-5598-7463-4

Ⅰ. G640；G40-052

中国国家版本馆 CIP 数据核字第 2024GR1615 号

广西师范大学出版社出版发行

（广西桂林市五里店路 9 号　邮政编码：541004
网址：http://www.bbtpress.com）

出版人：黄轩庄

全国新华书店经销

广西广大印务有限责任公司印刷

（桂林市临桂区秧塘工业园西城大道北侧广西师范大学出版社集团有限公司创意产业园内　邮政编码：541199）

开本：787 mm × 1 092 mm　1/16

印张：17　　　　字数：260 千

2024 年 12 月第 1 版　　2024 年 12 月第 1 次印刷

定价：65.00 元

总 序

我国的高等教育学学科自20世纪80年代初创建以来，经过近四十年的建设与发展，已经形成以高等教育学为主干的学科群。但总体来说，高等教育学还不是一个成熟的学科。这需要我们进一步加大力度，推进高等教育学的建设与发展。

高等教育学走向成熟需要加强多层次的高等教育研究。高等教育学应高等教育的发展需要而诞生，但高等教育作为一种社会活动不会自动转化为高等教育的"学科形态"。高等教育学的诞生、发展、壮大和繁荣，时时刻刻离不开高等教育科学研究。因为，离开了高等教育科学研究，就不会有任何的关于高等教育的学问，自然也就不会有高等教育学的诞生、发展、壮大和繁荣。从高等教育学学科建设的角度看，这套丛书倡导要加强元高等教育学研究或高等教育学元研究、高等教育学原理研究、高等教育学子学科建设研究和高等教育重大理论问题研究，是中肯的和值得肯定的。

高等教育学走向成熟需要加强高等教育学子学科建设。学科不断分化又不断综合是学科发展的基本趋势，而分化又是综合的前提和基础。一般地说，学科分化以子学科的形态呈现，即子学科的繁荣程度可以反映学科的分化程度；任何一个学科走向成熟，离不开该学科各子学科的支撑。高等教育学的建设与发展，一方面需要社会学、政治学、经济学、文化学、管理学、政策学等学科的参与和支持，而且这些学科发展得越好，可以为高等教育学提供的启发和借鉴就越多；另一方面更需要高等教育学各子学科的支撑，而且这些子学科发展得越好，高等教育学就越能横向拓展和纵深推进。目前，高等教育学各子学科发展态势良好，但总体上还不充分不平衡，像高等教育学、高等教育管理学等子学科发展得好一些，其他子学科相对单薄一些，需要我们花更多的力气去耕耘、播种和浇灌。

高等教育学走向成熟需要出版社、学术期刊出版机构等各种学术成果之孵化平台的大力支持。目前,国内办了不少专门的高等教育学术刊物,各出版社也大力支持高等教育学学术著作的出版。一直以来,广西师范大学出版社对高等教育学著作的出版支持力度很大,除了出版大量的单本专著,广西师范大学出版社在21世纪初出版过由薛天祥教授主编的“高等教育理论丛书”,这套丛书对高等教育学学科的人才培养影响很大,不少师生从中获益匪浅。如今,广西师范大学出版社又联合大连理工大学高等教育研究院,策划、组织、编写和出版“高等教育学学科建设丛书”,以专题形式研究高等教育学各子学科中的经典问题、前沿问题、热点问题和难点问题,这对我国高等教育学的学科发展和人才培养意义重大。

高等教育学走向成熟需要高等教育学学术共同体的共同努力。任何学科的成熟都是一代又一代研究者艰苦耕耘的结果,而且每一代有每一代的责任和使命。这对高等教育学而言也不例外。多年来,大连理工大学张德祥教授潜心于高等教育科学研究,带领学术团队勤耕不辍,在高等教育多个研究领域取得了可喜的成就,如今又带领学术团队立足于其成员各自的研究生课程教学,恪守经典性、学术性、前沿性、教育性和可读性的原则,采用灵活性较强的“讲义”形式,以高等教育学各子学科为核心和重点,编写和出版“高等教育学学科建设丛书”。这套丛书涉及多个高等教育学子学科,充分展现了新一代高等教育学研究者建设与发展高等教育学学科的责任感和使命感,用两位总主编在前言中的话说就是,“进一步促进高等教育学学科建设,为高等教育学学科建设和高等教育学学科人才培养提供必要支撑,并为新时代中国特色社会主义高等教育理论体系的丰富完善增砖添瓦”。对于这套丛书的策划、组织、编写和出版,我由衷地感到欣慰。最后,我真诚地希望参与这项工作的老师们不辞辛劳、不畏艰难、努力工作,高质量、高水平地把这套丛书呈现给读者。

是为序。

潘懋元

于厦门大学高等教育发展研究中心

2022年3月19日

前 言

中华人民共和国成立以来,特别是改革开放之后,我国的高等教育科学研究取得了可喜的成就,为发展和繁荣我国高等教育学做出了突出贡献,在国家和各级政府制定高等教育政策中发挥了不可替代的智库作用,为解决高等教育改革发展中的实际问题提供了理论指导和行动指南。面向未来,高等教育科学研究要有更大作为,为我国高等教育现代化建设做出更大贡献。

我国高度重视教育科学研究,教育部专门印发了《关于加强新时代教育科学研究工作的意见》,明确提出“丰富完善中国特色社会主义教育理论体系”的宏伟目标。中国特色社会主义高等教育理论体系是中国特色社会主义教育理论体系的有机组成部分,高等教育理论工作者有责任和义务为之丰富完善做出积极的努力和贡献,而加强高等教育学学科建设是奠基之举。为此,我们有必要加强四个方面的高等教育科学研究。一是元高等教育学研究。元高等教育学主要探讨高等教育学的学科本质、学科本体、学科本原、学科属性、学科方法、学科边界、学科分类、学科价值等问题,以及高等教育学为何形成、如何形成和怎样发展,从总体上或全局上引导高等教育学学科建设。二是高等教育学原理研究。高等教育学原理揭示了高等教育的本质及其运行、发展的一般规律,提供了认识、解释高等教育的基本框架,贡献了指导高等教育实践的一般原则,对高等教育学学科建设具有根基性意义。三是高等教育学子学科建设研究。我国的高等教育科学研究已形成以高等教育学为主干的学科群,但各子学科发展还不充分不平衡,需要我们大力推进高等教育学子学科高水平集群化发展,为高等教育学学科发展提供强有力的支撑。四是高等教育重大理论问题研究。高等教育的建设、改革和发展会经常碰到各种高等教育重大理论问题,研究这些高等教育重大理论问题不仅是指导高等教育实践的需要,也是建设高等教育学学科体系的需要,还是丰富完善中国特色社会主义高等教育理论体系的需要。

为全面推进元高等教育学、高等教育学原理、高等教育学子学科建设和高等教育重大理论问题等方面的研究,进一步促进高等教育学学科建设,为高等教育学学科建设和高等教育学学科人才培养提供必要支撑,并为新时代中国特色社会主义高等教育理论体系的丰富完善增砖添瓦,我们恪守经典性、学术性、前沿性、教育性和可读性原则,策划、组织、编写和出版这套"高等教育学学科建设丛书"。这套丛书拟包括《教育学基本理论十二讲》《高等教育学元研究十二讲》《高等教育学十二讲》《高等教育政治学十二讲》《高等教育社会学十二讲》《高等教育问题十二讲》《高等教育评价学十二讲》《大学课程与教学论十二讲》《高等教育伦理学十二讲》等著作。这套丛书的作者以大连理工大学高等教育研究院的老师为主,以国内相关领域的专家学者为辅。整个研究团队不畏艰辛、不怕困难、精诚团结,为丛书的顺利完成倾注了大量的时间、心血和汗水。尽管如此,这套丛书仍或存在这样或那样的不足,敬请各位读者包容和批评指正。

这套丛书的策划、组织、编写和出版,自始至终得到了广西师范大学出版社的大力支持。广西师范大学出版社在我国高校出版社中名列前茅,一直以来十分重视高等教育学著作的出版,为高等教育学学科建设提供了独有的支持,如今又全力支持这套丛书的出版。对此,我们由衷地感谢!

张德祥　李枭鹰

2022 年 3 月 10 日

目 录
Contents

第一讲
社会学视角:社会学家是怎样研究问题的?

教育与社会的关系是一个复杂的话题。从某种意义上讲,对这一复杂话题不同学科都有各自不同的见解。对于教育社会学而言,从社会学的视角阐明教育与社会的关系,不仅是其学科内涵的应有之义,而且构成了该门学科研究的主要内容与核心旨归。

第一节 导言

对于高等教育学专业的学生来说,教育社会学是或多或少都要涉猎的一门课程。由于教学计划安排所限,很多课程内容要么是介绍一堆社会学的理论与方法,而对于教育问题浅尝辄止;要么是深入探讨了许多教育问题,但是对社会学的相关理论和方法却蜻蜓点水。许多学生在学完这门课程之后,自己也说不清楚这门课程与其他专业课程的区别在哪里。在学习过程中,教师可能重点强调过要学会用社会学的视角看待和思考问题,但是学生一直对这个视角不得其门而入。

一、为什么要从社会学视角看待问题?

虽然不理解社会学视角是不应该的,但是从社会学的视角看来又是可以解释的。毕竟,高等教育学专业的教师和学生在长时间的学习过程中,逐渐形成了一种思维定式,这种定式就是从教育心理学和教育哲学的视角来看待教育问题。再有,日常生活中人们在处理各种问题的时候,由于自身的个体性,也多是从个人的视角来看待他人、组织和社会。诚然,社会问题每个人都会参与其中，很多人也或多或少有过亲身的经历，例如参加社区义工、加入志愿者组织等，但是对于应该采用什么样的视角来思考这些问题，很多人往往是一知半解、一带而过，甚至单纯从自己个人的经验加以看待。至于社会学视角，很多人是知其然而不知其所以然。毕竟，对于超出我们个人自身能力范围的事，投入再多的精力，作用也是有限的。

从社会学的视角来解释并学会用它来看待问题的困难，似乎并不能对人们提高认识水平产生多大的作用。人类社会是五彩斑斓的，每天都会发生一些大大小小的事情，有些发生在自己身边，有些发生在遥不可及的地方。对于这些事情，一些人有自己的看法，也有一些人会把别人的看法当作自己的看法。面对这样的世界，人们应该如何正确地思考？当人们义愤填膺地批评别人的时候，有没有想过很可能无知者正是自己；当人们接受别人的观点的时候，有没有想过自己可能正在别人的话语策略之下任人摆布。可能有人会说，这是危言耸听，因为每个人都有分辨是非的能力。不过，实际上，当一个人的视角狭隘地局限在某个范围之内时，上述错误就会经常发生。问题不是这个人不够聪明，而是其囿于一个狭隘的视角而无法认识到错误，如此而已。实际上，当一个人跳出自己狭隘的视角，学会从更大、更广阔、更多的角度来看待问题时，他的世界可能就会发生天翻地覆的变化。对于学习高等教育学的学生来说，从社会学的视角看待高等教育问题就能够给自己带来这样的变化。

二、如何学好高等教育社会学？

知易行难。对于高等教育学专业的学生来说，在没有刻苦钻研浩如烟海的社会学著作的情况下，想要快速地学会使用社会学的视角和方法看待问题，的确有很大的困难，毕竟学问之路缺乏刻苦钻研而只靠投机取巧是行不通的。不过，任何学科的学习都会有一定的“捷径”，掌握了一定的诀窍，往往就能事半功倍。事实上，当我们下定决心要学习某一学科时，概括、梳理学术史上那些大师的思想脉络能够让我们更加省时省力。比如，美国社会学家赖特·米尔斯（C. W. Mills）在《社会学的想象力》一书中告诉我们，想要学习社会学，先要具有社会学的想象力。那么，社会学的想象力又是什么呢?米尔斯告诉我们,事情也不尽然是复杂的。简单说来,主要包括三个方面[①]:一是我们看人不能只从一个角度看,要看到人的多样性;二是我们看待一个人的行为,不仅要看到他的个人特质,还要看到个人经历背后社会结构的原因;三是我们看待当下发生的事情,不能简单地就事论事,而要把它放到历史进程中进行分析。事实上,我们平时与朋友聊天或在课堂上思考和讨论问题之时,也是经常按照上述方式来梳理或表达自己的观点的。显然,我们不能如同社会学家那样系统、全面地使用社会学的视角来分析问题。

知晓上述认识,并不等于已经学会使用社会学视角看待问题了。当然,这样的认识并不算错误,我们还是要沉下心来,仔细了解一下社会学视角的独特性、冲突性和发展性。之所以这样说,是因为社会科学的历史十分悠久,其中自然包含了社会学的内容,但是,作为一门同政治学、经济学、心理学并立的学科,社会学的历史并不十分久远,也就是二百多年的时间。不过,在这二百多年的时间里,社会学的发展十分迅速,涌现出了许多学派和理论。这些学派和提出、支持这些理论的学者之间不仅相互学习,而且也相互论战。许多观点虽然截然相反,但是都能在社会现实中找到相应的证据。这一特点可能大大出乎社会学创始人孔德(A. Comte)的意料。孔德所处的时代,社会动荡不安,各种社会思潮此起彼伏,因而孔德才想到要使用自然科学的实证方法来研究社会,从而发现如同自然规律的社会发展规律。事实上,社会学发展至今,各种理论此起彼伏,旧理论不断被新理论批判,而新理论同样会被更新的理论排斥。令人不安的是,对新理论的驳斥,往往还是旧理论提供了更多的武器。可以这样说,社会学理论没有绝对的新旧之分,只有流行与否的差异。概言之,社会学是关于情境的学问,情境消失了,理论也就过时了;情境重新出现,旧理论也会改头换面重新登场,又流行起来。

鉴于探讨社会学理论的目的是更好地认识高等教育问题,因此本书不再赘述社会学的学派和历史渊源。如果想要更深入地学习,那么选择阅读

---

① 赖特·米尔斯. 社会学的想象力[M]. 2版.陈强,张永强,译. 北京:生活·读书·新知三联书店,2005:5.

社会学理论书籍才是更好的选择。当然,这样的学习对于学好高等教育社会学自然也大有裨益。下面结合学习高等教育社会学的需要,集中探讨几种比较典型的社会理论,每一种理论都给我们提供了认识高等教育问题的独特视角。

第二节　多维视角的社会理论

社会学没有一种统一的社会理论。古往今来,不同历史时期、不同学者提出了许多不同的社会理论。这些理论有些互为支撑,相得益彰;有些则彼此冲突,争论不休。

一、社会实在论

社会实在论又称社会唯实论(social realism),是一种关于社会学思想性质的观点或理论倾向。这一思想或理论的根源是中世纪的经验哲学。不仅仅是社会科学,甚至包括自然科学在内,其根源也来自哲学。可能有人认为这样的观点有些牵强附会,不过毋庸置疑的是,任何学科的理论出发点和逻辑先验假设都是具有哲学意义的人类思想。

探讨唯实论最好与同它相对应的概念唯名论(nominalism)一起来进行。在西方哲学史上,唯实论与唯名论主要用来表达对一般和个别之间关系的两种不同认识。这两个名词使用得比较宽泛,不同历史时期对它们存在着不同的理解,这里不做过多分析。严格的唯实论认为,一般先于个别,个别是由一般分化而来的;较为温和的唯实论认为,一般存在于思维之中,它是对事物的共性(相似性、普遍性)的抽象。唯名论则否定一般存在的客观实在性,否认概念的客观内容,认为只有个别事物(特殊)才是真实存在的,一般事物不过是人们用来表述个别事物的名称。反映到科学研究之中,也就是说个别才是科学的对象,一般则是逻辑的对象。[1]

---

① 周晓虹.唯名论与唯实论之争:社会学内部的对立与动力——有关经典社会学发展的一项考察[J].南京大学学报(哲学.人文科学.社会科学版),2003(04):114-122.

这两种对立的哲学观念在社会学理论中都形成了相应的理论体系和学术流派。社会唯实论从 17 世纪英国哲学家霍布斯的理性主义的国家主义，经 18 世纪英国边沁的激进功利主义，以及 19 世纪孔德的社会物理学和斯宾塞(H. Spencer)的社会有机体理论的发展，最终在法国社会学家涂尔干(Émile Durkheim，又译“迪尔凯姆”或“迪尔克姆”，后文根据实际情况使用)的“社会学主义”中得到了最典型的表述。这一理论流派的核心观点是：社会是一个由各种制度和规范构成的有机整体，社会外在于个人，并对个人具有强制性。众所周知，孔德最早提出了社会学的概念，因此被认为是社会学的创始人。诚然，他对社会学的贡献是毋庸置疑的，不过真正给社会学奠基的巨擘是涂尔干、马克思(K. Marx)和韦伯(M. Weber)。这里我们先来探讨一下涂尔干的贡献。

毋庸讳言，任何一门学科都有自己独立的研究对象。孔德提出用实证主义方法研究社会，但是他自己并没有真正实践这一思想，他的著作基本上还是哲学意义上的思辨，当然这种思辨的价值和意义也十分重大。实际上，如果我们接受使用实证主义方法研究社会的思想，也就暗含着我们接受一个先验的前提假设——社会是如同自然事物一样客观存在的事实。真正为这一思想奠定方法论基础并实际践行的人就是涂尔干。涂尔干认为，社会学应当和自然科学一样，要有自己固定的研究对象，这个研究对象不能与自然科学的研究对象相重叠，也应该区别于哲学、生理学、心理学的研究对象。社会学的研究对象就是社会事实。那么，什么是社会事实呢？简单说来，社会事实就是指如同自然事物一样可以度量或其因果可以度量的社会总体现象。涂尔干在《社会学方法的规则》一书中这样描述社会事实的特点：超越于个人和个人行为；并以外在的形式“强制”和作用于个人行为，即对个人有约束作用；普遍地或广泛地贯穿于一个社会中，即社会事实是共有的，不是唯一的个别特征。概言之，社会事实是“事物”，它不能用生理学、个体心理学的观点来解释，只能用其他社会事实做因果解释。[①]

① 埃米尔·迪尔凯姆.社会学方法的规则[M].胡伟，译.北京：华夏出版社，1999：34.

二、社会功能论

社会学的视角不止于对社会事实的发现，而且还要对社会事实做出解释，乃至预测可能发生的社会事实。例如，社会学家经常会思考社会秩序为什么会存在，社会制度是怎样形成的，人和人之间不平等的根源是什么。从社会学的视角出发对这些问题进行的解释一般我们称之为社会理论。社会理论的基本功能就是对社会现象进行解释和预测。社会功能论是在社会学研究中出现较早，并且具有广泛影响的社会理论之一。

社会功能论又称结构功能论，是指在整个社会系统中各个组成部分所具有的一定能力、功效和作用。包括孔德、斯宾塞、涂尔干等人在内的很多早期社会学家都是功能论者。功能论的理论源自这样一种假想或者类比：如果社会如同人一样是一个有机的生命体，那么这个“有机体”的每个部分，就如同人的器官一样，都是为了这个有机体的生存而存在的。学术化一点的表述就是：社会是一个各部分之间相互联系、彼此依赖的有机整体，各部分根据整体的不同需求，执行各自不同的社会功能，每个社会部门都是为了维护社会稳定而构建起来的。

1.帕森斯的抽象功能论

在功能论的发展史上，在哈佛大学任教的社会学家塔尔科特·帕森斯（T. Parsons）是关键人物，他所提倡的功能论主导美国社会学发展四十年。帕森斯的思想早期受韦伯的影响较大，特别重视社会行动概念，他提出了一种所谓的“唯意志的行动论”。20 世纪 40 年代末之后，帕森斯的思想发展到了一个新阶段，行动论变成了系统论，思想渊源也由韦伯转到了帕累托（V. Pareto）和涂尔干。

帕森斯认为，社会系统犹如一个有机体，为了保证自身的存在、持续以及有效性，系统的各个部分必须满足一定的功能要求。在一般意义上，社会系统必须满足四种必要的功能：一是适应（adaption），指系统必须确保通过多种途径从环境中获得所需资源、控制环境状态，以适应环境和为系统生存提供条件；二是目标达成（goal attainment），指系统有其既定的目标导向，可以按照各种目标间的主次关系，调动资源和引导社会成员来达成系统目标；三是整合（integration），指系统内部要进行相互协调和配合，实现系统功能的整体优化;四是潜在模式维持(latency pattern maintenance),指系统能够维持价值观的基本模式并使之在系统内保持制度化,即便系统运转过程中出现中断,其原有运行模式仍可以被记录下来,为系统重新运转提供充分的基础和保障。帕森斯认为,对于任何社会行动系统或者组织的存在和发展,上述四种功能都是必要条件。[①] 为了充分满足这些功能,社会系统在组织上产生功能分化,由经济系统、政治系统、社会共同体系统和文化意义上的模式托管系统分别执行适应、目标达成、整合与潜在模式维持这四种功能。如果我们把社会分为宏观、中观和微观三个层次,帕森斯认为这四种功能要求在各层次的系统中都存在。

毫无疑问,社会现象是由于人的参与形成的,那么我们如何解释社会行动呢? 帕森斯认为,社会行动是一个庞大的系统,它由行为有机体系统、人格系统、社会系统和文化系统四个子系统组成。行为有机体系统与行动者的生物学方面有关;人格系统组织着个人行动者的各种习得性需要、要求和行动抉择;社会系统组织着社会互动中的个人或群体,使之处于一定的相互关系形式之中;文化系统由规范、价值观、信仰及其他一些与行动相联系的观念构成,是一个具有符号性质的意义模式系统。这四种系统有自己的范围和边界,相互依存、相互作用,使社会系统趋于均衡。适应、目标达成、整合和潜在模式维持四种基本必要功能的满足,使系统得以保持稳定性。当系统出现越轨和偏离常态的现象时,可通过系统本身的自动调节机制,使系统回复到新的正常状态。[②]

2.默顿的经验功能理论

帕森斯创立的结构功能理论体系十分庞大,“适应(A)—目标达成(G)—整合(I)—潜在模式维持(L)”只是他用来解释社会行动的一个简化模型。这个模型似乎能够解释从微观到宏观的一切人类行为,但是由于内容过于抽象,难以实践。同时,这个模型是理论研究与经验分析相对脱节的,无法在社会实践中得到验证,加之 20 世纪 60 年代以来,世界范围内社

① 魏磊.社会稳定与社会治理科学化[M].济南:山东人民出版社,2019:25.

② 塔尔科特·帕森斯.社会行动的结构[M].张明德,夏遇南,彭刚,译.南京:译林出版社,2012:5.

会动荡不堪，冲突不断，帕森斯的理论遇到了极大的挑战。面对这一现状，另一位著名的社会学家默顿(R. Merton，帕森斯的学生)，在批判的基础上发展了结构功能理论。

与帕森斯强调理论抽象性不同，默顿更加强调经验实在性，倡导建立一种适用于解释有限现象的“中层理论”，用以克服帕森斯试图解释一切社会现象的、抽象的宏大理论。默顿认为，构成系统的各个组成部分中，并不是每个部分都是为了维护社会稳定而存在的，实际上一些社会元素或过程具有反功能，可以使社会体系崩溃或降低社会稳定性。例如，一些黑社会帮派，作为社会毒瘤是应该被铲除的，但是在一些政府、警察力量所不能及的地方，它们在相当程度上实现了把社会维持在一定“秩序”之下的功能，只不过这一“秩序”与整个社会系统所倡导的功能相反。同时，默顿还区分了显性功能与隐性功能。显性功能指的是被人们设想到和认识到的客观结果；隐性功能指的是未被人们设想到和认识到的客观结果。例如，大学作为一种特殊的社会组织，它的显性功能我们一般认为是人才培养、科学研究和社会服务等，但是它潜在的功能至少还包括为青年男女相互了解、谈情说爱乃至建立家庭提供了便利。默顿认为，社会学者的特殊贡献不但在于研究社会行动者有意安排的预期后果(显性功能)，而且主要在于研究社会行动者未预期的或不为一般人所觉察的后果(隐性功能)①。

三、社会冲突论

社会冲突论是与社会功能论相对的理论。20 世纪 40 年代中期以后，以帕森斯为代表的结构功能主义一直占据着西方社会学理论的主流。功能论由于过于强调社会整合、社会秩序的作用，而将社会冲突视为健康社会的“病态”，因此遭到了一些学者的质疑和批评。同时，20 世纪 50 年代之后，西方社会环境也发生了一定的变化，由第二次世界大战后短暂稳定，转而开始出现普遍的冲突现象。面对这样的社会变化，功能主义对社会运动不仅不能解释，也无法进行预测，一些社会学家开始对帕森斯理论的精确性产生

① 李芹. 社会学概论[M]. 济南：山东人民出版社，2012:250.

怀疑。

建立平等、互助、协调、和谐的社会一直是人类的美好追求。社会冲突论虽然是20世纪50年代之后形成的，但实际上社会冲突的思想源远流长，可以追溯到马克思、韦伯、齐美尔（G. Simmel）等古典社会学家。马克思是公认的社会冲突论流派的鼻祖，他认为冲突产生的根源在于社会生产中的不平等，尤其是财产与生产资料之间的不平等。不过，与功能主义者不同的是，马克思并不认为冲突是社会的“病态”现象，相反，他认为冲突是社会变迁的动力，冲突导致了人类社会的不断进步。另一位伟大的社会学家韦伯认为，冲突并非单纯由利益引起，其与财富、权力、声望具有高度相关性，一个社会中的财富、权力、声望往往集中于少数人身上，由于剥削而导致的阶层固化、报酬分配不均与低水平的流动率都是导致冲突的因素。齐美尔与马克思和韦伯都不同，他认为冲突的发生是社会团体的一种本能，而非利益、不平等之类的外部因素所导致。[①] 这三位古典社会学家有关社会冲突的思想为冲突论理论流派的形成提供了学术养料。冲突理论主要有一般冲突论、积极功能冲突论和辩证冲突论三个流派，由于他们各自的学术着眼点不同，对古典社会学家有关冲突思想的继承不同，因此观点也不尽相同。不过，他们的共同之处也比较明显，那就是对功能论进行批判，反对功能论的主张。下面介绍几位重要的冲突论思想家的观点。

1.米尔斯的社会冲突论

米尔斯是最早对帕森斯功能主义进行批判的学者。功能主义强调社会的整合与秩序，把社会放在了个人之上，米尔斯则把个人的需要放在首位，从现存社会结构对人的压抑和阻碍的角度对功能论进行批判。他与马克思和韦伯一样，关心的中心问题是社会结构中的阶级及其各种统治形式。不过，米尔斯没有采用马克思关于阶级分层的观点，而是采用了韦伯的财富、权力和声望三位一体的社会分层模式。但与韦伯不同的是，米尔斯更加重视权力结构，而不是财富和声望。他认为财富、权力和声望三者之间是重合

① 杜少臣.论“情境主义”的社会冲突观：一个本土理论视角的述评与反思[J].甘肃行政学院学报，2020(01)：58-72，126-127.

的,因此没有必要像韦伯那样进行原则上的区分。米尔斯对冲突理论的重要贡献之一是提出了“权力精英”理论。米尔斯以美国社会作为背景,指出在经济、军事和政治机构中占据高位的财阀、军阀和政客组成了或多或少结合在一起的或统一起来的权力精英,他们的重要决策决定了美国社会的基本结构和趋向,左右着美国中下层人民的生活。权力精英们的决策反映了他们维护的只是自己统治的利益,而不是普通公民的利益。①

2.科塞的冲突理论

刘易斯·科塞(L. Coser)是最早使用“冲突理论”这一术语的社会学家,是积极功能冲突论的主要代表。与米尔斯不同,科塞的冲突论主要是从齐美尔的冲突思想出发并加以扩展而形成的。科塞批评帕森斯认为的冲突只具有破坏作用的片面观点,他从齐美尔的社会冲突是“一种社会化的形式”的命题出发,广泛探讨了冲突如何维持和重建社会系统的整合与适应环境变化的功能。他认为,冲突具有正功能和负功能,在一定条件下,冲突具有保证社会连续性,减少对立两极产生,防止社会系统僵化,增强社会组织适应性和促进社会进步等正功能。②

3.达伦多夫的冲突理论

拉尔夫·达伦多夫(R. Dahrendorf)是辩证冲突论的主要代表,他的冲突论主要是在批判、吸收和改造马克思的冲突思想,以及部分地吸收韦伯和齐美尔冲突观点的基础上建立的。达伦多夫认为社会现实有两张面孔:一张是稳定、和谐与共识;另一张是变迁、冲突和强制。他继承了马克思冲突根源的思想,认为社会系统始终处于一种冲突状态,冲突的根源是内在于社会结构之中的利益对抗。不过,达伦多夫认为由于当代资本主义同早期资本主义相比已经发生了很大变化,阶级划分的关键因素已经不再是占有生产资料,而是是否拥有生产资料的支配权,因此他使用“权威关系”取代了生产资料的占有关系。需要指出的是,这一观点在事实上已经否定了马克思阶级论的基础。除此之外,达伦多夫还从韦伯那里吸收了组织、社会流动与

---

① 赖特·米尔斯.权力精英[M].王崑,许荣,译.南京:南京大学出版社,2004:309.

② 侯钧生.西方社会学理论教程[M].4版.天津:南开大学出版社,2017:170-171.

冲突关系的观点，从齐美尔那里吸收了社会冲突强度的条件等观点。他认为，社会组织不是寻求均衡的社会系统，而是强制协调联合体。社会组织内部的权威和权力在不同位置上是不同量分配的。这种不平等权威的分布，使社会分化为统治和被统治两大彼此对立的准群体。在一定条件下，准群体组织表现为明显的利益群体，并作为集体行动者投入公开的群体冲突，从而导致社会组织内部权威和权力的再分配，社会暂时趋于稳定与和谐。但权威的再分配同时也是新的统治和被统治角色的制度化过程。和谐中潜伏着冲突的危机，一旦时机成熟，社会成员就会重新组织起来，进入另一轮争夺权力的冲突。①

4.柯林斯的冲突理论

传统的冲突理论侧重于宏观分析，强调社会结构对个人的约束和限制。柯林斯(R. Collins)则从微观分析入手，提出了一种综合性的冲突理论。柯林斯认为，冲突是一类普遍存在的社会现象，社会冲突是现实的、根本的，是社会生活的基本过程，但公开的冲突是有限的，更多的冲突往往是力图打破组织的制约而不是要进行实际的毁坏。因此，仅仅把“冲突理论”作为功能理论的补充和修正不足以说明这一过程，必须建立一门以冲突为主题的社会学。柯林斯对冲突理论最大的贡献在于针对宏观研究开辟了一条微观研究的路径。柯林斯认为，人们生活在自我构成的主观世界里，其他人则牵着控制个人主观世界的许多绳索，为了争夺这种控制，就经常发生冲突。他还认为，冲突不可避免地是由诸如财富、权力、声望及其他产品的不平等分配引起的。人们总是力争最大限度地提高自己所占有的稀缺资源数量。而那些占有较多资源的人，总想巩固自己的地位，最大限度地维护自己的既得利益不会流失。柯林斯同时还强调，冲突理论离开了社会层面的分析是行不通的，对宏观社会结构的理解不能脱离建构这些结构的行动者，社会结构是行动者的互动模式，是在行动者不断地创造和再创造中产生并得以持续的。柯林斯的冲突论思想标志着冲突问题的研究进入了一个新的阶段，冲突社

---

① 沃尔夫，郑欣龙. 达伦多夫及其冲突论[J]. 现代外国哲学社会科学文摘，1983(11)：55-56.

会学真正成为一门说明性科学。①

四、社会交换论

功能论和冲突论的观点和主张虽然不同，但是它们都属于宏观社会学，主要研究社会结构，包括社会结构是如何形成的，社会结构的不同方面是如何相互影响的，以及社会宏观结构对个人行为的影响，等等。虽然社会交换论也是针对帕森斯的结构功能主义提出的，但是它与功能论和冲突论都不同，它的研究重点是人际关系中的交换现象，也就是人与人之间的互动，属于微观社会学的范畴。虽然不同的理论家观点有所不同，但是所有的微观社会学家都认为选择是人类行为的最基本特征。作为一种社会学理论，社会交换论的理论渊源不是涂尔干、韦伯、齐美尔等古典社会学家的理论，而更多的是来自经济学和心理学。人性自私、趋乐避苦的理性经济人假设被拓展到人类社会生活领域；强化（即获得某种报酬）是行为形成和改变动因的观点也被现代交换理论全部吸收了。社会交换理论有三个重要特征：①直接借用了古典经济学理论中的交换概念并将其扩展到更大范围的社会活动当中；②实质上是行为主义心理学和行为经济学的混合体；③把交换作为各种社会关系的表达。② 现代社会交换理论的代表人物是乔治·霍曼斯（G. C. Homans）和彼德·布劳（P. M. Blau）。霍曼斯的交换理论主要着眼于个人层次上对个人行为的解释，因此被称为行为主义交换论；布劳的理论侧重于人际互动、社区与社会结构的交换过程，因此被称为结构交换论。

1.霍曼斯的行为主义交换论

霍曼斯最初追随帕森斯的理论，是传统的结构功能主义者，但是他反对帕森斯宏大叙事性的抽象解释，主张社会学必须从不真实的抽象中回到最明确的事实中去，主张根据心理学理论返回到对人类行为的研究。霍曼斯认为，功能主义虽然描述了社会现实，但并没有成功、合理地解释社会结构的发展，而要解释社会结构的发展就需要根据所谓“交互性”概念。为此，霍

① 侯钧生.西方社会学理论教程[M].4版.天津：南开大学出版社，2017:421-424.

② 侯钧生.西方社会学理论教程[M].4版.天津：南开大学出版社，2017:218.

曼斯吸收了以亚当·斯密(A. Smith)为代表的古典政治经济学、以马林诺夫斯基(B. Malinowski)为代表的人类学和以斯金纳(B. F. Skinner)为代表的行为心理学中的交换思想。在构建新理论的过程中,霍曼斯借用心理学和经济学中的一些概念来阐述他的理论命题。[①] (1)行动,指行动者个体的行为表现,特征是追求报酬、逃避惩罚。(2)互动,指人与人之间的相互交往与相互作用。(3) 情感,指群体中个人之间的内部兴趣,如好感、赞同、反对等。(4)刺激,指环境中能引起个体做出行动反应的暗示。(5)报酬,又称奖励,指可以满足需要的强化物,可以是物质的,如金钱,也可以是非物质的,如声誉、赞扬。(6)成本,指行动的付出,可以是实际成本,如进行活动承受的痛苦,也可以是机会成本,如为了获得某种报酬而失去的其他可能的报酬,如大学本科毕业读研会失去参加工作的机会和工资。(7)资源,指个人的全部特性与经验,如社会地位、知识、专长、性别、种族等。(8)利润,指报酬减去成本所剩下的纯粹奖励,可以是物质的,也可以是精神的。(9)公正性期待,属于一种主观期待,是过去模式的延续,指个人在过去行动中所付出的成本和所得到的报酬之间的比例关系,违背期待将产生相对剥离感。在以上九个概念中,报酬是最核心的概念。报酬与成本、投资成正比,成本越高,人们期望的报酬就越多;投资越少,期望的报酬就越少。为了说明社会交换原则,霍曼斯又在其基本概念中加入了两个心理学概念:(1)剥夺,指默认在得到某一特定奖励之后所经历的时间长度。(2)满足,指一个人在刚刚过去的时间里所得到的报酬已足以使他不再马上需要更多报酬的状态。

霍曼斯运用上述基本概念,构建了由六大命题组成的关于人类行为的一般命题系统。(1)成功命题:某一行动越是经常得到回报,越是可能采取该行动。(2)刺激命题:如果过去某一刺激或一系列刺激发生时,某一行动得到了回报,那么目前的刺激和过去的刺激越是相似,就越有可能采取这一行动,或相似的行动。(3)价值命题:某一行动的后果越具有价值,越有可能采取这一行动。(4)剥夺—满足主张:近期内越是经常接受了某一回报,那么随着回报的增加,所获得此回报的满足感和价值感就会减少。(5)攻击—

① 黄晓京.霍曼斯及其行为交换理论[J].国外社会科学,1983(05):70-73.

赞同命题：一是如果行动未能获得预期回报或者招致始料未及的惩罚，就会因愤怒而采取攻击行为，这类行为后果变得更有价值；二是如果行动获得了预期回报，尤其是获得了超出预期的回报，或者未招致预期的惩罚，就会因高兴而可能采取接受赞同的行为，这类行为后果变得更有价值。(6)理性命题：人们面临行动取舍时，行为的抉择不是由个人决定，而是由先前的强化事例决定。人们总会根据当时的认识，选择随着获利可能性增大，其结果价值也增大的行为。①

2.布劳的结构交换论

布劳的社会交换理论与霍曼斯的理论具有巨大差异。布劳的研究重点不是人际关系，而是社会结构的交换基础。布劳认为，从微观领域到宏观领域，交换过程虽然相同，但已经变得更为复杂。交换的主体由个人扩展到群体和社会组织，交换性质也由直接扩展到间接，交换由先于社会制度和社会结构的创造过程变为受社会制度和结构制约的过程。布劳认为，社会交换是个体之间的关系与群体之间的关系、权力分化与伙伴群体关系、对抗力量之间的冲突与合作、社区成员之间间接的联系与亲密依恋关系等的基础。与霍曼斯不同的是，布劳认为社会交换只是人类行为的一部分，并不是全部。在他看来，社会交换是当别人做出报答性反应就发生、当别人不再做出报答性反应就停止的行动。换句话说，社会交换关系仅仅指行动者与那些他们期待能给自己的行动以适当回报的他人之间的关系，而不期待他人回报的交往则不属于交换关系。由此可见，布劳的交换理论中经济学的色彩更加浓重。不过，布劳并不把社会交换等同于经济交换。他认为，经济交换是根据明文规定的契约进行的，而社会交换不做任何具体的规定和明文的承诺；社会交换会引起个人的责任、感觉和信任，而经济交换则不会；从经济交换中得到的利益是可以准确计算和预测的，而从社会交换中得到的利益则没有明确的价格，没有统一的衡量标准，报酬的价值具有模糊性。②

布劳的结构交换理论的基本内容包括内部交换和外部交换两个方面。

---

① 玛格丽特·波洛玛. 当代社会学理论[M]. 孙立平，译. 北京：华夏出版社，1989：47-49.

② 彼德·布劳. 社会生活中的交换与权力[M]. 孙非，张黎勤，译. 北京：华夏出版社，1988：109-113,178.

这两种交换对应在商品经济中就是内在性报酬与外在性报酬。所谓内在性报酬,即从社会交往关系本身中取得的报酬,如乐趣、社会赞同、爱、感激等;所谓外在性报酬,即在社会交往关系之外取得的报酬,如金钱、商品、邀请、帮助、服从等。布劳认为,现实生活中内在性报酬与外在性报酬是连接在一起的,很难有明确的区分。布劳认为,在微观层面上社会结构交换的过程始于人与人交往的倾向性——社会吸引,而吸引、竞争、分化、整合组成了社会交换的基本过程。社会吸引是刺激人们进行交换的前提条件;竞争是社会交换的实现途径;分化是权力等级出现的基础;整合是形成以合法性价值为基础的权威。在交换结构的宏观结构层面,布劳认为人与人交往大多是间接的,成本与报酬的联系往往距离较远,所以为了维持这种人与人之间的结构交换需要某种媒介来传递。布劳认为,最重要的媒介机制是共享价值观和制度化。共享价值观为宏观交换关系的形成提供了可能性,但还需要制度化过程的固化,具体交换关系的稳定和普遍的规范制度化要建立在共享价值观基础之上。[①] 布劳的这一思想构成了他结构交换理论的核心。

具体而言,在群体构成的场合中,由于交往不是唯一的,因此社会结构交换是通过个体间相互竞争来进行的。竞争导致优胜劣汰,导致人与人之间地位的分化。这种地位分化继续发展就产生了权力,而权力则有助于集体性社会组织的建立。在交换的过程中,人们主要遵循如下五个原则:(1)理性原则。人们在进行某种行动时,越是期望从对方那里得到更多的报酬,就越有可能从事这种活动。(2)互惠原则。人们之间交换报酬越多,越有可能产生互惠的义务并以此来支配以后的交换;越是违反交换关系中的互惠义务,被剥夺者就越会倾向于消极地制裁违背规范的人。(3)公正原则。人们建立的交换关系越多,就越有可能受到“公平交换”规范的制约;越是不能实现公平规范,被剥夺者就越会倾向于消极地刺激那些违背规范的人。(4)边际效用原则。人们进行某一特定行为期望得到的报酬越多,则该行动的价值越小,越不可能从事此活动。(5)不均衡原则。在社会单位中,某些交

① 龙书芹.冲突与变迁思想在布劳理论中的嬗变:从交换理论到宏观理论结构[J].社会科学家,2009(08):43-45.

换关系越是均衡和稳定，其他交换关系越可能变得不均衡和不稳定。

第三节　社会理论对高等教育问题的解释

社会学为我们提供了许多认识和理解社会现象的理论，同时也为我们解释社会问题提供了一套完整的逻辑。下面我们结合上一节介绍的四种社会理论，从社会学的视角对以下几个被广泛探讨的高等教育问题做出解释。

一、高等教育的目的是什么?

高等教育的目的应当是满足人的全面发展需要还是适应经济社会发展的需要？这是一个被社会各界广泛探讨的问题。对于这一问题，我们从哲学、心理学的角度也能得到逻辑自洽的观点。不过，通过对帕森斯和默顿两位功能主义大师的理论介绍，我们应该能够感受到社会学认识和解释这一问题的独特之处。事实上，当我们从国家、社会的角度来看待教育问题时，我们就会发现，一些原本觉得理所当然的观念是值得推敲的。诚然，功能主义角度承认人的全面发展对于整个社会系统的不可或缺性，但是无论是从帕森斯的抽象功能论还是默顿的经验功能论来看，世界范围内高等教育的历史沿革和现实需求无不是围绕着与国家、社会和市场，以及政治、经济和文化的相互关系展开的。掌握了功能主义这一个社会学的理论视角，我们就会对高等教育目的这一问题形成不同于哲学、心理学等其他学科的特殊观点。可能我们对究竟是政治论的高等教育还是认识论的高等教育有了新的理解，也可能我们对涉及高等教育公平和效率的政策导向问题不再过于激进，也可能我们开始认为高等教育资源的区域不均衡配置是合理的，甚至我们还可能认为由高等教育所导致的社会分层和社会流动是天经地义的。此处，对这些问题本书不做过多解释，学生可以在学习的过程中不断思考直至形成自己的观点。这不仅是由于这些认识本身就没有所谓绝对的正确，而是在于不同的理论为我们提供了一个天然的立场，有什么样的立场也就会有什么样的视角，进而也会形成什么样的认识。有时我们的观点可能彼此一致,有时可能相互冲突,极端情况下,一些观点可能是难以调和的。

二、素质教育怎样实施才能达到效果?

通过对冲突论思想家的概述,我们可以发现,功能论和冲突论各自说明了社会秩序和冲突的两个侧面。如果从静态的角度看待我们的社会,自然会强调秩序;如果从动态的角度看,自然会强调冲突。诚然,建立一个美好、和谐的社会是人类的普遍理想,但如果因为这种主观意愿而忽视甚至否定冲突的客观存在及其社会意义,这显然是不可取的。相对而言,现代冲突理论强调社会冲突的"正"功能,比功能主义更具有建设性。如果我们从冲突论的视角出发,对教育中的一些问题好像又可以得到不同于从功能论视角出发的观点。以下举几个例子来探讨一下这个问题。比如,我国从20世纪80年代以来一直倡导实施素质教育。1999年国家召开了"深化教育改革,全面推进素质教育"主题会议。同年,《中共中央 国务院关于深化教育改革全面推进素质教育的决定》文件出台,全国正式开始推广以德智体美劳为核心内容的素质教育。2010年《国家中长期教育改革和发展规划纲要(2010—2020年)》出台,实施素质教育被提升到我国教育改革发展的战略主题高度。不过,30多年来,我们的素质教育工作落实的效果如何呢?事实上,我们看到的是素质教育在不断加强,同时应试教育依然严重。这种现象我们如何解释呢?从功能论的角度看,国家需要全面发展的人才,教育系统自然会通过适应、整合等各种机制把人才培养的目标、内容调适到这一轨道上来。但是,实际的教育发展路径并没有使应试教育受到抑制。如果我们从冲突论的视角来看待这一问题,这一现象就能够得到很好的解释。毫无疑问,接受教育尤其是接受高等教育是社会向上流动的重要通道,与财富积累、家庭出身相比,教育这一条向上流动的通道相对比较公平,因此在这一过程中充满了竞争(冲突)。由于优质的教育资源主要集中在重点高中、重点大学,而决定分配这些资源的规则主要是分数,因此为了向上流动,无论是学生、家长,还是各级各类学校,普遍缺乏加强素质教育的动力。资源有限性和竞争无限性之间的矛盾导致了教育这个场域中充满了冲突,无法在短时间内提高学生分数的素质教育自然缺少市场。

说到这里许多人可能会认为，我们增加教育资源供给，比如高等学校扩大招生规模，降低升学考试压力，让更多的人有机会享受优质的高等教育资源就可以解决这一问题了。事实上，国家在这一问题上的改革从来就没有停止过。1999 年开始，我国高等学校不断扩大招生数量。目前，很多省份的高等教育毛入学率已经在 50%以上，已经远远超过了大众化高等教育阶段，进入了普及化阶段。不过，事实上高考升学的竞争压力并没有降低。功能论对这一现象的解释是高等教育的发展与经济、社会发展之间的不平衡，人才培养不适应产业发展的需求。实际上，冲突论对这一现象的解释可能更加令人信服。冲突论认为，社会结构中的不同位置拥有不同的资源和权利，越是上层，拥有的资源和权利也就越多。不过，社会结构中上层位置是有限的，层级越高可以接纳的人数越少。社会的上层位置为了维护本阶层的资源和权利不被稀释，因此需要控制社会阶层向上流动的数量。在传统精英教育阶段，一个人有了大学文凭可能就跨过了进入更高阶层的门槛，而在高等教育大众化阶段和普及化阶段，这个门槛自然会被一再提高。这一认识可以很好地解释当前社会中的“唯学历”现象。

三、上了名牌大学就会事业成功吗？

从我们很小的时候开始，父母、亲属、邻居和老师都在教诲我们，只有好好学习才能上名牌大学，只有上了名牌大学才能成就一番事业，只有事业成功才能家庭幸福……这些观念在社会上广泛传播，也被大家广泛接受，俨然已经成为毋庸置疑的“真理”。然而，当我们一旦学会了从社会事实的角度思考和看待这些问题，我们可能马上就会对这些根深蒂固的观念产生怀疑。事实上，能否考上名牌大学不仅仅取决于努力的程度，而且考上了名牌大学也不一定就能事业成功，三本院校毕业的学生同样可以成为行业领袖，名牌大学的毕业生也有很多人一辈子碌碌无为，很多事业成功人士的家庭生活并不幸福，也有很多人家庭生活幸福美满但是事业并不成功。如果你想知道真实的情况，那么就需要了解事实。调查数据显示，名牌大学毕业生进入社会之后，事业成功的比例的确高于普通大学毕业生。名牌大学这一社会门槛会带来更多的资源和优势，无论是在工作、生活、学习深造还是个人奋斗方面，名牌大学毕业生会占有一定的优势，具有更多的机会。除此之外，事业能否成功，家庭幸福与否，与之关系并不太大。社会学视角认为，名牌大学毕业只是代表了一个人学习能力的高低，而一个人的事业成功、生活幸福，并不完全取决于学习能力。一个人能否取得成功，除了个人特质之外，还有很多社会因素，正所谓时势造英雄。那么，为什么人们会将名牌大学和个人成功建立起关联，甚至将其归为一种因果关系呢？其中的原因就在于"比例"，这也是涂尔干在社会科学研究方法中着重强调的内容，对社会事实的研究要着重强调"比例"的重要性。这一角度对于我们学习高等教育社会学是十分重要的，对很多问题我们需要透过现象看本质。那么，如何敏锐地发现现象并看到本质呢？重视比例关系给我们提供了一个十分重要的原则。例如，贫困家庭的孩子接受高等教育的机会有多大？少数民族、后发达地区人口是否享有同等的接受高等教育的权利？高等教育能促进社会向上流动吗？对于这些问题，我们都需要用事实来回答。

四、名师出高徒的原因是什么？

对于已经掌握了教育学、心理学知识的高等教育学专业的学生来说，理解名师出高徒的原因似乎并不困难。不过，对这一现象有没有另外的解释呢？如果我们使用社会交换论特别是行为主义交换论，那么对这一问题的解释可能会突破我们的"常识"。例如，同样的学生，同样的教学条件，一个优秀班主任所带的班级无论是学习还是各项文体活动，成绩都普遍高于其他班级，这是什么原因呢？一般情况下，我们对此的解释经常是教师的知识水平、教学经验，等等。从社会交换论的角度看来，个中原因并不在于教师个人知识的广度、深度，或者教学方法的运用，而在于师生之间因交换而发生的行为。优秀的班主任对班级投入了更多的时间、精力和情感，期望学生回报给他更好的成绩表现，而学生为了回应班主任的期望，必须在学习和活动过程中投入更多的主动性、积极性和努力程度。教师和学生之间这样的行为交换不断循环往复，双方都获得了各自的报酬，因此也就会让我们看到优秀班主任所带班级的学生也优秀的现象。再有，名牌学校教师的教学水平一定很高吗？如果不是，那么为什么名牌学校的毕业生似乎更为优秀呢？

对于这一问题,社会交换论同样也能够进行解释。对于进入一所名牌学校的教师和学生而言,之所以选择该学校,自然是预先接受了这所学校所倡导的教育理念、文化观念,这样就使得该学校的教师和学生之间具有了共同价值。经过教师和学生之间长时间的行为交换,这种共同价值早就已经制度化为学校正式的组织原则了,使得它可以不依赖于某一时间内执行它的人而自主存在。同时,这种正式化的价值原则不仅通过一届又一届的师生不断传递下去,而且还会得到社会权力的支持。

鉴于篇幅原因,本讲对这些问题不再做过多的探讨。总而言之,社会学为我们研究高等教育问题提供了一个独特的视角,社会学的诸多理论也为我们解释和预测教育现象提供了丰富的学术养料。前面所介绍的社会实在论、社会功能论、社会冲突论和社会交换论是在社会学和教育社会学中影响都比较大的理论,实际上社会学中还有很多其他理论需要我们去学习,例如符号互动理论、拟剧理论、交往行为理论、结构化理论、互动仪式链理论、社会网络理论,等等。这些理论对于我们认识和理解教育现象,解释教育问题的成因都具有十分重要的价值,此处就不再一一赘述。不介绍它们,不等于它们不重要,而是需要我们沿着社会学的思路,结合教育领域的各种问题,去思考,去探索,去发展。

第二讲
教育的社会功能：高等教育如何促进人与社会的发展？

一个人从呱呱坠地那一刻起，来自家庭、学校、社会的各类教育便伴随其不断成长。教育教会我们人生的意义，如何贡献个人力量，怎样成就人生梦想，它无时无刻不影响着人的发展与社会进步。涂尔干曾指出，教育是年长的几代人对社会生活方面尚未成熟的几代人所施加的影响，其目的在于使儿童的身体、智力和道德状况都得到某些激励与发展，以适应整个社会在总体上对儿童的要求，并能满足特定环境的要求。① 我国教育学家叶圣陶先生也认为，教育的意义在于认识自己、革新自己、成就自己，唯有经过教育的洗礼，人才能发现生命的意义，贡献自我价值。② 由此可见，教育关乎人的成长与发展，同时还关乎人与社会之间的互动关系，使人们的智力情感、身心健康、道德品质、劳动技能等成长要素与社会动态互动，以适应特定社会环境需要。教育学家黄济先生在《教育哲学通论》里总结道："对教育的本质及其功能虽众说纷纭，但就其概括而言，不外教育与社会发展的关系和教育与人的发展的关系两大方面。"③以教育与人及教育与社会两对关系作为教育体系框架的基本维度，是教育的永恒课题。④

如果我们把教育比作一列火车，那么高等教育无疑是这列火车的车头，其重要性毋庸赘言。与基础教育不同，高等教育是以高深知识作为核心材料，以人才培养、科学研究、服务社会为主要功能的专门教育⑤，其复杂性、专

① 埃米尔·涂尔干.涂尔干文集：第6卷[M].陈光金，等，译.北京：商务印书馆，2020:233.
② 任苏民.叶圣陶德育思想研究[J].教育研究，1994(09):76-81.
③ 黄济.教育哲学通论[M].太原：山西教育出版社，1998:333.
④ 张德祥.高等教育基本关系与高等教育学体系建设[J].高等教育研究，2020(10):46-54.
⑤ 王义道.我国高校的恰当定位为什么这么难[J].高等教育研究，2005(02):1-5.

业性、生产性有别于普通教育，是维持社会存在，保障社会生产力，知识传承与知识创新，人的身心健康发展等活动的重要动力来源[①]。新工业革命兴起以来，科学技术研发与创新、新兴技术快速迭代更新、人才结构与高质量人才培养无一不与高等教育紧密联系。高等教育对社会经济、政治、文化的影响深入全面，是国家战略发展的重要组成部分。高等教育水平的高低不仅直接决定国家人才结构与质量、知识生产、科技创新能力等资源要素，还关乎社会文明进步、产业结构变化、国际竞争力等环境要素，深度嵌入社会经济、政治、文化的各个层面。[②] 因此，了解高等教育与人的发展、社会发展之间的关系能够让我们更好地理解高等教育的社会功能。

第一节　高等教育与人的社会化

你还记得庆祝自己 18 岁成人礼，或是迈入大学校园的那一刻吗？有人可能会对你说："祝贺你长大成人，即将迎接社会挑战，追逐自己的人生梦想。"此时，我们总会思考，什么是社会？它是什么模样？又是谁在指引我们的生命成长，使我们得以发展并实现自己的梦想呢？带着这些疑问，我们来探讨高等教育与人的社会化的关系。

一、什么是人的社会化

（一）社会化与人的社会化

每每谈起社会，人们会表达出对社会概念不同的理解与感悟，似乎它一直在我们身边，我们却又无法清晰描述它，可谓"不识庐山真面目，只缘身在此山中"。然而，"社会"并非玄妙莫测，而是有迹可循。人的发展遵循社会变化规律，并表现为社会化程度不断提高，通过理解人的"社会化"将有助于描绘出"社会"的基本轮廓。

---

① 张德祥. 高等教育基本关系与高等教育学体系建设[J]. 高等教育研究，2020(10)：46-54.

② 阎维方."十三五"时期我国高等教育发展战略的若干问题[J].北京大学教育评论，2016(01)：92-104，191.

"社会化"本身有着丰富的含义，其内容涉及范围十分广泛，常被用作某一社会名词的宾语，以表示某种事物的现象或状态，如政治社会化、教育社会化和家庭社会化等。人的社会化，不仅是社会化的一种特殊含义，同时也是多种社会化含义中的重要形态之一，其内涵涉及社会学、社会心理学、教育学、政治学、管理学等多个学科领域，不同领域的研究对社会化有着不同的理解。① 从社会学角度出发，我国著名社会学家费孝通认为，社会化是个人学习知识、技能和规范，取得社会生活的资格，发展自己的社会性的过程。② 美国学者罗伯逊(I. Robertson)将其定义为是使人们获得个性并学习其所在社会的生活方式的社会相互作用过程。③ 波普诺(D. Popenoe)则认为社会化的目的就是为了生存和发展，是一个人获得自己的人格和学会参与社会或群体的方法的社会互动过程。④ 透过社会学家们的定义可以发现，社会化的本质就是人与社会之间的动态互动关系，将人的发展与社会生活紧密联系在一起是社会化的根本逻辑。与之不同的是，在社会心理学视角下，社会化则是一个结构化的过程⑤，讨论如何把自然人变成对社会有用的社会人，使每个社会成员拥有自己的个性特征，积极主动适应社会环境，参与社会交往并且能对社会做出贡献。⑥ 由此可见，社会化关注个体与社会环境之间的交互关系，强调社会对个体产生内化作用，将个体塑造成为独立的社会成员，逐步适应并参与社会环境变化的过程。⑦

此外，还有学者从政治学、管理学、教育学等多学科角度进一步对人与社会化过程进行讨论，提出政治社会化、组织社会化、教育社会化等理论。其中，政治社会化是从政治、社会等文化传播角度来讨论其对个体的渗透性

① 刘豪兴，朱少华. 人的社会化[M]. 上海：上海人民出版社，1993：5-6.

② 《社会学概论》编写组. 社会学概论[M]. 天津：天津人民出版社，1984：54.

③ ROBERTSON I. Sociology[M]. New York：Worth Publishers，1981：105.

④ 戴维·波普诺. 社会学[M]. 李强，译. 北京：中国人民大学出版社，2007：226.

⑤ 中国社会学函授大学，人民日报新闻研究班. 社会学与社会心理学[M]. 北京：工人出版社，1985：194.

⑥ 参见以下文献：a.皮亚杰，英海尔德. 儿童心理学[M]. 吴福元，译. 北京：商务印书馆，1980：117. b.齐格勒，基尔德，拉姆. 社会化与个性发展[M]. 李凌，翟志瑞，周健，等译. 北京：北京航空航天大学出版社，1988：12.

⑦ 林崇德. 发展心理学[M]. 北京：人民教育出版社，1995：241.

影响，认为政治共同体为维护政治制度与社会政治稳定发展，通过社会环境、传播媒介、学校与家庭等文化传播场所，采用多样性、潜隐性、广泛性、渗透性的传播手段将政治文化传导到人们的生活中，控制人们的思想。① 组织社会化理论则从组织成员的互动角度出发，认为社会化是个体了解在组织中承担的角色任务，或获得成为组织成员所需要的知识、价值观、准则和期望行为的过程。② 而教育社会化则是从教育过程出发，将社会化视为通过教育手段来培养人的思想、道德、行为、态度等个性特征，形成符合社会化要求的个人习性。③

综上所述，社会化理论的核心是人的社会化，是人从自然生存方式向社会生活方式的转化，是人的社会行为不断形塑与发展的过程。④ 其本质内涵具有双向互动作用：一方面，社会精神通过人的社会化得以传递，使个体心理和思想接受社会环境，形成个体行为准则与道德规范；另一方面，个体精神分散到集体准则之中，嵌入社会生活，影响社会规范准则的构建。由此，伴随人的生命成长和个性特征、行为规范的养成，社会化不仅是个体对社会规范准则的接受与自我约束的内化过程，还是人与社会环境交互作用中，将自身的主观内容得以外化，内在精神实现客观化与物化的表现，是社会内容的组成来源。⑤

（二）社会化与人的发展

也许有人会问，我们接受社会文化洗礼，被社会规范准则约束，这会不会抹杀我们的天性，使我们失去自我个性？人的社会化过程究竟是会阻碍人的个性发展，还是会激发人的个性天赋呢？带着这样的疑惑，我们进一步讨论人的社会化与人的个性发展问题。

由于人与社会之间是双向互动、交互影响的，因此人本身存在社会化与

---

① 高峰．当代西方政治社会化理论述评[J]．教学与研究，1997(04)：41-45.

② 王雁飞，朱瑜．组织社会化、信任、知识分享与创新行为：机制与路径研究[J]．研究与发展管理，2012(02)：34-46.

③ 辛斌．福柯的权力论与批评性语篇分析[J]．外语学刊，2006(02)：1-6.

④ 周晓虹．现代社会心理学[M]．上海：上海人民出版社，1997：123.

⑤ 陈华兴，陈雁．论社会化和非社会化的辩证统一[J]．浙江社会科学，2000(05)：86-91.

个性化的双重属性。[①] 具体来说,社会成员共同生活在同一社会环境中,受到周围环境如价值观、知识、习俗文化等的影响,个体的自然化特征会逐渐弱化,社会化属性不断加强,逐渐从一个自然人成长为一个社会人。与此同时,人的社会化程度不断加深,不仅不会使个体的个性特征消失,还会随着吸收更多知识、文化等社会化元素塑造个体独立的人格、思想及价值观,形成个性化特征。由此,人的社会化和个性化是生长发展过程中表现出的两个侧面,它们之间是辩证统一、共生互塑的关系。结合前面的思考,我们可以肯定地给出答案:人的社会化过程非但不会阻碍人的个性发展,还能激发人的个性、创造性、自觉性与自决性。

1.社会化激发人的个性与创造性

人的社会化和人的个性化是矛盾统一、和谐发展的整体。[②] 在丰富多彩的社会活动中,社会交往能够为我们带来多样化、异质性的信息资源,这些新鲜事物时时刻刻都在刺激着我们的大脑,使我们不断学习与思考,激发出无限的想象力与创造性。也许,在社会化程度低下的远古部落中,这些想象力只能被刻在石壁或兽皮上,留给后人无限遐想。然而,在拥有现代文明的今天,人的社会化不仅使社会成员掌握基本科学知识与生产技能,认识自然事物的客观规律,还能将一部分想象力与创造力转化为新产品、新事物来推动社会发展进步。人的社会化使想象力不再是脑海中转念而过的"幻想碎片",它成为激发人的个性潜能,发展人的创造力,推动社会创新发展的重要途径。自第一次工业革命以来,新技术的不断涌现就充分证明了社会化进程对人的个性化与创造力所带来的促进作用。当人们的受教育程度不断提高,经济、政治、文化等方面社会化程度越来越高,产生出越来越多的个性化、多样化的社会需求,这就为激发人的个性与创造力、促进技术创新带来不竭动力,使人的社会化与个性化协调一致。

换言之,社会不是固化、静止不变的抽象模型,也不是凭空出现的自然产物,而是在人与人互动交流,人与社会环境相互作用、动态互动中自然生

① 项贤明.教育与人的发展新论[J].教育研究,2005(05):9-14.

② 扈中平.教育目的中个人本位论与社会本位论的对立与历史统一[J].华南师范大学学报(社会科学版),2000(02):87-94.

发出来的,其本质就是由人“创造”出来的复杂系统结构。在同喻文化与后喻文化时代,随着社会环境不断变化,人的个性化、创造力需求越来越多样化、复杂化,社会化进程也会随之加深,人在社会化过程中表现出的个性化和创造性特征会越来越显著。

2.社会化增强人的自觉性和自决性

人的社会化过程除了能激发人的个性发展,还能增强人的自我意识,是自觉和自决的能动过程。① 在社会活动中,人们会通过法律、道德准则、社会价值理念等社会规范建立互动关系,个体通过接纳、吸收社会规范逐渐将其内化为自我行为习惯,并能够自我约束行为活动,使个体行为与社会规范实现协调统一,即实现个体行为的自觉性与自决性。人的社会化程度越高,对社会规范的认同度和自觉性就越高。在社会活动中通过自我约束、审视、反省,能够自觉自愿地履行社会规则,使自己的行为不“越轨”。例如,近年来,随着科学技术和社会经济快速发展,人的创造力空前增长,人类对新技术的想象力、创新力不断增强,技术的迭代速度不断加快,但对于新兴技术可能带来的不确定性风险的预测能力和控制能力却较弱,这无疑增加了社会风险发生的可能性。因此,需要通过提高人的社会化程度来增强人的自觉性和自决性。这就需要相关参与者、监督管理者提高自觉与自决意识,在追求科学技术进步与经济收益的同时,以负责任的创新态度,遵守社会伦理道德,履行社会规范,促进社会文明进步。

二、高等教育对人社会化的影响

承上所论,我们如何从一个个懵懂无知的少年逐渐成长为一个个对社会有贡献的“社会人”呢?是什么在这一过程中发挥重要作用呢?毫无疑问,高等教育是人的社会化过程中最重要的一个阶段。我们形象地将大学时光称为人生的“黄金阶段”,这不仅仅是因为那时的我们正值热血青春,有着灵活的头脑与充沛的精力,更因为这一时期我们通过接受高等教育,开始塑造自己的世界观、人生观与价值观,树立人生的理想与方向,使我们从“懵

① 项贤明. 教育与人的发展新论[J]. 教育研究, 2005(05):9-14.

懂少年”成长为“国之栋梁”。我国教育学家涂又光先生曾以“泡菜理论”来比喻高等教育对青年人的影响，他形象地把学生比作“泡菜”，学校比作“泡菜汤”，学生接受高等教育的“浸泡”，逐渐接受高深知识、思想道德、价值观和专业技能等方面的教育，形成独立的人格品质，为未来融入社会奠定良好基础。而人的社会化就好比这个“腌泡菜”的过程，高等教育在人的社会化过程中发挥着重要的“濡化”或“熏染”的作用，对人的思想道德建设、自我角色定位，以及知识能力水平等方面有决定性影响。

（一）道德的社会化

道德社会化是社会成员通过参与社会互动，学习社会道德规范，将社会道德内化为自我道德价值，形成个体道德情操的过程。[①] 社会中每个成员都是社会共同体的一个部分，只有社会成员认同某一道德价值理念，共同支持维护这一理念，社会才能存在。[②] 质言之，道德的社会化不仅是个体融入社会的必要途径，更是社会共同体得以存在并不断发展的必要前提。因此，社会成员认同道德规范，明晰道德关系，建立健全的道德人格是融入社会的基本前提。那么，道德的社会化是如何实现的？高等教育在此过程中发挥何种作用呢？

有学者认为，道德的社会化主要是通过个人道德建设和提高道德修养两个途径来实现的。高等教育是构建个体道德理念、提高道德修养过程中的关键阶段，能够向受教育者提供系统化、规范化、有目的、有组织的道德教育，对人的道德社会化发挥重要引导与形塑作用。例如，我国高等教育一直以来都十分重视大学生思想道德建设，将立德树人、德育放在核心位置，在树立正确的社会价值观、职业道德规范、社会伦理等道德理念的基础上，开展道德讲堂、志愿者服务、下厂参观实践等形式多样的社会道德实践，使大学生在实践中深切体悟道德内涵，从社会道德的他律行为逐渐内化为自我道德标准建设的自律行为。随着知识积累程度不断提高，人们的自我道德认知、道德判断和道德认同不断增强，进而形成个体道德价值体系。

---

① 郑杭生. 社会学概论新修[M].3 版. 北京：中国人民大学出版社，2003：102.

② 龚长宇. 道德社会化探析[J]. 伦理学研究，2009(06)：50-54.

进一步来说,高等教育影响社会成员的个人道德体系建设,是国家道德价值体系建设的基础。由于个人道德修养反映了受教育者对社会道德教育的领悟、接受与认同的程度,其表现在人的社会道德品质、道德意志、道德情感、道德习惯等多个方面。因此,高等教育不仅重视培养人的知识、能力水平,更强调社会道德规范和价值观念的传递,注重对人的创造力、意志力、领悟力等综合素质的培养。例如,高校重视课堂教学与德育相结合,建设课程思政体系,使社会价值观、思想道德教育真正进课程、进教材、进课堂、进头脑。学生在不断学习与熏陶下吸收社会道德规范、社会价值观,真正做到入脑、入心、入行,锤炼了自己的道德意志与信念,增强了对社会道德的感悟与认同,从而实现道德的社会化。

(二)角色的社会化

对于前文所述,又有人不禁要问,既然高等教育使我们了解社会、认识社会,那么未来我们将要在社会中扮演什么样的角色,又如何发挥个人价值来服务社会呢?坦言之,没有固定的角色可以定位。因为,在社会活动中,我们将会扮演各种各样的社会角色,这与我们所处的社会环境、社会文化、社会位置、社会关系等情境因素紧密联系。社会角色理论认为,人的社会行为是受社会"角色期待"引导的,其与个体的自我无意识、个体间的社会互动及社会关系紧密联系,是将各种社会期待进行内化的结果。① 这不仅反映了社会对角色行为的期望,而且体现了个体对自身所处特定情境的角色认知与自我意识。当人们将外部的角色期待内化为自我意识的一部分,并保持个体行为与其社会角色的一致时,便实现了社会角色认同②,即角色的社会化。质言之,人作为一个丰富的角色丛组合,其在人生各个阶段所扮演的各种社会角色都是自我意识发展的媒介,并随着自我意识的成长变化而不断调整和动态发展,使人们角色的社会化与社会环境变化保持一致。

高等教育是人的自我意识发展的关键阶段。社会赋予大学生特定的角

---

① 任志峰.角色理论及其对集体行为者的可行性分析[J].华中科技大学学报(社会科学版),2016(04):122-127.

② 李宗波,代远菊,韩雪亮,等.挑战性-阻碍性科研压力对知识分享行为的影响:科研角色认同的中介作用[J].中国临床心理学杂志,2018(02):363-366.

色期待,并且通过传递高深知识,价值观、道德观等理念,使青年人开始建立并完善自我意识,关注如何实现自我角色期望,构建属于自己的社会角色和社会责任,形成自我角色定位与未来规划。更有学者认为,新时代的高等教育是以培养具有自我意识特征的人作为质量标准,以增强人的自我意识自觉,提升自我意识能力为核心。① 因此,应增强高等教育对大学生自我意识的正确引导,在学科专业建设、课程教学改革、社会实践训练等方面将"培养人的自我意识"作为教育根本取向②,帮助大学生建立自我角色定位,形成社会使命感、责任感,进而为社会发展做出贡献。

(三)知识的社会化

知识在人的成长与发展过程中发挥重要影响作用,学习知识是人的社会化的主要途径。当我们在学校聆听一堂生动的课、读一本书、完成一次实验时,都会对事物产生新的认识和感悟,并通过理解、吸收进而转化成自己头脑中的新知识,即将显性的社会知识转化为内在的隐性知识。这些隐性知识促成了人对社会的适应力、创造力、自觉性等社会化属性,表现出对社会价值的认同、劳动技能的掌握、社会价值贡献等社会化行为。

高等教育是知识传递过程中的高阶环节,它以大学生为实施对象,以高深知识作为基本资料,将自然科学、人文知识、专业技能等高深知识与社会经济建设、文化发展、道德伦理、技术进步等需求结合起来。③ 在知识传递过程中,知识生产使大学生认识社会发展的基本规律,掌握完整的、系统的专业知识体系,熟悉社会劳动技能,为未来步入社会、适应社会环境、贡献自己的社会力量奠定坚实基础。高等教育能影响人的头脑,使人的知识不断社会化,同时,人的社会化也会反过来影响高深知识,进而推动高等教育改革及社会变革。数字技术革命就是一个很好的例子,自互联网、信息技术出现以来,社会经济发展、产业结构调整对高等教育结构、质量等方面提出了复

① 参见以下文献:a.康翠萍. 培养人的自我意识:新时代高等教育质量观追问[J]. 大学教育科学, 2019(05):18-19. b.邹红军.新时代高等教育质量观就是培养人的"自我意识"吗:与康翠萍教授商榷[J].高教发展与评估,2021(02):17-26,116.

② 周志强,吕昆.知识素养导向的大学生个人知识管理模型研究[J].情报科学,2021(11):76-82.

③ 张德祥. 高深知识是理解高等教育的一把钥匙[J]. 高等教育研究, 2015(12):22-23.

杂而多样的需求。为培养能适应社会环境变化的创新型、复合型人才，高等教育通过学科交叉、产教融合、协同创新等育人模式的创新，激发学生的适应力、创新力，呈现出人才知识高度社会化的过程。与此同时，高等教育培养出大批人才涌入社会，互联网数字技术、大数据、人工智能等新兴技术开始快速迭代更新。这些趋势改变了人们的社会交往、社会价值、社会伦理等社会要素，对社会经济发展、产业技术革新也提出了多样化、个性化的社会需求。因此，高等教育不仅关注知识的社会化，更关注知识背后的社会关系。为适应新知识、新技术的渗透性，高等教育不断改变传统教学模式，打破学科壁垒，促进社会多元主体参与并鼓励跨界融合，重视负责任的研究创新等。伴随知识的社会化发展，高等教育不断适应新的社会需求。

第二节　高等教育与社会发展

此时此刻，作为当代大学生的你们正在接受高等教育的“浸润”，与它“亲密”互动的过程中，你们是否思考过高等教育的目的是什么？它又发挥了哪些社会功能呢？让我们带着这份思考进一步了解高等教育与社会发展的关系。

高等教育作为高深知识的“蓄水池”、高端人才培养的“主阵地”，素有社会发展的“动力源”之称。高等教育质量的好与坏不仅能够展现出一个国家的科技创新实力、人才质量与结构水平的高低，还能侧面反映出当前社会经济结构和发展需求等重要指标。自新中国建立以来，我国一直把高等教育放在社会发展的重要位置，把培养适应社会发展的人才作为高等教育的核心议题，将立德树人作为高等教育的根本任务，把科学研究、服务社会作为高等教育的基本职责。① 自党的十八大以来，国家更是把培养高层次拔尖人才，促进科研创新、促进社会经济发展作为高等教育重中之重的任务，将社会经济生产与高等教育发展紧密联系起来，成为提高国家综合国力的战

① 参见以下文献：a.詹泽慧，钟柏昌．人工智能助力高等教育：变革与坚守[J]．中国高等教育，2021(20)：22-24. b.曲殿彬，赵玉石．地方本科高校转型发展的问题与应对[J]．中国高等教育，2014(12)：25-28.

略支撑。由此可见,提升国家人才结构质量,促进科研创新、服务社会经济发展是高等教育的主要功能,其与国家发展同向同行。

一、高等教育是人才培养的“主阵地”

人才是国家发展的战略资源。随着社会经济发展与产业技术革新,国家处于不同发展阶段对人才结构、质量的需求也不尽相同。[①] 在面对新一轮科技革命带来的新技术、新业态、新经济等竞争与挑战时,各国都将高质量人才培养作为国家经济发展的战略举措。如何培养能引领社会发展,具备创造力、竞争力的创新型人才是高等教育高质量发展的核心任务。我国自2002 年提出人才强国战略以来,将“国以才兴、人才兴邦”作为新时期国家发展战略的核心内容。其后,为适应新形势、新经济的发展格局,2010 年中共中央、国务院印发《国家中长期人才发展规划纲要(2010—2020 年)》,明确指出“人才是我国经济社会发展的第一资源……加强对《人才规划纲要》实施工作的组织领导”[②]。由此,人才战略成为我国当今及未来国家发展战略的重点内容之一,高等教育作为人才培养的“主阵地”,需要通过一系列改革来培养符合国家发展需要的高质量人才。

以我国工程人才培养为例,教育部先后出台了“卓越工程师教育培养计划”(简称“卓越计划”)、“卓越工程师教育培养计划 2.0”、“新工科建设”等一系列政策,培养了一大批创新能力强、适应经济社会发展需要的高质量、多层次的工程人才,为国家产业结构转型升级、建设创新型国家和人才强国提供了战略服务支撑。在此基础上,2019 年由教育部、中央政法委、科技部等 13 个部门联合启动“‘六卓越一拔尖’计划 2.0”,全面推进新工科、新医科、新农科、新文科(简称“四新”) 建设,以提升高校服务经济社会发展能力、激发创新活力、培养高质量人才为目标导向,构建产教融合、校企合作、产学研合作等多主体协同育人的新模式。高等教育作为国家产业经济发

① 张晋,王嘉毅. 高等教育高质量发展的时代内涵与实践路径[J]. 中国高教研究,2021(09):25-30.

② 国务院. 国家中长期人才发展规划纲要(2010—2020 年)[EB/OL]. (2010-06-06)[2022-08-10].http://www.gov.cn/jrzg/2010-06/06/content_1621777.htm.

展、社会进步“主阵地”的功能进一步加强。

二、高等教育是科研创新的“动力引擎”

科学研究是高等教育的重要职能之一,也是推动经济社会发展的重要动力来源。高等教育拥有丰富的知识资源与智力资源,科学研究能够将高深知识变为创新成果,通过科技成果转化实现创新的价值创造与价值增值,并将其产品化、市场化来满足社会发展过程中的多样化需求。当前,高校是科技创新的“主力军”。以2020年我国科技部发布的国家科技奖项结果为例,高校参与的2020年度国家技术发明奖获奖项目比例高达100%,其中以高校为主要完成单位的项目数占全国总项目数的23%;在2020年度国家自然科学奖获奖项目中,高校参与的获奖项目比例为70%,其中独立完成项数比例达63%。① 高校在量子通信技术、智能技术、生物基因工程、超级计算机等尖端科技领域发挥着技术引领与主导地位,围绕国家重大发展战略及社会发展重大问题做出了突出贡献。由此可见,高等教育已然成为推动国家科学技术进步、经济社会发展的“动力引擎”。

三、高等教育是促进社会发展的“助力器”

服务社会发展是高等教育的“第三使命”。高等教育改革与国家重大发展战略、区域社会发展紧密协调,使其融入社会发展的各个方面,与社会文化发展、社会稳定、民生福祉紧密联系。从文化发展的角度看,高等教育发挥着传承民族文化、促进文化交流,提升国家文化软实力的责任使命。一方面,高等教育通过知识传递将我国优秀传统文化加以传承与弘扬,在讲好中国故事、展现民族魅力、传播华夏精神的基础上树立文化自信、民族自信与道路自信。另一方面,高等教育为国际文化交流搭建桥梁,通过留学生培养、学术交流等途径将中西方文化进行融合,提升中华传统文化的感召力、融合力与影响力,使更多的人了解中华文化,热爱中华文化。

① 中华人民共和国科学技术部.2020年度国家科学技术奖励大会奖励公报[EB/OL].(2021-11-03)[2022-08-10]. https://www.most.gov.cn/ztzl/gjkxjsjldh/jldh2020/jlgb/.

从社会稳定角度看，高等教育在促进社会代际流动、缩小阶层贫富差距、促进社会公平与社会稳定上发挥着重要作用。国家通过法律、政策制度的颁布与实施等途径来促进教育公平，维护社会稳定团结。例如，为保障退役士兵能够继续接受高等教育，提升退役士兵的就业创业能力，促进退役士兵充分稳定就业，2019 年我国发布了《关于全面做好退役士兵职业教育工作的通知》；又如，自 1999 年起，我国全面实行高校扩招政策，扩大高等教育规模，对西部经济落后地区实施定向招生计划，帮助偏远落后地区培养人才，扶持经济发展。

从民生福祉角度看，高等教育水平与社会发展进步的程度是相一致的。人民生活水平越高，民众受教育的机会就越多，社会文明程度就越高。① 2019 年统计数据显示：我国高等教育毛入学率已达到 51.6%，我国高等教育已经正式从精英化、大众化时代步入普及化时代。② 未来将有更多的青年人接受高等教育，这不仅能够培养更多高质量的创新人才，激发社会创新活力，以技术创新改善人们的生活，还能促进人们思想道德修养的提升，促进文化的传承与发展，使社会文明程度得以提升。

第三节　高等教育改革对人与社会发展的影响

人的发展是社会发展的前提条件，社会发展是人的发展的基本保障，两者间存在着密不可分的辩证统一关系。③ 高等教育既要承担育人功能，又要在社会发展过程中发挥重要的“动力引擎”和“助力器”作用。通过对上述内容的学习，我们对高等教育的社会功能有了基本认识，这不仅需要大家以受教育者的身份了解、领悟高等教育的价值与意义，更要以国家未来“主人翁”的身份参与高等教育活动，贡献个人力量。因此，作为新时代的中国大

① 陈天祥，王佳利. 社会组织发展影响因素及其分层研究：基于空间溢出效应的中国省际面板分析[J]. 华南师范大学学报(社会科学版)，2019(06)：113-124.

② 伍宸. 我国“新兴大学”的特征、内涵及实践品格[J]. 大学教育科学，2020(05)：47-57.

③ 高原，张子礼. 人的发展与社会发展的辩证关系[J]. 吉首大学学报(社会科学版)，2014(S1)：5-8.

学生，如何养成良好的思想道德修养，树立个人奋斗目标，做好人生未来规划，是需要我们不断探寻与思考的人生议题。为帮助大家做好新时代“主人翁”的角色规划，本节结合人的全面发展，进一步探讨我国高等教育的发展目标与改革方向。

一、我国高等教育与人的全面发展

当前，我国社会经济发展与产业技术进步都急需一大批高素质、高质量的创新人才，为适应新经济、新业态、新技术、新趋势的发展需要，我国高等教育将立德树人、人的全面发展和终身教育理念作为发展重心，在体制机制改革方面取得了丰硕成果。

（一）全人教育与终身教育理念

全人教育以充分发掘人的潜能为核心，使人的身心健康、知识、技能、文化、道德、素质、智力等方面都能得到全面发展。全人教育反对将教育视为工具、手段凌驾于个人之上，而是遵循以人为本的教育理念，以激发人的潜能、实现人的自我价值为根本目的。习近平总书记多次在讲话中提到，教育的根本任务是培养德智体美劳全面发展的社会主义建设者和接班人。[①]高等教育一直以来都是全人教育的关键阶段，我国高等教育始终把德育放在首位，以立德树人作为中心环节，把思想政治工作贯穿教育教学全过程，实现全程育人、全方位育人。[②] 当前，我国在人才培养、教学模式、课程体系建设等方面都引入了全人教育理念，注重科学知识与人文素养、专才教育与通才教育、知识教育与人格教育等各方面平衡发展，培养具备良好人格品质、创造能力、适应能力等综合素质全面发展的复合型人才。例如，尝试从书院制育人模式、通识课程教学改革、师资队伍建设等方面实践全人教育，强调要以人为本、因材施教，通过跨学科教学资源整合，重视培养学生的人

---

① 吴朝晖.努力构建以立德树人、全面发展为导向的人才培养体系[J].中国高教研究，2019(03):1-6.

② 新华社评论员.立德树人，为民族复兴提供人才支撑：学习贯彻习近平总书记在全国高校思想政治工作会议重要讲话[EB/OL].(2016-12-08)[2022-08-10].http://news.cctv.com/2016/12/08/ARTIDajATUy6TXqJPWq19Fj6161208.shtml.

文精神,以培养优秀的师资队伍来培养“全人”的教育。[①]

高等教育除了强调全人教育以外,还重视终身教育理念。所谓终身教育,是指随着人的生命成长,教育以一种长期伴随的状态覆盖全部人生的全时空学习活动。[②] 终身教育的主旨是培养人们一种坚持学习、持续学习的良好习惯,并为学习者提供能够继续学习的教育资源。教育部在 2019 年发布的《中国教育现代化 2035》中明确指出,要建成服务全民终身学习的现代教育体系。这一教育理念的提出不仅体现出我国高等教育发展的前瞻性,还体现出我国高等教育对社会发展的适应性,使人的发展与社会发展相协调,促进人与社会发展稳步向前。我国在高等职业教育改革、老年教育、社区教育等方面已经取得一定成效,探索并建成学分银行、学分立交桥、终身学习资源平台等,这对进一步实施高等教育改革创新,促进人的发展和社会发展起到了积极作用。

(二)深化人才培养体制机制改革

完善育人体系、提升教育教学质量、增强服务社会能力是高等教育体制机制改革的总目标。中共中央 1985 年发布《关于教育体制改革的决定》以来,我国的教育改革正式拉开帷幕。2017 年国务院颁布的《关于深化教育体制机制改革的意见》明确指出,要全面深化教育综合改革,全面实施素质教育,全面落实立德树人根本任务,系统推进育人方式、办学模式、管理体制、保障机制改革,使各级各类教育更加符合教育规律、人才成长规律,更能促进人的全面发展。[③] 这一政策的颁布与实施标志着我国教育改革已经进入全面推进教育治理体系与治理能力现代化、建设具有中国特色社会主义教育制度体系的新阶段。

---

① 参见以下文献:a.龙跃君. 书院制融入我国现代大学的价值探讨[J]. 大学教育科学, 2018(05):50-54. b.张东海. 通识教育:概念的误读与实践的困境——兼从全人教育角度理解通识教育内涵[J]. 复旦教育论坛, 2008(04):20-23. c.梁淑琴. 国内外新兴教师教育模式及对我国教师教育改革的启示[J]. 教育理论与实践, 2017(31):41-44.

② 叶澜. 终身教育视界的深刻意蕴:全时空性的全人发展——保尔·朗格朗带给我们的启示和价值[J]. 人民教育,2017(01):13-18.

③ 新华社. 中共中央办公厅　国务院办公厅印发《关于深化教育体制机制改革的意见》[EB/OL]. (2017-09-24)[2022-08-10]. http://www.gov.cn/xinwen/2017-09/24/content_5227267.htm.

高等教育的体制机制改革是从教育教学全过程出发，从创新人才培养机制、促进协同育人制度化，深化科研体制改革、技术专业和成果转化机制改革，完善依法自主办学机制等多个角度实施内涵发展战略。在创新人才培养机制、促进协同育人制度化方面，通过建立健全学科专业动态调整机制，完善课程体系建设、教材建设，促进知识体系融合，发挥学科建设对专业发展的引领支撑作用，推进协同育人模式创新，将创新创业教育贯穿人才培养全过程，以促进学生的创新能力、创业能力发展。在深化科研体制机制改革、技术专业和成果转化机制改革方面，对基础研究工作予以重视，开展有组织的科研活动；促进产学研协同创新，搭建并完善协同创新平台；落实《中华人民共和国促进科技成果转化法》，有序推进科技成果转化机制改革。在完善依法自主办学机制方面，对不同类型的高校进行改革试点，以探索适应中国特色社会主义的办学机制，构建高校分类设置标准及相应分类管理办法，使高等教育办学定位、办学体制、管理机制等方面取得新突破。

二、我国高等教育改革与社会经济发展

当前，“十四五”开局起步，我国迈入全面建设社会主义现代化强国的新征程。在此历史起点上，为实现经济体系持续革新升级、国内国际双循环发展格局不断优化、社会经济发展等战略目标，我国全面深化高等教育改革，提高高等教育质量，推进高等教育分类管理和高等学校综合改革，构建更加多元的高等教育体系，并在人才培养、科研创新、服务社会等多方面取得了丰硕成果。

（一）“立德树人”，构建质量导向的梯队人才培养机制

“立德树人”始终是我国高等教育人才培养的第一标准，在此基础上高等教育以学科交叉、跨界融合、协同创新等模式，构建理论与实践相结合、科研与教学相融合、产业与高校相协同的人才培养模式，并以创新、质量和贡献为导向建立评价体系，形成战略科学家、领军人才、青年人才等不同层次的成长梯队。在提高育人质量方面，加强思想政治教育特别是思想道德素质建设，着重培养爱国、爱党、爱岗敬业精神，以增强实践应用能力、创新能

力、创业能力等为目标，通过学科调整、专业建设改进知识生产模式，并以创新创业教育、协同创新等育人项目来增强学生学习实践、创新创业和科研体验，促进人才培养质量的提升。在调整人才结构方面，以国家紧缺的高端科技人才、创新人才为抓手，通过产学研协同创新加强基础科学研究和有组织的科学研究，促进科技成果转化，加强科研活动的有序开展，强化教育、科研的责任意识，围绕国家重点领域、重大产业项目培养创新型、实践型、综合应用型人才。此外，在人才资源储备方面，围绕关键核心技术领域及重大产业项目制定科学有效的人才引进、人才培育政策，注重培育青年科技创新人才，为有潜力的创新人才提供良好的科研平台与发展空间，使他们能够在创造力、创新力旺盛的时期潜心科研、创造成果产出，引导青年人制定长远的个人发展计划，使人才梯队结构不断更新，保持活力。

（二）围绕国家战略和产业发展，推进协同创新

高等教育服务国家创新驱动发展与产业技术革新，不仅要注重人才结构、质量的提高，更要增强技术应用对知识创造和人才培养的反哺作用，促进高技能人才、科技创新和社会经济的相互作用，尤其在国家战略发展和技术创新方面发挥积极带动作用，推动产业与高校协同创新。首先，瞄准科技前沿，以整合优势资源，打造高水平科研平台，推动科研组织模式和结构优化为出发点，高校与企业、科研机构等开展跨校跨机构跨学科的协同项目，整合资源、形成合力，建设以协同创新为目的的科研平台。自 2012 年启动实施“2011 计划”以来，大学与行业企业打破体制机制壁垒，以解决实际问题为目标导向，建立 2011 协同创新中心、协同创新联盟、产学研合作等项目。一方面，从资源配置角度出发，整合各类市场主体优势资源，形成有别于传统以高校为中心的科研组织体系，建立跨界协同创新组织结构，集中力量开展高层次创新人才培养和联合科研攻关。另一方面，从深化落实体制机制改革创新角度出发，以协同创新的集群竞争性、开放性、融合性等特征来激发市场创新活力，提升我国创新集群的国际市场竞争实力。其次，立足区域发展战略，协同创新发展。高校、科研院所、企业等主体为服务地区经济发展建设共建协同创新组织、研发平台，推动产学研用深度融合，促进科技成果转化，推进教育链、人才链、创新链与产业链有机衔接。在实践过程

中充分发挥高校创新优势资源与引导作用，通过对口支援、学科专业共建、课程互选、学分互认、学生访学、教师互聘、科研互助等实质性合作，强化辐射引领，推进地方高水平大学和区域优势特色学科建设，形成区域高等教育发展新格局，引领区域经济社会创新发展。

（三）围绕社会需求，加强社会服务能力

高等教育的社会服务功能被喻为“第三使命”，我国高校围绕社会经济发展需要，在学科建设、科研创新、技术引领、智库建设等方面发挥重要作用。从学科建设角度看，高校为适应产业技术革新与创新发展，积极调整学科专业内容，培养与产业需求相适配的技能人才。以人工智能技术为例，2018 年教育部印发《高等学校人工智能创新行动计划》，将人工智能人才培养、学科专业教育交叉融合作为改革重心，积极推动“人工智能+X”，通过人工智能专业建设、课程建设、模式创新等途径来培养高端复合型专业人才。从科研创新功能来看，科技成果转化是高等教育服务社会经济发展的重要组成部分。高校与企业通过建立形式灵活多样的科技成果转化机制，推动科研成果的产业化、市场化，以实现产业技术迭代更新，达到服务社会的目的。2016 年国务院出台《实施〈中华人民共和国促进科技成果转化法〉若干规定》和《促进科技成果转移转化行动方案》以来，高校将科研成果转化与自身建设发展紧密结合。如武汉理工大学成立了科技合作与成果转化中心，作为独立的正处级直属单位，设有科技成果转化经营系统，挂靠学校经营性资产管理委员会，专门负责专利与综合信息、产学研合作、产业管理与投融资等科技成果转移转化业务。又如北京理工大学专门成立了北京理工技术转移有限公司，专门负责科技成果转移转化。①

上述案例均表现出我国高校在成果转化管理机制创新和组织机构设置方面做出改革与创新，通过成果转化与社会建立广泛合作，创新体制机制改革，在响应国家战略发展需求主动融入区域经济发展等方面都起到积极推动作用。此外，在技术引领、智库建设方面，2014 年教育部印发了《中国特色新型高校智库建设推进计划》，这对推进中国特色新型高校智库建设，创

① 罗林波，李剑，张刚刚，等. 高校科技成果转化与技术转移管理关键问题探析[J]. 中国高校科技，2019(06)：75-78.

新高校知识生产体制机制,增强科技创新在社会经济发展方面所具有的咨询与服务功能等发挥政策引导与推动作用。在“知识生产模式Ⅱ”背景下,构建高水平高校智库成为高等教育的创新趋势。如在人文与社会科学研究领域中,北京大学教育经济研究所、清华大学科技-教育发展战略研究中心、中国人民大学的教育发展与公共政策研究中心等高校教育发展研究机构均作为教育部人文社科重点研究基地,为高等教育基础研究与政策研究、理论创新和咨政服务提供决策帮助。[①] 高校智库建设不仅为服务社会经济发展提供专业知识资源与决策建议,还为高校知识生产体制机制改革、促进知识生产模式提供全新思路。不少高校将智库机构作为二级学院来建设,以灵活聘用形式取消编制和职称限制。一方面,保障专职人员投入决策咨询研究,提升研究人员的创新产出水平;另一方面,通过年薪制、薪酬制人才管理办法促进人才流动,吸引更多优秀人才投入高校智库建设。

总而言之,高等教育与人的发展和社会发展有着密切联系。随着经济发展,高等教育已然从传统的政治意识形态教育转为现代化科技教育,将服务经济社会发展的高等教育发展观作为主流发展观。[②] 当前,我国作为世界第二大经济体、全球第一大高等教育规模国家,在促进科技革新、社会发展,解决贫困问题,提高民生福祉等方面都面临着全新挑战。我国高等教育将以实现“内涵式发展”和“加快一流大学和一流学科建设”作为今后一段时期高等教育改革发展的重大战略任务。这不仅是高校自身在学科专业建设、课程体系、教学模式等内部要素的改革创新,还是高等教育与政治、经济、社会、技术等外部影响因素相协调,通过多元主体协同育人、协同创新等体制机制改革,发挥各类市场主体资源集聚、优势互补的作用,实现高等教育系统的全面升级。

---

① 周光礼,莫甲凤.高等教育智库及其学术研究风格:中国著名高等教育研究机构的学术转型[J].高等工程教育研究,2014(06):45-57.

② 张应强,邬大光,眭依凡,等.中国高等教育70年十人谈(笔会)[J].苏州大学学报(教育科学版).2019(03):22-50.

第三讲
公平与正义:高等教育机会平等何以实现?

高等教育机会平等是实现社会公平的重要手段和途径,也是构建社会主义和谐社会的基石。我国高等教育法明确规定,公民依法享有接受高等教育的权利。但是,现实中高等教育机会真是"平等"的吗?自20世纪中期以来,社会学、伦理学、教育学、经济学、政治学、哲学等诸多学科分别从不同的角度进行了卓有成效的研究。在社会学家眼中,"学习能力"差异的背后,隐藏着仅靠自身努力也不能决定的结构性因素。家庭、地区、城乡、性别等各方面因素,造成了各种形式的"机会不平等"。

社会公平是人类的崇高理想和永恒的价值追求。作为社会公平的重要组成部分,高等教育机会平等具有促进弱势阶层实现向上流动的功能,因此成为衡量社会全面进步的重要尺度。然而,无论是理论还是实践,关于社会公平特别是高等教育公平都一直是一个极具挑战性的难题。本讲结合社会学相关理论和已有的研究结论,从日常生活和历史经验入手,探讨这个十分重要又特别棘手的难题。

第一节　教育机会平等与社会结构

纵观人类文化史,各个文明形态或多或少都表达过对平等的愿望。早在2000多年以前,老子就在《道德经》中提出"天地不仁,以万物为刍狗"的表述。这句话的意思是,包括人在内的天地万物,一切都是平等的。然而,事实是这样的吗?理想化的教育应该是为所有人服务的,不论性别、民族、地域和阶层,所有人都能够通过教育实现资源的获取和阶层的流动。但是,社会乃至教育本身都是不够公平的。从社会学的角度来讲,是什么因素影响了人与人之间的公平,教育的平等在什么程度上发挥着作用等,这些问题值得我们深思。

一、社会与个体:双重意识的交会

米尔斯在《社会学的想象力》一书中讨论了在人类历史长河中作为整体的社会与其中占据主流的类型人的关系。作为个体的我们被环境塑造,又因具有能动性,可以通过自主行为成为社会结构发生变化的重要动力。[①] 社会与个体的意识都是社会学中需要我们认识与分析的重要内容。我们既要站远一些,看到宏观的历史画卷与其中日新月异的社会光影,也要走近一步,注意到其中形形色色的被选择、被塑造、被解放、被压制的人性景致。对教育平等问题的讨论,也要从社会与个体相互关联的双重意识出发。

社会结构是相同历史时期里人类群体所要面对的社会关系与社会事实,它像社会的骨架,为社会中经济、政治以及文化等各个领域中的组织体系的互动与生发提供维持的基础。社会结构是身处其中的我们通过千千万万次选择的结果。社会学家将普遍的结构要素分为政府、家庭、经济、宗教与教育五种主要“制度”。作为社会公平的重要尺度,教育公平有其历史的范畴,人们对教育公平的感受会随着时代的变化而变化。在古代,我国的选士制度是实现阶层流动的重要手段,其公平程度随着内容设置不断变化。两汉时期实行察举制度,手段上以举荐为主、考试为辅,对象扩至布衣,内容上以儒术取士。魏晋时期采用以门第取士的九品中正制。隋朝创立的科举制一直沿用到清末的1905年,这1300多年中,取士要求为分科考试,按照成绩选拔人才。新中国成立之后,统一的高考制度与义务教育相互补充,成为教育公平的重要基础。概而言之,在古代不同时期的社会结构中,最广大人民是否能够接受教育,并通过考试实现阶层跃升取决于统治阶级的意志。当正在接受公共教育的我们回首教育的过往时,我们会觉得所谓平等似乎

---

① 赖特·米尔斯.社会学的想象力[M].陈强,张永强,译.北京:生活·读书·新知三联书店,2001:17-20.

从未不带条件地来到人类社会。当嵌入社会结构的个体环视周围时,入目尽是与自身处境相似的群体,对公平与否的感触与信念由于所参照的群体处境不同也会有所不同。

二、资源的代际传递:不平等系统

从社会学角度来说,我们在思考教育公平的问题时,必须将社会阶级的因素考虑进来。相对于奴隶制度和种姓制度,阶级制度是社会分层中较为开放的一种系统。在阶级制度中,不同的社会阶层之间允许相互流动,流动的方向可以是垂直(阶层的上下流动)或者水平的(在同一个阶层内的来回变动),也可能是代内(一个人一生中阶层的流动情况)或者代际(同一家庭中上下两代人之间社会地位的变动)的。① 在社会流动的过程中,大量以阶级为基础的世袭因素在悄然影响社会地位的自致性。区分社会阶级的要素有很多。根据布劳的社会交换理论,那些拥有较高价值资源的人为他人提供资源后,一般会获得四种报酬:金钱、社会赞同、尊重或尊敬、服从。当人们在交换关系中得到服从时,这个人就拥有了权力。② 所以,从资源来区别社会等级地位之间的差别更为明确和具体。

(一)物质资源

物质资源是指个体能够拥有和控制的经济资源,包括土地、房屋和金钱等。普遍来说,拥有较高社会地位的群体会比较低社会地位的群体拥有更多高价值的物质资源。但这不是绝对的,如在我国的封建时期,相比农民拥有着更多金钱的商人始终地位低下。不可否认的是,拥有更多物质资源的群体,一般而言能使他们的子女获得更好的教育成就。在代际传承机制下,物质与物质支持的教育资源会源源不断地巩固物质资源优势群体的规模与效益。人力资本理论的建构者舒尔茨提出人力资本就是凝聚在劳动者身上的知识技能与表现出来的能力。通过教育和训练,个人可以获得薪金和收益,整个社会的经济也得到增益。对个人教育的投资会通过工作获得薪资

① 邓银城.教育公平与教育的社会分层流动功能[J].教育研究与实验,2012(03):32-35.
② 乔纳森·特纳.社会学理论的结构[M].邱泽奇,译.北京:华夏出版社,2001:285.

的形式回馈。[①] 美国学者科尔曼(J. S. Coleman)在向国会递交的《关于教育机会平等性的报告》中指出，仅依靠政府对教育的平均化投入不能实现完全的教育机会公平，学生家庭背景的差异是导致学业成就区分度的重要因素。这种背景包括社区环境、家长的受教育程度和所处阶级。他对人力资本理论进行了创新性拓展，形成了一个囊括经济资本、人力资本与社会资本的多维度的代际背景对教育产生影响的理论框架。在该理论框架中，他肯定了社会经济背景下家庭资本传递的形式，指出家庭的经济资本(财富与收入)越多，家庭内部的子女就可以获得越好的学习环境与学习辅助资料；家长的人力资本(家长的受教育水平和所做工作的社会地位)嵌入社会资本(个体或团体之间的关联)的程度越高，子女就越容易获得良好学习成果的潜在认识环境。[②] 也就是说，社会等级地位的再生产不仅受到物质资源不平等的影响，还受到社会资源的重要影响。

（二）社会资源

社会关系网络理论就是从社会网络关系或者人际关系的网络结构出发分析和解释社会现象的。德国社会学家齐美尔是社会关系网络理论的创始人。他认为社会网络关系就是一个人加入群体时，建立起来的个人与群体的基本关系。对个人的研究离不开对其所处的社会网络关系的考察。人与人的相遇是两张社会网络的相交。当一个人加入一个新的群体时，他身上的所有关系印记也都被带到这个群体中间来。[③] 如前往新岗位就职的销售人员会带走其在原单位积攒的关系网络。如果将个人视为一个点，那么在所有的社会关系中，父母子女的关系毋庸置疑是网络中点与点联系最为紧密的那个。这种血缘关系互动次数多、感情较浓厚且稳定、亲密程度高、互惠交换多而广。具体来说，社会资源的代际传承要考虑亲子所处的社会结构，要描绘网络中二者的位置，尤其是家长的位置，还要考虑位置之间的相互作用。美国的大学有一项特殊的录取通道叫"传承录取"，英文叫 Legacy

---

① 江涛.舒尔茨人力资本理论的核心思想及其启示[J].扬州大学学报(人文社会科学版)，2008(06)：84-87.

② 李金芳.从文化的视角看我国中等职业教育的发展[J].中国冶金教育，2006(06)：28-29.

③ 周雪光.组织社会学十讲[M].北京：社会科学文献出版社，2003：114.

admissions,是美国名校的校友子女优惠录取政策。美国许多大学在招生简章中都有“传承录取”这一项,如“常春藤八校”(哈佛大学、耶鲁大学等著名大学)、斯坦福大学等其他美国名校。哈佛大学对普通申请者的录取率早已下降至10%以下,但据哈佛校刊 *The Harvard Crimson* 报道,哈佛对于“传承录取”申请者的录取率却高达30%。斯坦福大学的校刊也曾提过,该校普通学生的申请材料只能保证被阅读一遍,但“传承录取”学生的申请材料至少保证被读两遍。① 美国约翰斯·霍普金斯大学的科尔曼教授在讨论社会资本时,提出了社会网络关系中人的能动性。他认为人可以通过理性选择来建立有利可得的网络关系。② 家长利用自己的社会资源为子女的未来职业规划出谋划策、竭尽全力也就有迹可循、“顺理成章”了。

（三）文化资源

文化是相对政治、经济而言的人类一切精神活动及其产品。文化资源是指人们从事一切与文化活动有关的生产和生活内容的总称。阶级的流动伴随着相应的社会与文化的转变。例如,近年来,一些条件优越的家庭为了培养孩子的气质和涵养,或是为未来申请国外名校做准备,常常会趁假期给孩子报马术、高尔夫之类的夏令营,甚至送孩子去参加海外游学。为了适应阶级生活的跃进,等级程度相对较低的人需要掌握更为灵活的文化技巧,并且习得一套全新的生活方式:新的品位、态度、语言与思想。法国社会学家布尔迪厄(P. Bourdieu,也译为“布迪厄”“布尔迪约”,后文根据实际情况使用)把这类资源称为文化资本。他认为文化资本有三种形态。一是身体化的形态。这种形式存在于人深远持久的性情倾向之中,表现在人的身体与精神上,就是仪表、风度、气质等。二是客体化的形态。凝结在富含文化意味的物品中,如景德镇陶瓷、兵马俑、书籍与画卷等。三是制度化的形态。制度文化是人类为了自身生存、社会发展的需要而主动创制出来的有组织的规范体系,主要包括国家的行政管理体制、人才培养选拔制度、法律制度

---

① 美国留学中心.常春藤的后裔:校友子女申请名校凭什么受优待?[EB/OL].(2016-03-18)[2022-07-11].https://www.sohu.com/a/201008499_108293.

② 周雪光.组织社会学十讲[M].北京:社会科学文献出版社,2003:118.

和民间的礼仪俗规等。他将“文化资本”与“再生产”结合起来,提出了文化再生产理论,想要通过知识文化与社会阶级关系的角度,分析社会不平等长期维持并不断传递的原因。他认为一个人拥有越多的文化资本,就会越容易积累新的文化资本。而继承是拥有并加快自己文化资本累积脚步的重要途径。① 由此,文化资本的代际传承也成为构成社会不平等系统的重要影响因素。

布尔迪厄还从个人角度之上的阶级层面阐释了教育不公平的生发机制。他认为学校教育的内容与形式无一不反映着统治阶级的文化倾向与客观利益。学校这一机构并非中立,而是政治权力专断在文化上的表现,统治阶级的文化强加给其他阶级的孩子。所有的教育行动都是一种“符号暴力”(symbolic violence)。“符号暴力”是“在一个社会行动者本身合谋的基础上,施加在他身上的暴力”②。符号暴力的实施主体能够建立一种符合自己利益需要的文化秩序。被支配方对这种秩序的合法性深信不疑,在一种温和且隐蔽的暴力中,做出支配者需要的选择。在符号暴力的支配下,被支配者将符合某一方利益的认识奉为普遍的真理。这种符号暴力在生活中比比皆是,诸如“龙生龙,凤生凤,老鼠的孩子会打洞”“穷人家的孩子脑子笨”“女孩子学不好理科”。

相对弱势群体在这些“正当性”言论的遮蔽下被动地将自己整合进不利于自己的社会秩序中,丧失了自主性选择的机会。布尔迪厄认为学校正是通过符号暴力实现了文化再生产,并将社会再生产等级制合法化。他称绝大多数下层阶级的子女深受父母一代贫瘠的经济与文化资本的影响,但是也有部分成为教育的受益者。③ 诚然,文化资本并不是导致教育不公平的唯一原因,但是这一理论使人们开始从社会制度的根源上思考教育机会均等与教育民主化的进程。

---

① 王处辉,朱焱龙.文化资本的“名”“实”分离:中国语境下文化资本对高等教育获得影响的重新检视[J].高等教育研究,2018(07):17-23.

② 曾德强.浅析布尔迪厄“文化再生产”理论[J].当代教育论坛(上半月刊),2009(05):9-10.

③ 韩怀珠,韩志伟.从“底层文化资本”到“底层的文化资本”:基于布尔迪厄场域理论的分析[J].中国青年研究,2021(03):90-95,102.

第二节 高等教育机会平等的类型

高等教育作为个人与社会的重要联结点,始终备受关注。个人期待通过高等教育实现专业提升与职业技能训练;社会需要有专业知识与技能的人来完成工作,提升效益。虽然社会有种种的不公平,但是人们普遍希望教育尤其是高等教育能够避免不平等的再生,帮助人们弥合资源获取的差异,摘得努力换取的成功果实。美国公共教育之父贺拉斯·曼(Horace Mann)认为教育是促进人类平等的伟大平衡器,也是社会机器必不可少的平衡轮。[①] 如何保证高等教育的机会公平,也是教育社会学重点关注的问题。我国宪法第46条明确指出,中华人民共和国公民有受教育的权利和义务。国际上,联合国早在1948年通过的《世界人权宣言》中便将受教育权明确为公民享有的一项基本人权。我国高等教育法第9条规定,公民依法享有接受高等教育的权利。在高等教育的实践过程中,教育机会平等的类型可以分为教育起点的平等、教育过程的平等以及教育结果的平等。

一、教育起点平等

教育起点平等是一条平直的起跑线。不论性别、地域、城乡与阶层的孩子都可以站在这条起跑线上,奔向各自理想的未来。2020年,《中国青年报》的一篇报道讲述了一个勤学奋进的学子的故事:来自四川省凉山彝族自治州冕宁中学的高考学生孙川,以675分的成绩被清华大学录取。来自农村家庭的孙川是家里的长子。父亲由于打工的原因常年不在家,在母亲忙于为村小学代课的时候,孙川就会负起哥哥的责任来照顾弟弟妹妹。甚至在收到录取通知书的时候,他还在县城的一个工地上打工,为自己赚取上大学的学费和生活费。在这样一个"三区三州"的深度贫困区,孙川在高考这一重要节点实现了人生的重要转折。贫乏的学习资源、紧张的学习时间以

① 王文礼.美国促进科学教育公平的政策嬗变(1945—1990)[J].当代教育论坛,2019(05):65-74.

及薄弱的师资力量，这些困难都在孙川的勤奋努力下被克服。入学权利的保证就是对寒门学子未来人生的守护。[①] 要实现高等教育的起点平等，不断完善并持续监察高考招生制度是其题中之义。近几十年来，我国高考招生制度发生了较大的变化，对教育起点平等的问题也产生了一定的争议与思考。

（一）保送生制度

高考保送生指那些经学校推荐，无须参加高考即可进入大学就读的学生。申请的条件由教育部统一规定，目前主要包括各类奥赛的获奖者和外语类学生。1988 年，《普通高等学校招收保送生的暂行规定》发布，保送生制度在全国 52 所高校开始实施。但是，教育部"阳光高考"网公示的数据显示，保送正成为国内知名大学的一个重要生源渠道。大多数保送名额集中在城市中的重点高中里，教育资源的倾斜必然会造成高等教育起点的不平等现象。

（二）中学校长实名推荐制度

"中学校长实名推荐制"是北京大学在 2010 年推行的一种自主招生政策。在面向社会公示的前提下，各中学校长可实名向北大推荐优秀学生，经中学校长实名推荐的学生，可成为高校自主招生直接候选人。每年的录取名额预计只占当年自主招生推荐人选的 1%。为确保公平公正，北大不仅将公示参与推荐的校长和被推荐学生的信息，还将建立"黑名单"，曝光不诚信校长。北大的招生政策和录取方式包括高考、保送生、外语类专业招生、自主选拔录取等多种方式。不过，现实的情况是，根据校长实名推荐的学生名单，大多推荐的是学业成绩数一数二的高三学生。

（三）自主招生制度

自主招生是指高中毕业生通过意向院校考核后，可提前确定录取名额，并在参加高考后享受降分录取的优惠。据规定，自主招生人数不能超过试

① 叶雨婷.越来越多的家庭实现大学生"零的突破" 我国高等教育进入普及化时代[N/OL].(2020-10-14)[2020-07-11].https://news.cyol.com/yuanchuang/2020-10/13content_18810905.htm.

点学校年度本科招生计划总数的5%。[①] 实行自主招生的高校可分为高水平大学、单独试点大学以及本省高职院校。这种招生制度相对于平等则是更出于效率的考量。虽然2020年之后,教育部不再组织高校开展自主招生工作,取而代之以“强基计划”,但社会上对这一制度是否影响了教育公平的讨论仍然不绝于耳。

教育的起点平等要求对待所有学生一视同仁,让大家通过自己的努力实现职业生涯的规划。地域、城乡、阶层这些因素的存在不应该干扰教育系统的包容性。多样化的招生制度需要考虑是否减少了本就缺少资源扶持的孩子向上流动的机会。我们在考虑招生效率的同时,也要考量社会的结构性障碍是否为公平留出了足够的空间。

二、教育过程平等

高等教育过程平等是指受教育者在接受高等教育的过程中获得教育者公平的对待,取得相对一致的教育教学资源,满足受教育者不断发展的需要。在大学阶段,家长与孩子关注的是能不能在大学学到有用的知识,能否接受真正高质量的教育,从而改变命运。高等教育过程公平可以通过学科知识学习过程公平、评奖评优过程公平以及社会实践过程公平三个层面来分析与考察。

(一)学科知识学习过程平等

学科知识是大学生在校期间研习的对象,也是未来寻找工作的依托。一般来说,大学生获得学科知识主要依靠专业教师的课堂传授,其次是学生课后的自主学习,如私下请教老师、请教专业的前辈、图书馆自学等。在学习的过程中,不平等是客观存在的。首先,来自资源较为丰富的家庭的学生,会较来自普通家庭的学生有更好的学科基础和更便利的学习辅助策略。家中有医生长辈的学生较容易获得一手医疗信息。这类学生无论是在学校为学生专业锻炼而准备的病情讨论会上,还是临床经验上都能够得到家中

---

① 周洪松.河北着力规范普通高中招生:公办高中未经批准不得跨域招生[EB/OL].(2020-06-12)[2022-07-11].http://www.moe.gov.cn/jyb_xwfb/s5147/202006/t20200612_465310.html.

经验丰富的医生的帮助。在学科学习过程中,这类学生要比缺少家人帮助的学生从容很多,甚至成绩与绩点也会有所增色。其次,随着社会对复合型高级人才的需求不断增长,大学生也越来越重视辅修学位和双修。但是,在大多数高校中跨专业的学习要收取相应的学费。这笔花销无异于阻断了家庭物质资源较为匮乏的学生的修习之路。

(二)评奖评优过程公平

大学生成绩优秀与否的重要衡量指标就是评选奖学金和各种优秀称号。这些奖励不仅是家境困难学生需要的物质奖励,更是许多人寻找理想职业岗位的重要凭证。评奖评优在规则上存在一定程度的不公平现象。在评选过程中,班干部或者人际交往能力较强的学生更有机会接触到辅导员和班主任,对评奖评优信息接触得更早,在一些不需要大众评选的项目中,更有机会获得奖项。在需要民主评选的项目中,这部分学生与班级成员有更多接触机会,因此,相较其他竞选者也有更多的获奖机会。若想成为班干部,人际网络资源和自身的领导与管理能力是重要的影响因素。家庭条件较差的学生缺少这方面的有意培养,同台竞争难免落入下风。

(三)社会实践过程公平

大学生社会实践活动是在读学生接触社会的一种方式,也是培养各种能力与素养的重要经历。部分学校会将社会实践活动列为一门必修的课程。大学生主要的社会实践活动包括实习、社团活动、兼职等,其中最受重视的活动正是毕业前的预备工作——实习。目前,用人单位越来越关注毕业生的实习活动。在行业内的优秀单位和重要岗位的实习经历能够成为未来就业的巨大助力。因此,大学生会主动寻找各种机会开展实习活动,丰富个人简历。在实习经历上,学生群体之间出现了较大的差异:有的学生拥有很多种实习经历,除了院校联系的实习单位,还依靠自身及家庭的力量联系到了其他的实习单位;而有的学生因为所在院校没有组织实习活动,自己也没有找到合适的实习单位,导致临近毕业了实习经历还是空白。这种情况不光是学生个人能力所致,更受学校水平、所学专业、家庭背景的影响。

三、教育结果平等

教育结果平等不是要求每个学生都得到一样的学业结果的平均主义，而是在排除教育不能控制的要素后，只考虑教育自身带给学生的影响是否公平。高等教育结果平等与教育的起点平等、过程平等具有同样重要的地位，它不仅是其他两者有效的促进手段，更是社会现状与教育追求的现实统一。结果平等表征为学生在教育收益与回报上获得与其投入相对均等的教育预期效果。根据社会交换理论，一项交换开始于"社会吸引"，即人们越希望从对方那里获得报酬，就越有可能从事某活动。① 从这个视角来看，上大学就是一场学生与校方的交换行为。学生为了考上好大学而发愤忘食，勤勤恳恳；家长供孩子上大学也付出了相当的金钱与精力，可谓用心良苦。这样的付出期待得到的回报不仅是在大学中学生获得教育培养目标所规定的发展，如知识的增长、能力的提升、个性的培养、价值观的改进等一系列的潜能挖掘，还希望能够实现就业或升学的目标。

就业问题是大学生及家长在学校和专业选择上的首要考虑因素。但从就业结果来看，大学生就业仍在许多方面存在不公平现象。具体而言，城乡学生的就业结果差异主要体现在就业选择和就业后的薪酬方面。相关研究基于 2020—2021 年两轮全国调研数据发现：农村籍毕业生在择业失利后更加愿意降低就业标准；同时，已就业的农村籍毕业生税后薪酬显著低于城镇籍毕业生。②

社会交换理论中的公正原则可以解释这种现象。布劳认为，在交换过程中，人们建立的交换关系越多，越有可能受到"公平交换"规范的制约，如果公正的规范不能实现，被剥夺者就会倾向于消极地刺激违规者。③ 农村或者其他欠发达地区的家长供养大学生很不容易，上了大学还找不到工作会令家长产生读大学是一项"不公平交易"，他们在做"赔本买卖"的感觉，从而产生新的"读书无用论"。家长的消极抵抗便是不再为孩子的教育进行投

① 童远忠.论竞争与人类社会发展[J].长沙铁道学院学报(社会科学版),2007(03):3-5.

② 李涛,李茜.中国高校农村籍应届毕业生就业形势与发展趋势:基于 2021 年和 2020 年两轮全国调研数据的实证研究[J].南京师大学报(社会科学版),2022(03):46-57.

③ 乔纳森·特纳.社会学理论的结构[M].邱泽奇,译.北京:华夏出版社,2001:285.

资。这一系列事件将会加剧欠发达地区儿童辍学的情况,让他们早早进城打工,成为家中的劳动力。城乡教育机会的差距随着城乡的不平等发展越发拉大。

第三节　教育经费分配与高等教育机会平等

前文中我们主要探讨了社会结构、社会资源对个人高等教育机会的影响,实际上国家层面的高等教育经费分配与高等教育机会公平也存在着十分密切的联系。根据人力资本理论的观点,个人接受教育,其创造的财富也会给社会带来实惠。对高等教育进行投资,除了由个人和家庭参与外,还需要国家和地区的支援与帮助。对高等教育不公平问题的探因,离不开对教育系统内部资源分配的考察,尤其是经费的分配。具体来说,可以从国家分配经费和院校分配经费两个方面进行分析。

一、国家的高等教育经费分配

教育经费是指中央和地方财政部门的财政预算中实际用于教育的费用。教育经费主要有两项:教育事业费(即各级各类学校的人员经费和公用经费)和教育基本建设投资(建设校舍和购置大型教学设备的费用)。在我国现行的国家预算科目中,按预算等级依次分为类、款、项、目四级,由上到下逐级分配。教育部门管理的高等教育,其经费流向为"财政部门—教育部门—学校"。政府其他部门管理的高等教育,其经费流向为"非教育的政府职能部门—学校"[①]。国家对高等教育经费的分配存在地区、院校与学科上的差异。

(一)经费分配的地区差异

由于宏观教育资源的不平等,所以高等教育经费在地区之间的分配存在差异。一般来说,经济发达的东部地区的高等教育事业更为发达,大学

① 管艳琴,王鹭娟.完善财政拨款体制促进高等教育公平[C]//2007年中国教育经济学年会会议论文集.2007:187-197.

多,产业丰富,就业环境更友好,对教育经费的需求更大,国家的投资更多。相对而言,中西部地区的经费就有所减少。2022 年“全国教育经费执行情况统计表”显示,我国一般公共预算教育经费(包括教育事业费、基建经费和教育费附加)总计 37 574.98 亿元,其中,东部地区 10 个省市经费金额为 17 173.61亿元,占全国比重的 45.70%;中部地区 6 个省份总经费为 8 248.80 亿元,占全国比重的 21.95%;西部地区的 12 个省区市的金额数为 10 297.36 亿元,占全国比重的 27.40%;东北地区的 3 个省份总经费为 1 855.21,占全国比重的 4.94%。东北地区、中部地区、西部地区的教育经费明显低于东部地区。①

2022 年“全国教育经费执行情况统计表”中还列出了一般公共预算教育经费占一般公共预算支出的比例。通过这项数据,我们可以看出不同地区对教育事业的投入程度。从各个地区的平均数值来看,东部地区的占比为 17.66%,中部地区的占比为 16.46%,西部地区的占比为 15.56%,东北地区仅有 11.81%。因为数据呈现的方式是比例,所以并不代表实际经费投入力度的差异。

2022 年,全国普通高等学校生均一般公共预算教育经费为 22 205.41 元,其中东部地区的生均预算教育经费为 29 217.99 元,中部地区的生均预算教育经费为 18 041.67 元,西部地区的生均预算教育经费为 24 757.59 元,东北地区为 17 133.84 元。就数据来看,东部地区的生均教育经费较全国平均水平高出 7 012.58 元,西部地区的生均教育经费较全国平均水平高出 2 552.18元,中部地区、东北地区的生均教育经费分别低于全国平均水平 4 163.74与 5 071.57 元。差距最大的是东北地区与东部地区的生均教育经费,东北地区不到东部地区的六成。

生均公用经费是指按在校生平均地用于教学业务与管理、教师培训、实验实习、文体活动、水电、取暖、交通差旅、邮电、仪器设备及图书资料等购

---

① 中华人民共和国教育部.2022 年全国教育经费执行情况统计公告[EB/OL].(2023-12-02)[2023-12-25]. http://www.moe.gov.cn/srcsite/A05/s3040/202312/t20231202_1092896.html.

置,房屋、建筑物及仪器设备的日常维修维护等方面的实际支出。[①] 普通高等学校生均公用经费的预算现状分析能够为高等教育平等化研究提供一定的启示。2022 年我国东部地区的生均公用经费为 11 196.23 元,中部地区为 6 749.60 元,西部地区为 9 452.99 元,东北地区为 7 571.50 元。可见,在较为发达的东部地区,生均公用经费要高于中部地区、西部地区以及东北地区。

(二)经费分配的院校差异

学校之间的经费分配存在一些差异。以两所不同水平院校的图书馆为例,某一"双一流"高校的图书馆规模很大,同一校区内还不止建有一个图书馆,其内置设施十分先进,藏书量也很丰富。另一非"双一流"院校的图书馆规模较小,设施不够先进,同一类型的图书只是对应学院所在的校区才有收录。

虽然经费不能断定院校的办学质量,但是国家划拨给学校充裕的经费,无疑给了学生相当程度的便利和更加优越的发展资源。从 2020 年各大院校的官方网站公开的数据来看,院校间经费悬殊,多的可达几百亿元,少的只有几亿元。那么,国家教育经费是根据什么来划拨的呢?这里提出两个猜测:一是院校的水平,分配给高水平院校的经费会多于其他水平院校的经费;二是院校的学科范围,综合类、理工类院校的经费会多于其他类院校的经费。下面根据经费的额度进行院校分配差异的分析,以此检验我们的猜测。

首先,来看院校水平与经费分配的关系。从 2022 年高校决算经费数据来看,年度收支决算总经费排名前四十的院校均为"双一流"高校,共有 23 所"双一流"高校超百亿。其中,清华大学以 421.09 亿元位列第一,之后是浙江大学(278.58 亿元)、北京大学(261.68 亿元)和上海交通大学(251.70 亿元),这 4 所高校的经费均在 200 亿元以上。而在非"双一流"高校中,决

---

① 中华人民共和国教育部.请问教育经费、财政性教育经费、教育事业费、生均公用经费分别包含哪些内容?[EB/OL].(2009-04-29)[2022-07-11]. https://www.moe.gov.cn/jyb_hygq/hygq_zczx/moe_1346/moe_1351/tnuall_46963.html.

算经费最多的是广东工业大学(60.30亿元),之后是扬州大学(42.62亿元)和昆明理工大学(42.02亿元),而西部地区某本科院校的决算经费仅为0.33亿元。[①] 由此可见,“双一流”高校在经费方面占据绝对优势,不同水平院校的经费水平存在较大差异。在不同层次的大学就读,学生的起点是存在巨大差异的。

2022年度收支决算总经费前一百名的院校绝大多数是高水平院校,其中综合类院校最多,为49所,总经费约占前一百名院校总经费的62%;理工类院校次之,有35所,总经费约占前一百名院校总经费的28%;其他类型院校(民族类、农林类、师范类、医药类)共16所,总经费约占前一百名院校总经费的10%。从校均经费来看,综合类院校的数额为94.04亿,理工类院校的数额为59.73亿,其他类型院校的数额为43.97亿。[②] 可见,综合类院校的校均经费明显高于理工类和其他类型院校。可以发现,国家在院校经费分配时,不仅注重院校水平,还会偏重综合类、理工类院校的投入,经费的多少影响着院校对于科研、师资、教学环境等方面的投入,与学生的发展息息相关。

二、院校内部的教育经费分配

教育经费到校后,在院校层面的分配也同样值得关注。我们经常看到,虽然是同一所院校出来的毕业生,但不同的专业在就业的选择面上有着相当的差距。一些院校会花重金与巨大资源围绕着某个学科群去打造王牌专业,争取能够成为国内或者同行内最有竞争力的专业。就读这些专业的学生会享有校内较高的科研和教学投入,也会在就业时比同一院校内的其他专业学生更具有优势。如哈尔滨工业大学的机械工程类专业、大连海事大学的航海技术专业和轮机工程专业、西南交通大学的交通运输专业,这些都

① 高绩.最全汇总!近700所高校,公布2022决算经费[EB/OL].(2023-10-15)[2023-12-19].https://mp.weixin.qq.com/s?_biz=MzkyOTI4OTIyNg==&mid=2247571454&idx=1&sn=35efb2b9702fc75011522d527864987f.

② 高绩.最全汇总!近700所高校,公布2022决算经费[EB/OL].(2023-10-15)[2023-12-19].https://mp.weixin.qq.com/s?_biz=MzkyOTI4OTIyNg===&mid=2247571454&idx=1&sn=35efb2b9702fc75011522d527864987f.

是所在院校的王牌专业，国家一般都给予专项拨款。院校内部在款项分配上，也会对王牌专业有所照顾。这就会造成一定程度的不平等。

（一）院校经费分配的“可”与“不可”

随着院校与政府的关系变化以及院校自营收入的增加，院校可自主分配的经费不断增加。不可自主分配的款项内容有纳入预算内基本建设项目支出部分、新的部门预算中的专项支出、财政支付的教职员工的工资和福利支出。这几类支出属于专款专用，且就全国来看，这部分支出在总拨款中比重过半。此外，由政府、国际组织等委托给校内教职工的项目所带来的经费，除去部分管理费外，其余都由被委托方支配，学校不得干涉。虽然不能再分配费用，但是项目的申报或者投标是由学校决定的，所以院校现实中还是留有一定的间接支配权。院校可以自主支配的部分包括教育事业费中的公用经费；学校自己筹措的经费；学费等收费；承接项目后，委托方付给学校的管理费用；各项捐赠中不指定用途的款项。经费的筹措能力和院校水平挂钩。在很多高水平院校的经费中，自筹经费占比甚至超过总经费的半数。院校获得经费后的一般用途主要有保证学校正常运转，如道路等公共基础设施的维护费或者生活使用的水费、电费等费用；满足科研、教学工作基本需要，如办公用品的采购费用等；促进院校发展，如实验室和研究基地的建设费用；激励教师，虽然教育事业费中人员支出的教职工工资、福利等学校无权干涉，但是学校可以使用自筹经费给教职工发放津贴与奖励。①

（二）院校内部经费分配的“贫富差异”

经费的功能是多样的。对二级学院来说，争取院校自主分配的经费，可以获得更优良的硬件设施，更宽阔的空间资源以及更好的工作、学习和科研条件，也就有了更广阔的发展前景。在经费有限的情况下，院系内“贫富分化”的情况随之产生。一般来说，王牌专业依赖政府对这些专业的资源扶持，所在学院会有更好的师资力量、更多的招生份额、更大的办公楼和更好的办公设施。院校内其他有较强应用性且和社会联系较为紧密的专业，也

---

① 王善迈.中国高等教育经费在学校内部的分配[J].教育与经济，2005(03)：3-5.

可以依靠承接项目等方式联动社会，获得经费支持。这些专业的毕业生也有着相当程度的就业优势。那些无法获得政府资源支持，且无法通过市场竞争获得额外的经费的专业（如一些人文与社会专业）就处在尴尬的“贫困”地位了。

专业的经费投入与专业学生数量紧密相关。以内蒙古财经大学为例，会计和财务管理专业不仅是全校的公共基础课程，也是师生公认的就业前景最好的两个专业。一般情况下，一届会计专业就有十余个本科班级，而一般规模较小的专业只有一到两个班级。仅从班级数量来看，就可以看出不同专业之间的院校投入差异。相对冷门专业的学生热衷于报名这两个专业的第二学士学位，将大量时间花在考取这两个专业的资格证书上，而且在就业时也往往使用这个第二学士学位来报考公务员、考研究生和寻找工作。学生作为院校这一组织的重要资源，相对“贫困”的院系，无论是福利待遇还是就业前景都比拥有更多经费的院系较差，普遍面临着生源减少和专业人才外流的困境。

高等教育经费无论是国家分配还是院校内部分配，都难以达到绝对的公平：有的地区多，有的地区少；有的院校多，有的院校少；有的院系多，有的院系少。分配的模式多是沿用历史，且并无明确的标准。从路径依赖理论来进行解释，即教育系统的经费会向投资周期短且见效显著的地方倾斜。正面的反馈会加强系统不平等性的确立，并在系统中不断沿用这个路径发展，潜在的其他可能路径难以被吸纳和采用。①

大学是一个资源依赖型的组织。让我们从宏观交换的视角再一次审视经费投入背后的原因。布劳认为，正式的组织作为社会的子结构，它们之间具有复杂的相互关系。它们彼此吸引、竞争、对立、分化并整合。同一领域中的组织在社会中获得报酬的水平是衡量成功与否的重要标准。组织为了获取成功寻求新的资源时，政治组织就会对资源交换进行管理。组织内人员共享的价值观为政治组织的管理权力赋予了合法性。政治组织无法实现

① 陈允龙，崔玉平．路径依赖理论视角下高校内涵发展的隐忧与应对［J］．黑龙江高教研究，2020(08)：50-54.

资源分配的绝对平衡。布劳的不均衡原则显示,组织中的一些均衡关系会破坏另一些关系的均衡性,由此产生了对立的组织。但是,由于强制执行的政治权威和不平等的资源分配,占据统治地位的组织不会被打败。被不平等分配冲击的组织产生的被剥夺感,会发泄给政治权威这一目标。组织提出重新分配报酬的要求进而产生其他组织新一轮的反对运动。[①] 同理,我们可以理解大学资源分配的不公平也是组织力量博弈下社会动态、辩证的特征体现与结果表征。

大学之间的资源多寡是竞争的结果,也是整合与分化的结果。同个人、家庭与教育系统的交换不同,这里面还出现了重要的调节与分配的枢纽——政府。政治力量与法律作为公平交换规范的保证,缓解与调节着由于权力竞争产生的社会分化。

第四节　两种教育公平观的反思

平等是教育机会的推动要素,对平等的认知是导致人们对教育不公平问题产生困惑与愤怒的根源。一般来说,教育公平观会被分为精英主义与平等主义两种。前者强调按照知识、学习或者能力来分配教育的资源与关怀,认为杰出学生的需求与发展理应获得更多的关照。如分配笛子给不会吹奏的人是一种浪费,而会吹奏的人没有获得笛子则是不公平的。后者强调要实现全社会范围内的公平,就要通过人为的努力去消除自然和历史带来的不平等因素。[②] 只有重新分配教育资源,为弱势方积极提供补偿,改善不利处境,最广泛和普遍的教育公平才能得到实现。

美国政治哲学家迈克尔·桑德尔(M. J. Sandel)在《精英的傲慢》一书中阐述了令人耳目一新的教育公平观。作为社群主义的代表人物,他深刻地批判了自由个人主义的观点,认为目前对精英主义的教育公平观或是平等主义的教育公平观的分析都没有深入价值层面。平均主义的教育公平观

---

① 乔恩·威特.社会学的邀请[M].林聚任,译.北京:北京大学出版社,2008:310.

② 郭书剑,王建华.寒门贵子:高等教育中精英主义与平等主义的冲突[J].高等教育研究,2018(10):21-30,36.

在现实世界的严格实施需要保证平等的起点，在任何出现差异的节点都需要社会力量的介入，从而矫正“起跑线”的平直。然而，现实世界因果链条环环相扣，对更早“起点”的追究没有尽头。[①] 如大学毕业后学生取得的成就，可以追溯到学生在大学的学习过程，再追溯到学生进入大学前的中学、小学，到最后，教育公平的补偿措施恐怕要从“基因”的公平开始实施了。

在我国近代的教育思想史上，也曾出现过将教育公平贯彻到底的理念。康有为在他的代表作《大同书》中描绘了一个理想社会，在这个社会中，不再有私有制、阶级制和家庭。儿童不再是家长的儿童，而是整个社会共同关照的对象。在“大同”社会中的教育，也是由整个社会共同承担的。为此，康有为设计了一个完整的教育体系。最初的教育是在环境优雅的人本院进行的。怀孕的妇女们会聚集于此，让胎儿在出生前接受专业教师和护理人员的胎教和照顾。婴儿出生、断乳后，将要被送去育婴院抚养至三岁。三岁后进入慈幼院，学习语言、手工等幼儿教育内容。随后，儿童在六岁到十一岁进入小学院，通过模仿教师的善良示范形成美好的品德。进入中学院的年龄是十一二岁，康有为认为这是人生的关键期，教育应该德智体并重，课程要根据学生个性加以设置，于十五岁学毕。十六岁至二十岁，学生进入大学院学习，过程中注重实践，让学生能够启发智慧，学习到专业所需的知识。[②]

通过“公费”“公养”“公教”，能够形成封闭的教育系统，每个人都可以在其中得到一样水平的教育和均衡的发展资源。即使在取消“家庭”概念的基础上，从胎教开始进行教育，竭力去避免后天环境带来的不公平因素，但是只要在教育内学生还是秉承着优绩主义展开竞争的，那么教育“通过自身努力实现成功”的许诺在桑德尔看来便不会完美地兑现。在桑德尔看来，竞争并非为了实现公平，而是为了自由和效率。存在竞争，就会有胜利者和失败者的区分。获胜者会将胜利归因于自己的天赋和努力，这消解了运气这一重要因素的作用。而且，如果竞争是平等的，那么失败者的境地也是咎由自取，他们在社会这个竞技场中被罚下场是理所应当，且不值得同情。

① 迈克尔·桑德尔.精英的傲慢[M].曾纪茂，译.北京：中信出版社，2021：15.
② 孙培青.中国教育史[M].上海：华东师范大学出版社，2015：338.

优绩主义是否一无是处？如果不是，又要如何修正它呢？桑德尔认为人们应该重建对优绩内涵的认识。高薪的工程师和装货工在几个世纪前地位可能是颠倒的。对优绩的不同指向只能让胜出者换成另外一批人，对改变现状无所帮助。要想实现最大程度的公共善，不能极端地清除所有的优绩，而是应该将对优绩的追求引向能够创造公共利益的工作和能力。

国外一些精英家庭不惜违反法律也要将孩子送入名校，这不仅仅是为了让孩子能够找到优越的工作，更是为了享受名校带来的精英声望，否则将巨额的教育投资改办成信托基金更能给子女带来富足的生活。精英声望让上层社会的财富愈加合理化，是否入读名校成为人生成功与否的判定依据。通过入学考试，获得体面的工作，迎来成功的人生；相应地，没有入读名校，便得不到待遇优厚的工作，只能面对惨淡甚至失败的生活。这样的思维逻辑看似公平，但是实际上没有认识到工作的价值不是金钱，工作的价值是个人通过劳动带给社会利益。清洁工提供给大众整洁卫生的公共空间，相对医学教授救死扶伤的功德也不显得眇乎小哉。

教育的目的是促进人的发展，公平是其题中之义。为了追求名校精英光环而破坏公平已经异化了教育本身的目的。桑德尔提出倡议，既然人生的机遇无常，进入大学也应该使用抽签的方式。意识到运气在人生中的作用才能使人变得谦卑且时常心怀感恩。在大学里，常常看到学生使用“明天的你，一定会感谢今天努力的自己”这句话来自我勉励。待到取得又一个阶段的胜利果实后，再去问他们关于这句话的感受，得到的反映却是“没什么好感谢的，这都是我努力后应得的”。成功者膨胀的自我意识驱动着他们归因方式的自我取向，忘记了在学习和竞争路上的运气因素，如遇到了一丝不苟讲解题目的教师、考试前一夜正好复习到的考试题目、家长有能力提供一个安静且舒适的学习环境。他们对待竞争失利的同学难免会摆出俯视的姿态，用苛刻的眼光寻找对方没有像自己这般努力的迹象，报之以有限的同情。

教育公平在桑德尔看来是一个社会价值取向的问题。每个人都有机会进入名牌大学，寻找到体面的工作，过上富足且成功的人生。这一普遍的思维方式内隐着一些不公正之处。名牌大学应该成为学生能力的裁判吗？工作可以分为有尊严的和无尊严的吗？什么样的人生称得上成功？到底什么是成功？

目前，在一些人眼中，成功与幸福的定义意味着一部分人的痛苦被另一部分人所“享用”，用以残酷地衬托着成功者的耀眼。这种观点是狭隘的。一个理想的美好社会应该是具有包容性的。只要能够在自己的工作岗位上为社会和他人带来利益，那这个人便足以骄傲于自己的成功，可以充满尊严地活着。平等主义的教育公平观强调对弱势者的补偿，现阶段的教育机会公平在某种程度上也是在整个社会金钱导向价值观念下对资产弱势学生的补救措施。对优绩主义的公平观加以改善，让对金钱和声望的追求替换为对社会利益的追求，将成功的标准从是否成为上层阶级转变为是否对社会和他人做出贡献与善举。只有这样，胜败双方的分裂才能从根本上得到弥合，对于教育公平的困惑便能回归于教育本身。

第四讲
大学的功效：高等教育影响社会分层与社会流动吗？

法国社会学家布尔迪厄在《国家精英》一书中讨论了一个发人深省的问题：大学教育，这个被寄予“鲤鱼跳龙门”意味的机构，是否可以促进阶层间的流动？在家庭背景对个体社会地位升迁的影响愈加重要的今天，高等教育真的还能促进社会分层与社会流动吗？

第一节　社会分层与社会流动

谈到社会分层与社会流动，我们的脑海里可能会浮现出这些字眼：贵族、平民、富豪、工人、支配别人、无力抵抗、党派斗争、等级制度、麻雀变凤凰、鲤鱼跳龙门，等等。我们至今还没有发现哪个社会能像静止的镜面一样从不出现层化现象。可以说，只要是有人的地方就一定有社会的分层和流动。社会学拥有庞大的学科分支，但无论你要剖析哪个问题，都绕不开对社会分层与流动的研究，因为科学研究总是建立在对研究对象进行分门别类的基础之上，而人类社会的分层正是所有这些分类的本质表现。

一、社会分层与社会流动的定义

“社会分层”（social stratification）这一概念最初是由地质学中的“分层”（stratify）引入社会学的，意为用地质中的分层现象来比喻人类社会中各社会群体之间的层化现象。更具体而言，由于社会成员对经济、政治、文化资源等要素的占有程度不同，因此一定会导致社会出现层化现象。这里可以列举两种典型的社会分层现象：因财富占有程度不同而形成的寡头精英、中产阶级、低收入群体；因受教育程度不同而形成的高学历群体和低学历群体。

“社会流动”(social mobility)是指社会成员或群体在社会分层结构中地位高低的变化。工作职位得以晋升、家庭从农村迁入城市等行为，都是社会流动的体现。社会分层与社会流动之间的关系密不可分，前者指出社会被划分为地位高低分明的层级，后者点明某一层级中的群体可以迁入另一层级。

二、经典社会分层理论

对于经典社会分层理论的研究，马克思的阶级理论和韦伯的分层理论是最初的两个基本流派，后来的社会学者大多延续这两个基本思路。随着社会环境的演变，社会分层理论被不断地丰富和改进，涂尔干的功能主义分层思想逐渐发展为第三种研究范式。目前学界一般将马克思、韦伯和涂尔干的思想作为研究社会分层理论的三个主要流派。

1.马克思的阶级理论

马克思认为阶级的产生主要缘于分工和私有制。在此基础上，人群的经济地位开始产生差别，阶级就此出现。值得一提的是，马克思将这里面的分工严格区分为自然分工和社会分工。自然分工是由个体的天赋不同(如性别的不同、体力的差异、不同氏族所处地理环境的区别等)导致的，而社会分工是由自然分工发展而来的，不同氏族持有不同的生产资料，后续会自发地进行产品的交换，在这种产品的交换过程中产生了社会分工，再从社会分工的基础之上建立起私有制度。

在阶级的形成过程中，有两个必不可少的阶段。对此马克思是这样表述的，“既然数百万家庭的经济条件使他们的生活方式、利益和教育程度与其他阶级的生活方式、利益和教育程度各不相同并互相敌对，所以他们就形成一个阶级”，这是第一阶段；“由于各小农彼此间只存在有地域的关系，由于他们的利益同一性并不使他们彼此间形成任何的共同关系，形成任何的全国性的联系，形成任何一种政治组织，所以，他们就没有形成一个阶级”，这就是第二阶段。[①] 可见,马克思认为阶级的形成不仅需要群体具有相同的经济地位,还在于群体能否产生真实的社会联系、社会互动和建立起政治组织。他曾经多次预言工人阶级将联合起来发动革命,因为工人群体在经济地位上同处于被剥削的状态,但这样的革命却迟迟没有到来,究其原因就在于当时工人的思想态度并没有与其经济地位统一起来,证明阶级的形成是有一个过程的。

关于马克思是如何构建阶级模式的,学界内分为三派观点。一是从资产阶级时代就业视角出发,支持两个阶级模式。如马克思在《共产党宣言》中所说:"整个社会日益分裂为两大敌对的阵营,分裂为两大相互直接对立的阶级:资产阶级和无产阶级。"[②]二是三阶级模式,主要的依据是马克思在《资本论》中关于资本主义生产方式的表述:"单纯的劳动力所有者、资本的所有者和土地的所有者,——他们各自的收入源泉是工资、利润和地租,——也就是说,雇佣工人、资本家和土地所有者,形成建立在资本主义生产方式基础上的现代社会的三大阶级。"[③]三是多阶级模式,主要的依据是马克思在分析不同国家时提出了不同的阶级模式,例如《1848 年至 1850 年的法兰西阶级斗争》[④]中提到的金融资产阶级、工业资产阶级、小资产阶级、农民阶级、无产阶级、游民无产阶级这种六分模式。

马克思主义阶级分层观带有革命性、批判性的本质特征,他认为社会的历史即阶级斗争的历史,而资本主义工业社会因其内部存在着矛盾,必然会产生重大的社会冲突,最终导致革命的发生。但由于资本主义的实践在发展中产生了重大变化,马克思所预测的"资本主义社会极端分化"现象并未出现。

---

① 中共中央马克思恩格斯列宁斯大林著作编译局.马克思恩格斯选集:第 1 卷[M].北京:人民出版社,1972:693.

② 中共中央马克思恩格斯列宁斯大林著作编译局.马克思恩格斯选集:第 1 卷[M].北京:人民出版社,1972:367.

③ 马克思.资本论:第 3 卷[M].中共中央马克思恩格斯列宁斯大林著作编译局,译.北京:人民出版社,2004:1000.

④ 马克思.1848 年至 1850 年的法兰西阶级斗争[M].中共中央马克思恩格斯列宁斯大林著作编译局,编译.北京:人民出版社,2014.

2.韦伯的分层思想

多元化是韦伯分层思想的最主要特点。不同于马克思以经济资源的占有为最根本的划分依据,韦伯提出以财富、权力、声望作为社会分层的三个基本要素。这三个要素并不是各自独立的,而是交织在一起相互影响着的。富甲一方的商人不一定会获得相应的社会声望,手握权力的高官即便不占有生产资料也能拥有很大的经济权力,而社会声望高有时还会成为财富和权力提升的基础。根据这样的思想,韦伯对于阶级给出了如下定义:第一,在生活机会特定的作为原因的构成上有着一致性的人们;第二,这种构成仅仅是指商品占有与收入机会上的经济利益;第三,这种构成是处在商品的或劳动市场的条件下。[①] 韦伯认为,生活机会是最核心的阶级要素,生活机会将能够造成社会地位差异的各类资源都涵盖在内,这时对生产资料的占有与否不再是造成地位差异的唯一因素,这体现了韦伯与马克思在阶级定义上的差异之处。

在阶级的区分上,韦伯同样依据不同的标准将其划分为三类。第一类是"财产型阶级"(property class),划分依据是所占有财产类型的不同,其中获利者往往在购买、销售、财富累积、投资或社会特权等方面占据有利地位;与之相反的亏损者在财产、人身自由、社会地位上都处于负向位置。第二类是"获得型阶级"(acquisition class),划分依据是在市场上能够获得服务的机会,其中获利者一般为从事具有一定专业性和不可取代性职业的人群,而亏损者则一般为付出体力劳动的普通工人等。第三类是"社会型阶级"(social class),这一类型并没有被明确定义,可以理解为由不同社会地位构成的整体的、成体系的阶级。韦伯对阶级斗争形成的条件也提出了相应观点,并总结为四个环境条件:一是要明确自己所面对的最直接、最集中的利益冲突对立方;二是阶级地位相似的群体人数要足够多,有一定规模;三是这样一定规模的人群要处于相对集中的空间之内;四是要有明确且易于被成员领会的斗争目标。[②]

① WEBER M. Status groups and classes[M]//GRUSKY D B. Social Stratification: class, race, and gender in sociolgical perspective. Baulder, Colo: Westview Press, 1994:124-125.

② WEBER M.Status groups and classes[J].Social Stratification,1994,b:124-125.

韦伯的多元分层理论拓宽了社会分层研究的视角,强调了划分社会群体地位时应参考多重标准。正因如此,多元分层理论模糊了各阶级利益分化的界限,带有调和的意味,有助于社会的稳定与和谐。但在后续的发展中,研究者往往将市场等同于财富占有,将政治等同于权力占有,将身份群体等同于声望占有,无形中将个体特征的差异视为社会分层的主要原因,因此也具有一定的局限性。

3.涂尔干的分层理论

涂尔干是功能主义思想的奠基人。在他看来,分工将整个社会紧密结合起来,对社会整体发挥作用。从功能主义视角出发,社会分层是必要的,并且对维护社会统一具有正向作用。对于这种观点,涂尔干给出了如下解释:社会分工是必然存在的,并且朝着更复杂的方向演变。在所有的分工体系中,不同工作的重要程度必然存在差异,并且个体本身在智力、体力、学习能力等方面水平各异,所以由人的才能高低促使其进入重要程度不同的工作岗位也是必然的,这是社会分层的一个最基本原则。不同工作岗位的数量比例也要符合社会现实情况,一般来说社会地位高的人应在少数。①

随着经济的不断发展,传统社会的联结方式不再稳固。涂尔干提出以职业群体作为新的渠道,将社会再次整合起来,并给出相应理由。首先,能力、价值观相似度较高的社会成员选择同等层次职业的可能性更大,并且在共同工作的过程中会进一步培养相似的观念。其次,相同的工作意味着频繁的社会互动,这样的互动关系相比于由亲缘、邻里关系等联系在一起的群体,依赖性更高、持续性也更长。同样地,职业本身所带有的责任性和规范性,以及工作者所追求的共同利益,进一步加强了职业群体内的稳定程度。因此,在所有的社会群体之中,职业群体在社会整合方面的积极功能是首屈一指的,甚至可以作用于社会转型时期秩序混乱、道德沦丧的纠正和规范。

涂尔干的分层理论立足于“社会是一个有机体”这一认识。个体由于能力的差异被分配到不同的社会岗位上,进而形成职业地位的高低,体现了社会分层的必然性。涂尔干从积极意义上论证了社会分层,建构了以职业群

① 涂尔干. 社会分工论[M]. 渠东, 译. 北京:生活·读书·新知三联书店, 2000:111.

体为基础的新社会结构，为社会分层的研究开辟了新思路。

第二节　高等教育与社会流动

上一节中提到，社会不同阶层在垂直方向上的流动与经济发展密切相关。在理想的社会结构之中，个人能够通过自身的努力实现阶层的跨越。进入 20 世纪后，随着科学技术的飞速发展，全球政治、经济、文化等领域发生深刻变革，教育在现代社会中的作用愈发凸显。作为历史悠久的社会组织之一，大学自中世纪出现以来，在履行学术功能的基础上不断拓展着其他特质属性，其社会功能也不断发生变化，本节主要讨论高等教育与社会分层和社会流动之间的关系。

教育历来被社会学家视为推进社会阶层流动、改善社会治理的有效工具。正如柯林斯所言："在现代美国，教育在取得职业成就的过程中已变得极为重要。因此，在分析产生社会成层和社会流动的原因时，教育占据了中心地位。"[①]在中国社会，教育更是亿万百姓密切关注的民生话题，家长们怀着一颗"望子成龙""望女成凤"之心，盼望着子女能考取名牌大学。高等教育作为反映个人社会地位高低的重要标签之一，其与社会流动之间的关系是学界长期关注的经典论题。在长期的研究中，全世界学者就高等教育极大地影响着社会流动这一观点达成了共识。但是，关于高等教育究竟是如何影响社会流动的，学界依旧众说纷纭，甚至呈现出许多截然相反的结论。

一、促进论：高等教育促进社会流动

促进论认为教育对社会流动有着积极的影响。相关论述最早可追溯到 1927 年，美国社会学家索罗金（P. A. Sorokin）在《社会流动》一书中提出，"学校是从社会底层向上层流动的社会性电梯"，即对教育能为社会成员提供向上层流动的机会做出了肯定判断。[②] 1967 年，布劳（P. M.Blau）和邓肯

① 兰德尔·柯林斯.教育成层的功能理论和冲突理论[M]//张人杰.国外教育社会学基本文选.上海：华东师范大学出版社，2009：35.

② 潘懋元.多学科观点的高等教育研究[M].上海：上海教育出版社，2001：260.

(O. D. Duncan)在《美国的职业结构》一书中也提出了类似观点。他们认为,在工业技术快速发展的时代,教育等自致性因素在个体社会地位的提升中逐渐占据了主导地位。[①] 贝克尔(G. S. Becker)和汤姆斯(N. Tomes)[②]、范(Y. Fan)[③]等学者都是促进论的支持者。

功能主义理论是促进论的基础。这一理论将社会和生物学中的有机体进行类比,将其看作一个各部分相互依存的整体系统,其中每个部分都在系统中发挥特定的功能。其代表人物帕森斯认为,教育具备社会化功能和选择功能。社会化功能主要体现在赋予个体在适应自身社会角色时所需要的能力,使其能够满足社会需求;选择功能则体现在个体接受教育后,通过所取得成就的高低被划分进不同的职业,从而影响其社会地位的获得。高等教育是"精英循环"的中介,通过上述两个功能告诉人们,由于教育成就差别而带来的收入与社会地位的不公平是可以接受的。[④]

我国学者对高等教育与社会流动之间的关系研究起步较晚。张德祥从社会学的立场出发,将个体所处的社会阶层或社会地位的高低用职业这一指标作为最重要的判断依据进行划分,从而把社会流动与高等教育之间的关系转变为职业获取与高等教育学历之间的关系。通常来说,一个职业所对应的社会地位越高,其对个体学历的要求也越高。不同职业的获取与个体之间纵向学历和横向学历(即不同阶段的教育和同一阶段中不同类型或不同层次的教育)的差距密切相关,高等教育正是以此种形式来影响社会的流动。[⑤] 唐晓云认为,高等教育首先挑战了包括个体的出身、社会关系等在内的影响社会流动的先赋性因素,其次渗透在技术知识的获取、成就的获得等种种后致性因素的改善之中,并且通过突破劳动力技术壁垒,为个体进入

---

① 李路路.制度转型与阶层化机制的变迁:从"间接再生产"到"间接与直接再生产"并存[J].社会学研究,2003(05):42-51.

② BECKER G S,TOMES N. Anequilibrium theory of the distribution of income and intergenerational Mobility[J]. Journal of Political Economy, 2007(6):1153-1189.

③ FAN Y. Intergenerational income persistence and transmission mechanism: evidence from urban China[J].China Economic Review, 2016(12):299-314.

④ 马和民,高旭平. 教育社会学研究[M]. 上海:上海教育出版社, 1998:29-30.

⑤ 张德祥. 高等教育在社会流动中的作用[J]. 社会科学辑刊, 1997(03):41-46.

各行各业不同领域提供机会，进而促进社会分层和流动。[①] 吴克明、卢同庆等认为，高等教育对社会流动的作用机制可以分别从人力资本理论、筛选假设理论和劳动力市场分割理论的视角进行解释，个体在接受高等教育之后能够获得更高的经济地位和职业地位，实现社会阶层的跃迁，同时也提出了当前我国高等教育对社会流动的促进功能已经开始弱化的观点。[②]

在中国，“知识改变命运”“寒门出贵子”“学而优则仕”等说法自古以来就被无数家庭和学子奉为信条。父辈为子女创造的家庭条件等先致性因素在个体的社会竞争中起到不容小觑的作用，而低层次群体在无法避免先致性资源匮乏的前提下，主要依靠的就是个人的能力、勤奋、受教育水平等后致性因素来实现其阶层的向上流动。作为培育人、教化人的工具，从“科举制”出现开始一直到以“高考”为指挥棒的今天，教育的筛选作用无疑为社会的分层和流动提供了最强大的动力。以我国第一个全面城镇化的城市深圳为例，统计数据显示，深圳社会各阶层群体所获得的社会地位与其受教育时间呈现显著正相关。[③]

总而言之，促进论以功能主义理论为基础，肯定了高等教育对社会流动的促进作用，有其合理性和指导意义。

二、抑制论：高等教育导致阶层固化

与促进论的观点正相反，抑制论认为高等教育是优势阶层稳固其社会地位、防止低层次群体向上流动的工具，它不但没有促进社会的流动，反而会导致阶层固化更加严重。冲突主义理论是抑制论的理论基础，强调教育对不平等社会阶层结构的巩固和再生产作用，并且将这种不平等合法化。

布尔迪厄在《再生产》中提出了“文化再生产”这一概念，对教育机构中通过文化的再生产而达到对社会既定阶层再生产的现象进行研究。从这一

---

① 唐晓云. 从社会阶层结构变迁透视高等教育在社会和谐发展中的作用[J]. 高教探索，2007(04):41-44.

② 吴克明，卢同庆，曾新. 高等教育社会流动功能弱化现象研究[J]. 教育发展研究，2013(09):42-47.

③ 杨传昌，侯立元. 教育与当今中国社会阶层流动[J]. 教育学术月刊，2009(02):11-13.

视角出发,在以家庭为单位的教育场所中同样具有文化再生产机制,具体表现为教育期望、文化资本和人力资本三种模式。其中,教育期望是指父母对子女的期望与其本身所受教育程度有关。一般情况下,父辈的教育背景越好,对子女的教育问题越重视,期望也越高。且教育程度较高的家长同时还具备辅导孩子学习的能力,本身也为孩子树立了学习榜样,这样的家庭会进行更多与学习相关的活动。不同家庭对社会资源的掌握程度同样反映在教育机会的获取中,支配阶层家庭可以将其所拥有的经济资源、人脉资源等直接转化为子女在教育机会上的优势,进一步加深本就不平等的代际传递。[1] 美国教育家鲍尔斯(S. Bowles)和金蒂斯(H. Gintis)在《美国的资本主义制度与教育》中通过对美国200多年历史的整理和分析,得出了经济结构变化是引起教育改革的根本原因这一结论,即教育是为满足资本家训练劳动力的需求而存在的。当资本主义社会出现矛盾或社会生产力不足时,资产阶级就会采取发展教育的手段来解决问题。从这一角度来看,教育成为社会生产关系和阶层不断复制的工具,丧失了促进社会流动的功能。[2] 由此可见,冲突主义理论认为高等教育对社会流动起抑制作用的依据在于,由于不同社会阶层所持有的文化资本、社会资源等存在巨大差异,相比于弱势阶层子女,掌握更多话语权的优势阶层子女必然更容易取得成就,这样的循环往复使得高等教育毫无疑问成为优势阶层维持自身地位的重要工具。

近年来,大学生就业难问题成为国民热议的话题,我国学者也开始对高等教育抑制社会流动的现象进行研究。结合中国实际情况来看,自1999年大学扩招以来,我国以史无前例的速度进入高等教育普及化时代,迅速培养了一大批适应国家发展需求的青年人才,但也让大学生就业形势变得愈发严峻。由于求职者学历的整体水平在提高,受过高等教育却依旧从事低收入职业的大学生群体开始出现。总体上看,家庭社会地位高的学生接受高层次教育的机会更多,未来择业时凭借父辈社会资源进入精英圈子的可能

---

① 李煜.制度变迁与教育不平等的产生机制:中国城市子女的教育获得(1966—2003)[J].中国社会科学,2006(04):97-109,207.

② 塞缪尔·鲍尔斯,赫伯特·金蒂斯.美国的资本主义制度与教育[M]// 张人杰.国外教育社会学基本文选.上海:华东师范大学出版社,2009:279.

性也更大。

三、条件论：高等教育是助推社会流动的因素

促进论认为个体通过高等教育获得学历和文凭，并以此作为向社会上层流动的敲门砖，这是助推社会流动的一个重要因素；而抑制论认为高等教育是社会阶层复制和固化的重要原因，阻碍了社会流动。这两种观点截然相反，形成了鲜明的对比，又各有站得住脚的理论基础和实际现象作为佐证，这难道意味着高等教育对社会流动的作用是变幻无常、难以捉摸的吗？其实不然，正所谓言人人殊、见仁见智，且高等教育本身也并不是影响社会流动的唯一因素。无论是促进论还是抑制论，都是处于一定的社会背景之下才会产生相应的作用。考虑到这些特定的社会条件，不同学者对高等教育之于社会流动的功能提出大量新见解，条件论应运而生。

所谓条件论，即认为高等教育只有在一定的条件之下才能促进社会的流动，否则将成为社会流动的障碍。英国社会学家班克斯（O. Banks）强调高等教育与社会地位获取之间的关系，认为当接受高等教育成为获取较高社会地位的主要途径时，对社会流动的影响力会更大。与之相对的，"如果高社会地位可以循其他途径，如在职训练或运动、娱乐界的特殊才能而获得，则教育影响社会流动的力量就会减少"①。我国学者郑若玲也持有类似观点，并在此基础上强调要为社会各阶层群体创造公平的竞争环境，反之则无法发挥高等教育促进社会流动的作用。② 景杰从构建和谐社会的视角出发，指出高等教育对社会流动的促进作用是有限的，即社会的向上流动不能全部依靠高等教育来完成，并且要在适宜的社会流动制度化水平、高等教育成本和文化传统等外部条件的辅助下才能得以实现。③ 吴克明、卢同庆等分析了高等教育对社会流动促进功能弱化的原因，从高等教育机会均等、大学

---

① 班克斯. 教育社会学[M]. 林清江，译. 台北：伟文图书出版社，1978：49.

② 郑若玲.高等教育与社会的关系：侧重分析高等教育与社会分层之互动[J].现代大学教育，2003(02)：21-25.

③ 景杰.高等教育：构建和谐社会的重要工具——兼论社会流动中高等教育的功能限制[J].江苏高教，2005(06)：25-27.

毕业生供求关系和就业公平性的角度说明了高等教育影响社会流动受多方因素制约。① 缪子梅认为有限性和相对性是教育促进社会流动功能的两大特征,这里有限性和相对性的表现程度主要取决于三种因素。首先是宏观层面的社会结构体系。具体而言,当个人学识和能力能够取代从父辈“继承”而来的社会资本和文化成为个体地位提升的主要手段时,教育促进社会流动的效能会显著提升。其次是不同阶层群体能否在我国当前教育市场化机制下平等持有教育机会和教育资源也左右着社会正向流动的水平。最后是教育结构与社会经济结构相匹配。②

条件论的支持者从各个角度论证了在一定条件下高等教育能够对社会流动起促进作用,在一定程度上将促进论扩而充之,可见两种观点并不冲突。结合我国高等教育发展史以及社会流动与分层的历程,相比于促进论和抑制论,条件论显然更具合理性。

---

① 吴克明,卢同庆,曾新.高等教育社会流动功能弱化现象研究[J].教育发展研究,2013(09):42-47.

② 缪子梅.高等教育场域中社会流动和阶层固化的社会学思考[J].黑龙江高教研究,2015(11):14-16.

第五讲
文化资本:勤奋能否让自己在大学里脱颖而出?

努力就能在大学中脱颖而出吗?直觉告诉我们,勤奋的人往往能获得更好的成就,然而仔细思考,正如上一讲所示:农村学生相较于城镇学生更难在学业中取得成功。其原因难道是他们不够勤奋努力吗?他们当中想通过读书改变命运的人不在少数,但为什么相较于城镇学生,他们更难进入顶尖学府、更难取得更好的学业成就呢?其实,影响学业成功的因素不止一个,每个人都会受到各种因素的制约。本讲侧重于从社会学的视角去思考问题,更强调社会因素对人的影响。在理论层面上,布尔迪厄的社会实践理论可以对这一问题给出较为全面的、令人信服的解释。

第一节　布尔迪厄的社会实践理论

一、社会实践理论的起源和发展

第二次世界大战是布尔迪厄社会实践理论产生的历史背景。第二次世界大战后,大批青年思想家对传统人文主义和理性主义进行反思,向传统理论发出挑战,布尔迪厄的社会实践理论正是在此社会背景下产生的。虽然布尔迪厄的思想土壤产生于当代法国社会,不过他的理论综合了多个学科、多国学者的思想,既受马克思、韦伯的影响,也受现象学与结构主义的影响。其中,马克思的实践哲学是布尔迪厄社会实践理论的逻辑起点。从布尔迪厄的主要著作引用或提到马克思相关思想理论的次数,能看出马克思对其产生的深远影响:《实践理论大纲》中有 14 处提及马克思,《实践的逻辑》更是多达19处，《实践与反思》有8处。[①] 具体而言，布尔迪厄所说的实践与马克思所说的实践在概念范畴上有所不同。马克思所讲的实践概念主要是指人类对自然进行改造，从而获得生活资料的物质生产活动，而布尔迪厄的实践概念指的是人生活中全部的实际活动，生产劳动活动、经济交换活动、政治文化活动等都包含其中。

对布尔迪厄社会实践理论发展阶段的划分，不同学者有着不同的研究结论。为便于对社会实践理论发展的脉络进行梳理和呈现，本书将依据宫留记教授的观点[②]，将布尔迪厄的社会实践理论划分为三个阶段：奠基阶段、发展阶段和应用阶段。

第一阶段为奠基阶段，也是结构主义色彩的人类学阶段，代表作为关于阿尔及利亚卡比尔人房屋的研究的《阿尔及利亚人社会学》。从布尔迪厄1951年进入巴黎高等师范学院到1968年，布尔迪厄积累了哲学学科的经验，并通过人类学的田野研究进入了社会学学科领域。1956年在阿尔及利亚服兵役的经历，使他从哲学家转变为从事实地研究的社会科学家。正是相关的人类学研究，构成了布尔迪厄此后思想发展的原动力。在军事局势动荡、社会学和人类学更具有应用价值的背景下，他的经历引发了他对实践的关注，对研究者和对象之间关系的思考，以及后来对结构主义的批判。

第二阶段为发展阶段，也是社会实践理论的形成阶段，这一阶段的代表作为《实践理论大纲》。1968年，由于立场和观点的不同，布尔迪厄与社会学家雷蒙·阿隆（R. Aron）分道扬镳，成立了自己的“欧洲社会学中心”。在这之后一直到1981年进入法兰西学院，《实践理论大纲》《实践的逻辑》等著作的发表，标志着社会实践理论的正式形成和成熟发展。布尔迪厄在20世纪70年代后确立了个人的学术地位，80年代后期，布尔迪厄已然成为国际社会理论界被引最多的思想家之一，并逐步成为与吉登斯（A. Giddens）、哈贝马斯（J. Habermas）比肩而立的社会学理论大师。以布尔迪厄为首的法国新社会学派可与当年涂尔干创立的学派相媲美。

---

① 宫留记.布迪厄的社会实践理论[J].理论探讨,2008(06):57-60.

② 宫留记.布迪厄的社会实践理论[D].南京:南京师范大学,2007.

第三阶段为应用阶段,也是反思社会学阶段,此阶段的代表作为《实践与反思:反思社会学导论》。从 1981 年进入法兰西学院直至 2002 年离世,是布尔迪厄社会实践理论的批判性应用阶段。在这个阶段,布尔迪厄学术理论中蕴藏的政治关怀逐渐显露出来,从《国家精英》对统治阶层的社会再生产的分析到《世界的苦难》的出版,他的目光由社会支配阶层重新转向社会底部阶层。布尔迪厄致力于使用科学的分析方法,揭露支撑统治的社会、政治、经济和文化的无形运行机制。与法国的一般知识分子不同,布尔迪厄的理论研究不仅是基于价值的判断,而且更多的是源于对实际的判断和反思。

二、三个核心概念:场域、惯习、资本

社会实践理论的框架是解释结构与主体间的关系,力求在结构与主体的行动间寻求可以互通的中介,因此,在布尔迪厄的理论体系中,贯穿着一些核心概念:行动者在哪里进行实践?如何进行实践?运用什么进行实践?布尔迪厄的社会实践理论运用场域(field)、惯习(habitus)、资本(capital)以及三者间的关系回答了"行动者的实践空间、实践逻辑、实践工具是什么"这三个社会实践观的基本问题。

(一)社会实践空间:场域

场域是布尔迪厄社会实践理论中与传统实践观中的场所相对应的空间概念,是一个关键的空间隐喻(spatial metaphor),在整个理论体系中处于核心概念的地位,正如布尔迪厄本人所说:"场域是首要的,必须作为研究操作的焦点。"[①]受结构主义思想的影响,场域概念分析事物时采取的是"关系性"思维方式,将各要素与其他要素结合归入系统中,并通过系统赋予要素意义和功能,由要素之间、要素与结构之间的双向互动关系决定要素的特性。

社会中存在着各种各样的关系,布尔迪厄摒弃了固有的概念,将分化的

① BOURDIEU P., WACQUANT L. An invitation to reflexive sociology[M].Chicago:The University of Chicago Press,1992:107.

社会划分为不同的领域,这些具体的社会领域就是场域。场域被定义为在各种位置之间存在的客观关系的一个网络或一个构型①,是遵循着特定运作逻辑的客观关系空间,是相对均质、自主、有恰当社会功能的小世界,如教育场域、艺术场域等。场域包含三个关键词:网络(network)、位置(position)、构型(configuration)。

社会实践理论非常强调个体间的关系和互动,布尔迪厄借鉴了网络结构理论,将网络的概念引入场域理论体系。人类在互动过程中通过主观的交往形成了人际关系网络,在这些社会关系中,场域包含了社会行动者、制度和规则等要素,这些要素在网络中连接起来,场域是这些关系得以体现的社会场合或社会领域。因此,场域被理解为人类社会不同层面的各种形式的社会网络,在这些关系网络中附着了资源和权力。

场域不是一般性的空间结构形式,而是充满冲突和争夺的空间。② 在场域这个社会场合下,行动者会利用各种方式和手段来占有并维护对于自己更有利的位置,这些斗争是场域的动力。由于资本的稀缺性,任何场域下的活动必然是争夺资本的活动,资本占有数量不同,使得资本的占有者在场域中占据了不同的位置。位置往往含有社会资源或权力资本,使得资本能够在特定场域对他人施加权力,从而产生支配与被支配的关系。位置是变动的,因位置代表着一定的资源和权力,其往往成为场域中的矛盾冲突点。

尽管占有不同位置的社会成员有着不同的能力,但这些能力需要在特定场域下经过结构的调整后才能发挥作用。构型的概念正是表明场域拥有能动性,能够根据自身的运行逻辑,通过调节、构造社会网络中的各个要素的关系,促使自身形成特定秩序。

(二)社会实践逻辑:惯习

如果说场域的概念是描述社会的客观结构,那么惯习则侧重于展现场域内行动者的心理。惯习联结了社会结构和个体实践,它既受到社会结构

① 布迪厄,华康德.实践与反思:反思社会学导引[M].李猛,李康,译.北京:中央编译出版社,1998:134.

② 陈宇光.论布尔迪厄社会实践理论的三个核心概念[J].南通职业大学学报(综合版),2003(04):43-46.

的形塑,又规范着个体实践。在社会结构发展的过程中,各种资本积累于行动者自身,并逐渐内化成行动者的主体特征和主观形态,这就是布尔迪厄所说的惯习。当一个个体处于特定的场域下时,他的实践逻辑并不是单一的自我感受,也不是外界的机械灌输,而是经过社会化的主观性——惯习。“惯习”一词首先由人类学家马塞尔·莫斯(M. Mauss)提出。莫斯在论述身体技术时通过观察发现,第一次世界大战期间英国人和法国人的军姿截然不同,通过军人的军姿可以轻易辨别出是哪个国家的人。同样,布尔迪厄在《国家精英》一书中指出,法国不同阶层在考卷上使用的文法结构是不同的,社会上层倾向于使用语法结构复杂的句子,而下层倾向于使用简单的句子。这些下意识的身体性表现,都是他们在一定的场域下形成的惯习。

惯习在一些文献中也被翻译为习性,是场域内的主体要素,是符合场域的行为方式,是社会化了的主体性。惯习是持久的、可以转化的潜在行为倾向系统,是一些有结构的结构。惯习包含着多重含义。首先,它不是生来就有的,而是行动者在场域的社会结构影响下逐渐生成的。其次,惯习是一种结构形塑机制(structuring mechanism),能够持续对场域下的个体进行塑造。另外,惯习和习惯有所不同,“习惯”倾向于对行为的机械性重复,而“惯习”更注重主体实践的主观能动性,惯习具有惯性,但不具有惰性,具有创造性和艺术性[①]。最后,惯习存在于社会结构中,是客观的共性与主观的共性相结合的产物。在这一概念下,有三个关键的分析对象,分别为行动者(agent)、行动本身(action)、社会结构(social structure)。

(三)社会实践工具:资本

资本是马克思政治经济学的核心概念之一,是研究和讨论社会整体结构的基础。在布尔迪厄的社会实践理论中,延续了资本的含义和背后的思想体系,即劳动实践是社会的基础,而资本主义劳动实践的核心就是资本。资本是由劳动累积得来的,这使得资本在具有排他性特征的基础上,可以被行动者所占有,并可以使他们迅速获得其他社会资源,产生新的利润。资本

① 徐望.文化资本理论探源与国内外研究综述[J].重庆文理学院学报(社会科学版),2019(01):100-110.

主义生产就是资本的生产、再生产和积累。支配阶级在场域竞争的过程中,需要依靠争夺更多的资本来获取有利地位,因此资本是进行权力斗争的工具。

资本与场域、惯习具有统一性,场域是客观结构,惯习是主观心理,而资本则是整个社会结构的前提与动力。布尔迪厄认为,资本是在特定场域下有效的资源,是一组可被使用的资源和权力,不仅局限于经济意义上,因此,他在早期将资本划分为经济资本、社会资本、文化资本三类,后期又特别添加了符号资本(也称"象征资本"),其中,经济资本和文化资本被认为是最重要的两种类型,主要以这两类资本占有的总数量来定位个体在阶级社会中的位置。[①] 对于四种资本类型的详细分类和对比,将在本讲第二节的内容中进行具体的阐述。

第二节 资本与文化资本

通过第一节的内容,我们了解了布尔迪厄社会实践理论的三个基本概念:场域、惯习和资本。在教育场域下,文化资本发挥着核心作用,不仅影响个体的发展,也会影响阶层的流动。在本节中,我们通过布尔迪厄的文化再生产理论,继续深挖社会因素与个体发展、阶层流动之间的关系,剖析教育活动的实质。

一、几种资本类型的对比

1986年,布尔迪厄在《资本的形式》一书中对资本进行了详细阐释。资本是社会实践理论的三个核心要素之一,使得社会运行超越了简单的轮盘赌博(表5.1),因为轮盘赌博的世界是机会完全均等的,今天可能中了大奖一夜暴富,明天可能就全都亏进去,没有任何积累和资产。而社会世界与之不同,场域下的行动者需要依靠劳动积累资本,在场域中争夺优势地位。在

① 洪岩璧,赵延东.从资本到惯习:中国城市家庭教育模式的阶层分化[J].社会学研究,2014(04):73-93,243.

社会实践理论中，布尔迪厄将资本分为四种类型：经济资本（economic capital）、社会资本（social capital）、符号资本（symbolic capital）和文化资本（culture capital）。在布尔迪厄看来，社会资本、文化资本、符号资本并不具有类似于经济资本的基本特征，并不属于真正意义上的资本，更多是从隐喻意义上出发，展现并运用它们与经济资本的相似性。只有引进资本的所有形式，才能打破只被认可的经济领域的功利倾向，揭示社会世界的结构和作用，揭示社会生活的本质。

表 5.1　资本与轮盘赌博的对比

资本	轮盘赌博
积累的劳动	机会完全均等
客体、主体结构中的力量	碰运气
有内在规律和原则的世界	没有积累/继承/固定资产的世界

从我们日常的生活经验理解，提到资本，我们首先想到的就是金钱，这确实是一种非常典型的资本，由金钱衍生出的动产和不动产等能够立即并直接转换成财富的物品也属于资本，它们统一属于布尔迪厄归类的四种资本之一——经济资本。在这个概念中，布尔迪厄沿用了经济学的概念含义，并将其纳入与场域和惯习具有特殊关系的理论体系中。第二种资本——社会资本也不难理解，通俗而言，我们的人脉，如亲朋好友、同行同事都属于我们的社会资本，这类资本离不开交往和互动，可以在实际上或在潜在层面上帮助我们获得经济或地位上的发展。当社会网络被行动者有效运用时，它就是现实的社会资本；如果社会网络未被利用，依然保持着静止形态，它就是潜在的社会资本。无论是现实的还是潜在的，一个人拥有的社会资本的数量都取决于他能够有效调动的关系网络的规模。第三种资本——符号资本也像是贴在我们身上的“标签”，相对于客观物质而言，能成为符号资本的“标签”往往是一些荣誉、称号等，这些符号不能直接用货币利润来衡量，但会让他人对我们产生更强的信任感，从而为我们带来价值。第四种资本也是本讲将重点阐释的资本类型即文化资本，包括我们接受的教育、积攒的知识和技能、培养的个人品质等。当然，这四种资本之间不是割裂、独立存在

的关系，不同资本类型在一定条件下可以完成有限度的相互转化。例如：我们在学校统一进行学习，一起学习的人们能够互相转化为社会资本；我们对书籍、图画等文化商品进行购买，部分经济资本就实现了向文化资本的转化。相比于经济资本、社会资本和符号资本，文化资本是最容易积累的类型。从小我们的家长和老师就教导我们“读书改变命运”，确实，读书不是唯一的出路，却是相对而言最为公平和容易的道路。

二、文化资本与文化再生产理论

（一）文化资本

文化资本的萌芽是社会学之父孔德在《社会政体体制》中提出的，当人类的产出高于消费时，部分积累下来的资本会随着时空转换为耐用性资本，由此建立起了经济学与社会学的联系。布尔迪厄的概念与之不谋而合，认为社会是具有积累性的历史世界，资本的概念体现了累积形成的劳动，这种劳动以无纸化的身体化的形式积累下来。

布尔迪厄虽然对文化资本进行了详细的阐释，但并没有给文化资本下明确的定义，他认为文化资本的概念应当是不断发展的，而不应当为具体明确的概念所局限。在布尔迪厄看来，文化资本是文化生产场域中的劳动积累，具有文化的形式，在本质上发挥的是资本的作用。布尔迪厄的理论研究者韦布（J. Webb）将文化资本定义为一种标志行动者的社会身份的，被视为正统的文化趣味、消费方式、文化能力和教育资历等的价值形式。[①] 文化资本概念的提出本身就是用来研究和解释社会阶层与学术成就之间的关系的——不同社会阶层在文化资本的分配上是不平等的，导致出身于不同阶层的学生的学术成就有所不同。这种学术成就可视为上一代的文化资本在下一代获得的利润。文化资本最早是一种理论假设，用来解释出身不同社会阶层的孩子获得不同学术成就的原因，即出身不同阶层的孩子在学术市场中所能获得的特殊利润，是如何对应于不同阶层之间的文化资本的分布

① WEBB J, SCHIRATO T, DANAHER G. Understanding bouedieu [M]. London: SAGE Publications, 2002:10.

状况的。[1] 也就是说,布尔迪厄试图从社会不同阶层的文化资本差异及其代际传递来阐释文化的再生产。

社会现代化是文化资本概念产生的社会背景。在布尔迪厄看来,文化资本是一种能力,包括语言能力、交往能力、专业能力、言谈举止等。具体来讲,布尔迪厄认为文化资本以三种形式存在,即身体化状态(embodied state)、客观化状态(objectified state)和体制化状态(institutionalized state)。文化资本在很大程度上影响着学生的学业成就。[2]

身体化状态既可理解为人们身体一部分的性情倾向,也可以理解成一种以内在化为前提的文化能力,如知识、技能、教养等,往往需要个体自身耗费大量精力进行长时间的投入和积累,无法由他人进行代替。正如布尔迪厄的形象比喻:"必须由投资者亲力亲为,就像肌肉发达的体格和被晒黑的皮肤,不能通过他人锻炼来获得那样。"[3]身体化文化资本是一个人的固定财富,无法超越个人的能力,会随着个体的消失而灭亡,无法被买卖和赠予,也无法被直接观察,只能进行解释性理解。

客观化状态多表现为文化物品或文化商品,如书籍、图画、仪器、古董等。客观化文化资本虽具有独立性,但依然需要依靠相应的身体化文化资本进行显现。通俗地讲,文化商品的文化价值是由具有文化能力的个体赋予的。与身体化文化资本不同,客观化文化资本以物质的形式存在,可以进行买卖和传递,以经济资本为前提,客观化文化资本是一种物质财富,以身体化文化资本为前提,客观化文化资本可以作为一种象征。例如,一个人买了一幅画,画本身可以作为财产,如果这个人具备赏画的能力,这幅画就进一步满足了个体在象征意义上的享受和占有。

体制化状态表现为文化制度,是身体化文化资本经过资格授权形成的文化标签,也是被社会广泛认可的文化标志,多被理解为受教育程度,如文

---

① 布尔迪厄,华康德.反思社会学导引[M].李猛,李康,译.北京:商务印书馆,2015:193.

② 布尔迪厄.文化资本与社会炼金术:布尔迪厄访谈录[M].包亚明,译.上海:上海人民出版社,1997:192-201.

③ 布尔迪厄.文化资本与社会炼金术:布尔迪厄访谈录[M].包亚明,译.上海:上海人民出版社,1997:194.

凭、学历等。虽然体制化状态将文化资本置于持续证明的压力下，但它具有更加重要的价值：它使得文化资本超越了身体化形态的局限，不会随着个体的存在而存在、消失而消失，也使得文化资本的拥有合法化，为社会所公认。

（二）布尔迪厄的文化再生产理论

文化再生产理论是布尔迪厄在《再生产》这一社会学经典著作中提出的，是社会文化资本理论在教育系统中的反映。《再生产》一书是教育社会学著作，书中系统地阐述了布尔迪厄的教育社会学思想，包括对资本主义社会教育本质的分析、对西方资本主义国家教育活动本质的揭示。布尔迪厄的文化再生产理论解释说明了教育活动的本质，西方资本主义国家的教育是阶级的再生产场域，不是实现平等，反而维持了当前的不平等，是一种社会不平等的实现途径。

文化再生产理论涉及三个关键概念，分别为文化资本、惯习和符号暴力。前两者已经在前文进行了详细的描述，在这里重点讲一下符号暴力。布尔迪厄认为，符号暴力是“在一个社会行动者本身合谋的基础上，施加在他身上的暴力”①。这种暴力与我们通常所理解的暴力不同，是一种隐藏在自然本性、贤能统治外衣下的压迫和剥削关系。在教育场域下，教育权威倾向于传递支配阶级的文化，学校使用的是支配阶级习惯的用语，使得支配阶级的孩子拥有远超被支配阶级孩子的文化资本，进而能够在社会结构中占有优势位置。符号暴力的概念是用来解释支配阶级如何通过教育向后代复制和传递其特权的，这种复制和传递不会让被施加者知晓，反而会觉得是自然而然的，是一种“沉默的暴力”。

在布尔迪厄看来，教育是整个社会系统中一个重要的组成部分，甚至可以占据中心地位，因为教育的本质是阶级的再生产场域，是各种类型的资本进行利益交换、权力争夺的场所，教育体系实现了对社会地位的控制和特殊权力的分配。学校的教育活动是一种符号暴力，在教育内容和教育方式上都具有武断性，即学校的教育行为具有双重武断性，通过这种武断性，树立

---

① 布迪厄，华康德.实践与反思：反思社会学导引[M].李猛，李康，译.北京：中央编译出版社，1998：212.

合法化的学术权威,实现权力的再生产。学校通过这种符号暴力实现文化的再生产,赋予支配阶级文化资本,使得他们在教育中处于有利地位。不同阶级的子女接受不一样的学校教育,也强化了不同阶级间文化资本的差异,使得他们拥有不同的文化资本。最终,文化再生产会导致社会再生产,例如体制化文化资本使得文化资本变成一种资格,拥有更高文凭和学历的人在这个规则下,自然而然能够占有更高的社会地位,学术等级在这里被转化为社会等级。与经济资本相比,文化资本的传递更为隐秘和困难,但文化资本一旦获得,其塑造的阶层壁垒也更难以被改变。再生产是通过学术等级来确定社会等级的,社会等级的划分建立在天赋和能力的基础上,实现了不平等社会再生产的合法化,因为人们往往会将弱势地位归因为个人不够努力,而不会去考虑这背后的社会因素。

布尔迪厄的文化再生产理论经研究揭示了教育活动背后的真相:第一,出身于被支配阶级对子女学业有着负面影响,具体表现为孩子的学习机会少、学习资源少,农业工人的子女入学机会为 0.7%,而一般雇员子女的入学机会能达到 10%左右①,背后逻辑是经济资本的缺乏导致教育资源的获取更加困难;第二,高等教育规模的扩大并没有改变社会原有的阶级秩序,反而是维持了阶层的固化;第三,西方资本主义国家的工农子弟很少选择哲学、社会学等人文学科,而更倾向于选择工科这样的实用型专业,因为人文学科需要更高的语言资本;第四,家境贫寒的孩子更难获得学术成就,寒门难出贵子;第五,教育场域被资本冲击,存在着利益的斗争。

三、高等教育与文化再生产

高等教育能够促进社会公平吗?问及这个问题,我们第一直觉的答案是肯定的,迪马吉奥(J. DiMaggio)的文化流动模型认为,低地位群体可以有意识地通过参与高地位文化活动积累文化资本从而实现向上流动。高等教育给了每个人跨越所在阶层的机会。针对个体而言,这个观点非常正确,高

---

① 布尔迪约,帕斯隆.继承人:大学生与文化[M].邢克超,译.北京:商务印书馆,2002:9-10.

等教育给了每个人一条通往成功的路径。然而，从整个社会来看高等教育与阶层流动的关系，这个答案需要再行斟酌。布尔迪厄的文化再生产理论认为，高等教育不仅没有促进社会公平，反而维持了原有的不平等，该理论系统阐释了西方资本主义教育活动的本质，以及教育背后运行的文化资本通过生产和再生产，影响着行动者的发展和阶级的分层。文化资本具有阶级异质性，社会地位越高的阶层越能给后代提供丰富的文化资本，他们可以通过经济资本对文化资本进行投资，实现文化资本的积累。按照布尔迪厄的文化资本理论，个体一旦出生在某个阶层，那么他们未来的人生道路就已经确定了，社会流动的可能性很小。①

进一步分析这个问题，需要引入一个新的概念——区隔，也称为区分。什么是区隔呢？它指的是一个阶层通过独特的文化活动，来维持阶层的独特地位。例如，富裕阶层的文化娱乐活动是马术、高尔夫球、舞会，其他阶层的人试图通过上述文化消费活动来提升自己的阶层，却往往因各种条件的限制（如高昂的价格）而难以实现。人们的审美偏好是被所在的阶层塑造的，而不是被刻意模仿出来的，富裕阶层的人不是有意识地表现优越和差异，而是这些是他们从小耳濡目染形成的习惯。对于孩子来说，父母从小就带他们打高尔夫球，身边的朋友也喜欢打高尔夫球，他们自然而然地会认为打高尔夫球是正常的、应有的活动。在此，文化资本也被视为阶层划分的标志，有些人积累了一些经济资本，变成了大众口中的“土豪”，但他们的爱好习惯依然被别人嘲笑为低档。例如某些视频平台上，一些内容充分暴露出视频用户的文化审美弱势地位，相比之下，文艺演出、学术讲座这类他们不乐于参加的文化活动，明显成了相对高雅、能继续进行积累和转化的优质文化资本。文化资本的积累不同导致的兴趣、审美不同，成了不同阶层之间的区隔表现，因此区隔的存在成为阶层流动的天然屏障。

任何身处分化的社会环境的人都无法摆脱区隔逻辑。区隔主要在物质和符号这两种关系下展开，物质关系是社会生活中的客观地位，是人们在场

① 吴愈晓，黄超，黄苏雯.家庭、学校与文化的双重再生产：文化资本效应的异质性分析[J].社会发展研究，2017(03)：1-27，242.

域中所占有的位置,符号关系是被内化的个人观念和鉴赏力,并通过不同形式的组合逐渐演变为惯习。现代社会是由不同场域交叉渗透而形成的社会空间,各个场域下的个体和团体运用各种类型的资本在社会空间中互相竞争,维持或争夺优势的社会位置,而处于相似位置的人们会受到相同或类似的生活处境的影响,从而在互动过程中形塑相似的阶级惯习。[①] 在这个概念下,教育活动使得文化资本被制度化为维护阶级利益的工具,文化资本的占有数量在一定程度上相当于对支配阶级占有的高雅文化的掌握程度,而高雅文化和审美品位不同于其他阶级,进一步有助于出身优势阶级的子弟取得更高学业成就。[②] 在这个过程中,文化资本的再生产实现了社会的再生产,维持了原有的阶级秩序,在不公平的社会阶级秩序下只会更加不公平。

布尔迪厄的社会实践理论是在第二次世界大战后法国的社会背景下提出的,揭露的是西方资本主义教育活动的本质,而我国是社会主义国家,这个理论符合我国的社会现状吗?该理论认为文化再生产促进社会再生产的主要观点有两个:一是文化资本差异导致的阶级之间的区隔,支配阶级占有具有排他性的文化资本;二是学校教育更偏向支配阶级占有的优质文化资本,在语言符号、语言习惯的使用上与支配阶级更为相似,使得优势阶级的子弟更易取得更高的学业成就。于我国而言,这存在着一定的相似性,但不同之处表现得更为明显。很多实证研究结果表明,在阶级区隔方面,我国确实出现了阶层固化的倾向,优势阶层的家庭可以为子女提供更多的文化资本,包括教育水平(体制化文化资本)、书籍和学习工具(客观化文化资本)、更多教育互动和更高教育期望(身体化文化资本),使得优势阶层的子弟占有了更优质的文化资本,最终能拥有更好的教育获得。但是,文化资本的阶级性和排他性表现得不明显,虽然体制化文化资本的获取有一定难度,但客观化文化资本和身体化文化资本都有较大可能突破阶层限制从而可为受教育者获取和积累,即使是区隔惯习、文化审美以及教育期望等内在性情的差异表现也均不明显,不能作为阶层间的区隔。在学校的文化资本偏好方面,

---

① 刘欣.阶级惯习与品味:布迪厄的阶级理论[J].社会学研究,2003(06):33-42.

② 程猛,康永久."物或损之而益":关于底层文化资本的另一种言说[J].清华大学教育研究,2016(04):83-91.

学校的考试和教辅等方面对城市学生有一定偏向,教育对于城市学生更有利[①],但应试教育的评价方法使得人力资本相对于高雅文化作用发挥得更明显,农村子弟能够通过优异的学习成绩进行教育获得。

因此,文化再生产导致的社会再生产并不意味着出身不好就彻底丧失了突破阶层壁垒的机会。有学者从文化资本的视角,研究了寒门子弟实现阶层突破的路径。[②] 首先,家庭要重视教育的作用,给予孩子足够的教育支持,激发孩子进取的动力。这需要家长明确教育的重要性,创造良好的家庭氛围,用自身的勤劳、坚韧等优良品质为孩子树立榜样,也要支持孩子走出原生环境,获取更优质的教育资源。其次,要争取并充分利用好其他资源,来弥补家庭文化资本的不足。例如,家长可以与老师多进行沟通,了解孩子的学习动态,让孩子感受到家长对教育的重视。同时,也要鼓励孩子多向老师和优秀的同学学习,利用好学校图书馆等优质文化资源。最后,国家、社会也要为处境不利家庭的子弟获取文化资本提供帮助,如运用政策手段对处境不利家庭的子弟进行资源优待,开放优质的教育资源,等等。此外,教师作为重要的角色,也可以通过鼓励与期望、课后辅导、让寒门子弟担任学生干部等方法,促使他们获得更高的学业成就。[③]

第三节 脱颖而出与家庭背景

一个人想获得成功,他的家庭背景有多重要?从布尔迪厄的社会实践理论和文化再生产理论出发,学生的学业成就与文化资本有着强相关的关系,细化到家庭场域下,学生的学业成就是否与家庭背景有关?近年来,“学霸世家”现象层出不穷。从 2010 年的调查数据来看,原“985”高校中有

---

① 韩钰.家庭传统文化资本对农村青年阶层跨越的影响研究:以鲁西南 H 村和 M 村为例[J].青年探索,2016(02):46-54.

② 余秀兰,韩燕.寒门如何出“贵子”:基于文化资本视角的阶层突破[J].高等教育研究,2018(02):8-16.

③ 董永贵.突破阶层束缚:10 位 80 后农家子弟取得高学业成就的质性研究[J].中国青年研究,2015(03):72-76.

75%左右的学生其父母有高等教育学历;而在一般院校,具有高等教育学历的学生父母仅有20%[①]。华中师范大学的一份研究显示,母亲受教育年限增加1年,儿子的受教育年限平均增加0.068年,女儿平均增加0.191年。种种案例和数据让我们不禁思考,父母受过更高水平的教育会促进子女的学业成就吗?要运用理论解释这个问题,不得不提到家庭文化资本的概念。

一、家庭文化资本的概念和形式

由第二节可知,文化资本积累关系着个人的发展,而家庭是个体获得成长最持续、最稳定的空间。家庭中的有形资本和无形资本潜移默化地影响着个体,在一定程度上可以转化为个体的文化资本,据此,我们引入家庭文化资本的概念。对于家庭文化资本的概念解释主要分为两种:第一种家庭文化资本是家庭场域下的个体通过互动与交流形成并积累下来的文化资源;第二种家庭文化资本是个体从家庭中继承的积累下来的有助于提升个人学习能力的文化资源。根据布尔迪厄对文化资本的分类,家庭文化资本也可以分为三类:身体化家庭文化资本、客观化家庭文化资本和体制化家庭文化资本。身体化家庭文化资本是无形的文化资本,也是最重要的文化资本,是家庭成员的性情倾向,包括家庭氛围、家庭习惯、家长的教育参与、家长对子女的期望等;客观化家庭文化资本是典型的有形文化资本,是家庭中可以直接进行传承的文化商品,包括家庭的书籍、文物、艺术品、学习工具等;体制化家庭文化资本虽然是一种被社会认可的资质符号,但往往也有客观有形的表现形式,例如家庭成员的学历证书、学位证书等。三种文化资本之间具有相关性,体制化家庭文化资本越多,身体化家庭文化资本和客观化家庭文化资本也随之增多;父母的受教育程度越高,越倾向于为子女创造良好的家庭氛围、提供充足的文化商品。身体化家庭文化资本和客观化家庭文化资本的相关度最高,利用好文化商品更有利于提供良好的家庭教养

① 黎家娴.不同地区家庭文化资本与高等教育机会获得关系研究:基于CGSS10数据[D].南宁:广西大学,2016.

方式。[①]

家庭文化资本与个人文化资本有着紧密的联系。布尔迪厄的主要观点有以下四个方面。第一，家庭文化资本是子女继承而来的家庭文化差距。例如，布尔迪厄通过研究发现，来自更有文化的家庭的子女，不仅更容易取得学术上的成功，而且在其他领域也能与其他家庭出身的孩子表现出文化消费和文化表现上的差距。第二，个人的学业和职业期望的结构与父母及其他相关人群的教育经历和文化活动具有联系，学术期望和学术机会之间高度相关。第三，个人通过家庭获得文化资本的过程是一个社会化的过程，它能使人的性格、知识等逐渐具备转化为具有文化价值的财富的能力。第四，个人通过学校教育积累的文化资本，不仅使个人更具备优势地位，也增加了家庭文化资本的厚度。

在布尔迪厄之后，伯恩斯坦（B. Bernstein）的研究表明，出生于不同阶层家庭的子女拥有不同的语言法则，这限制了被支配阶层子女的学业发展，因为他们在家庭中积累的文化资本符号是不被学校教育认可的。[②] 不同阶层的文化资本符号确有不同，出身于农村家庭的孩子，文化资本天生处于弱势地位。金克斯（C. Jencks）等的研究则更加细致，确定了家庭“等级”标准本身对子女的学术成就并没有显著影响，而家庭文化资本这个因素确实在极大程度上影响子女的学术和职业成就，排除了其他因素的干扰。[③] 在我国，郭丛斌等运用全国城镇户口调查数据分析得出，出身于文化和经济资本领先家庭的子女，他们接受教育的层次大多为高等教育，并且家庭文化资本的作用远超于经济资本。[④] 李春玲运用实证方法分析了1940—2001年的数据，证实了家庭文化资本深刻影响着个体的发展。[⑤] 那么，家庭文化资本是

① 于胜男.家庭文化资本对学生学习习惯的影响研究：基于吉林省D县某学校的数据[D].长春：东北师范大学，2012.

② 王洪兰.家庭文化资本的传承研究[D].武汉：华中科技大学，2006.

③ CLINE H，JENCKS C，Bartlett S. Who gets ahead? The determinants of economic success in America[J]. Administrative Science Quarterly，1981(02)：286.

④ 郭丛斌，闵维方.家庭经济和文化资本对子女教育机会获得的影响[J].高等教育研究，2006(11)：24-31.

⑤ 李春玲.社会政治变迁与教育机会不平等：家庭背景及制度因素对教育获得的影响(1940—2001)[J].中国社会科学，2003(03)：86-98，207.

怎么影响到子女的学业发展的？影响有多大？我们将在接下来的内容中讨论。

二、“知识就是力量？”

20世纪60年代，科尔曼的《教育机会均等报告》表明，家庭是影响学生学业成就的重要因素。布尔迪厄指出，家庭不仅通过金钱收入来影响孩子学业，文化资本的传递亦是重要的影响因素。

家庭的成长环境有多重要？我们都听过孟母三迁的故事，孟母为了给孟子找到一个良好的成长环境，先后搬离了墓地、集市，最终选择在学宫旁定居。孟子在这个环境下受到熏陶，学习了秩序、礼仪，变得热爱读书，最终成为大儒。从古至今，人们都知道成长环境对个人发展的重要性，不难看出，故事中影响成长环境优劣的因素，正是文化资本的强度。那么，家庭文化资本是怎样促进个体获取更高的学术成就和更好的个人前景的呢？这个问题被学界讨论和研究，不同学者会分析家庭文化资本与学业涉及的各个要素间的关系，多个研究表明，家庭文化资本可以通过多种路径对学生的发展产生正面的积极影响。

第一，家庭文化资本影响子女的学习环境。家庭文化资本具有可传递性，丰厚的家庭文化资本往往意味着更加良好的家庭成长环境。[①] 在文化资本丰厚的家庭中，家长更倾向于对子女的个人发展进行多方面的支持，更加重视教育对个人成长的作用，会为子女创造更多的学习机会，多种多样的文化商品可以直接成为子女的学习资源；缺乏客观化文化资本的家庭在学习环境上会自然而然地落后。总而言之，充足的家庭文化资本无论在思想上还是物质上，都会对子女的学习环境产生促进作用。

第二，家庭文化资本影响子女学生的学习动机。有学者收集了501份样本数据，通过相关性分析发现，大学生家庭文化资本与学习动机强度存在显著的正相关关系。家庭文化资本越丰厚，大学生的内在学习动机越强，大

---

① 亢晓莉，陈理宣.试论家庭文化资本对个体发展的影响[J].内江师范学院学报，2013(03)：118-121.

学生学习动机强度=39.666+0.398×身体化家庭文化资本。具体而言,身体化家庭文化资本对大学生学习动机的影响最为显著,具有统计学意义,客观化家庭文化资本和体制化家庭文化资本对于大学生学习动机强度没有统计学意义的影响。①

第三,家庭文化资本影响学生的学习投入。学习投入,顾名思义即学生投入学习的意愿、投入学习的时间以及投入学习的内容。研究表明,学习投入在很大程度上影响着高等教育质量②,进而影响学生的学习成就。体制化家庭文化资本如父母受教育程度、身体化家庭文化资本如文化习惯和文化期待等,对大学生的认知投入、情感投入和行为投入方面都具有显著影响,不同水平的家庭文化资本背景下的子女学习投入差异显著。总体而言,家庭文化资本越多,子女的学习投入也越多;而家庭文化资本越少的大学生,其学习投入则越少。③

第四,家庭文化资本影响学生的学习习惯。总体而言,家庭文化资本在整体上对学生学习习惯的形成有着显著的影响。有学者通过实证研究发现,身体化家庭文化资本、客观化家庭文化资本、体制化家庭文化资本三类家庭文化资本都有利于促进学习习惯的形成和培养。从产生影响的显著程度来看,由高到低分别为策略与规律习惯、公德与方向习惯、学习动机、卫生与健康习惯。虽然影响的程度大小不同,但是都较为显著。

由此说明,学生的脱颖而出与家庭背景息息相关。要想获得成功不仅需要个人的努力,而且必须更加重视家庭文化资本的地位,发挥家庭文化资本对学生发展的促进作用。如何利用好家庭文化资本?我们将在下面展开讨论。

---

① 匡亚萍.家庭文化资本对大学生学习动机的影响研究[D].长沙:湖南师范大学,2020.

② PASCARELLA E, SEIFERT T A, BLAICH C. How effective are the NSSE benchmarks in Predicting Important Educational Outcomes? [J]. Change:The Magazine of Higher Learning, 2010(01):16-22.

③ 王伟宜,刘秀娟.家庭文化资本对大学生学习投入影响的实证研究[J].高等教育研究,2016(04):71-79.

三、如何利用好家庭文化资本?

通过以上内容,我们明晰了家庭文化资本的作用,那么,我们该如何利用好家庭文化资本呢?在布尔迪厄的思想中,任何类型的资本都具有可传递性,文化资本的传递相比其他类型的资本的传递更加隐蔽,家庭文化资本需要通过家庭场域下的互动实现积累和传递,家庭教育互动是家庭文化资本在家庭场域下进行代际传递的动态过程。家庭文化资本对子女产生影响的作用机制主要分为两种:一种是家庭文化资本对子女产生的直接作用,这种机制大多是客观化家庭文化资本和体制化家庭文化资本,如家庭成员学历、家庭文化商品的占有等;另一种是家庭文化资本在教育互动中对子女的性情、观念产生影响,该种类型的家庭文化资本需要子女通过学习转化为个人的文化资本。

首先,要发挥家庭文化资本的直接作用。以文化商品形式存在的客观化家庭文化资本如书籍、学习工具等是促进子女个人发展的物质和环境基础,因此应当重视客观化家庭文化资本,提高对客观化文化资本的投入,丰富客观化家庭文化资本的类型,例如:为子女提供更加独立的学习空间,减少对子女学习的干扰,使其注意力更加集中;购置更加丰富的书籍和艺术品,增强其文学和艺术修养,拓宽其知识面,培养其学习兴趣,开阔其眼界。同时,体制化家庭文化资本的作用也不能忽视。学生容易因为父母没有上过大学,而对自己产生怀疑——自己可能不是“上大学的料”[①],因此,家长应当提高自身的受教育程度和文化修养,尤其重视接受正规的、可以被社会接受并转化为文化符号的教育,这不仅可以为子女直接提供适恰、专业的学习指导,更容易让子女产生文化自信,也更有利于让文凭的符号意义转化为其他类型的资本,使子女在社会中占据优势位置,实现文化的再生产。

另外,要推动子女通过学习完成家庭文化资本向个人文化资本的转化,这个过程相对于直接作用而言更加复杂。要发挥出身体化家庭文化资本的作用,必须在源头上营造出良好的、和谐的家庭文化氛围。子女会耳濡目染

---

① 秦惠民,李娜.农村背景大学生文化资本的弱势地位:大学场域中文化作为资本影响力的视角[J].北京大学教育评论,2014(04):72-88,185.

父母的学习习惯,例如:父母喜欢阅读,会对子女产生潜移默化的影响,子女更可能养成阅读的习惯;家庭成员间要融洽相处,相互关心,勤于交流,重视父母对子女的成长过程和教育过程的参与,加强家庭的教育互动。在家庭氛围良好的基础上,要利用好“惯习”这个资本获得的介质,即在子女成长的过程中用惯习稳定介入子女的行为,完成家庭文化资本的传递。通俗易懂地讲,这个过程是将家庭固有的、特定的思维方式内化为个体的性情倾向,在获得家庭文化资本的过程中,通过家庭的约定俗成,运用社会规则对个人进行形塑,让某些优良的性情倾向成为个体的自觉、合理的行为表现,进而促进子女形成良好的社会意识和个人能力。

身体化家庭文化资本、客观化家庭文化资本、体制化家庭文化资本三类家庭文化资本都可以通过不同的传递路径和转化机制实现家庭文化的再生产,部分父母可能会担心自己受教育程度不高,导致子女已经在体制化家庭文化资本积累中处于弱势地位,其实不用过于担心这个问题。研究表明,相对于如父母学历文凭这种在一定时期内无法变动的体制化家庭文化资本,身体化的家庭文化资本,如文化习惯、文化期待等则更易积累与传承。有学者通过实证研究发现,身体化家庭文化资本不仅更易提高,也对大学生的学业成就有着更大的影响。在前文提到的有关研究中,身体化家庭文化资本更是唯一对于大学生学习动机有显著影响的文化资本。因此,只要父母能够充分意识到家庭文化资本对子女成长发展的作用,即使受教育程度不高,也能扬长避短,发展和提升身体化家庭文化资本,形成良好的家庭文化习惯和合理的家庭文化期待,发挥家庭文化资本的正向作用。

第四节　脱颖而出与学历社会

除出身阶层和家庭背景外,个人的教育经历也会带给个体一些文化资本,这些文化资本与个人能否脱颖而出也是息息相关的。我们身边普遍存在这样的现象:成功人士的学历普遍较高,并且多出身于名校。在我们的日常生活中,很多工作岗位将高学历作为录取门槛,同等学历下名校的毕业生会优先被选择,这也就意味着,高学历、名校出身的学生竞争力更强,拥有比常人更多的机会。为什么拥有高学历的人更容易获得成功？为什么同等学历下，名校毕业的人更有竞争力？文化资本理论可以很好地解释这个问题。

一、学历：文化资本的数量

如果说家庭场域下进行的是文化资本的直接传递，那么学校进行的则是文化资本的间接传递。早在1967年，就有美国学者研究教育与事业之间的关系，并通过全国调查发现，职业地位与受教育年限之间的相关度是0.60，比父亲职业这一重要的影响因素更大。① 在布尔迪厄看来，学校通过传播知识和技能促使文化社会化，在教育过程中实现了文化再生产，加剧了文化资本的不平等分布。② 虽然文化再生产是实现社会再生产的途径，一定程度上维持了原有的阶级结构，但与其他类型资本的继承方式相比，学校教育是打破阶层固化，实现阶层良性流动、社会和谐发展的重要力量。③ 尤其是在我国的教育遴选体制下，学生可以很好地发挥人力资本的作用，通过学校教育，学生可以在校园场域下充分积累个人文化资本，增加个人所拥有的文化资本的数量，缩小家庭文化资本产生的差距。学历越高，受教育年限越多，意味着学校发挥的文化资本传递作用越强，在学校受教育的学生越能对已有的文化资本进行继承，将它们内化为个人文化资本。

体制化文化资本具有更大的符号意义，往往与个体的能力和素质相挂钩，体制化文化资本越强大，越能给他人一种厉害、靠谱的感觉。因此，体制化文化资本相比于其他两种类型的文化资本更易于转化成经济资本。学历是一种典型的体制化文化资本。在当今社会，学历是一种被社会公认的衡量人能力水平的“工具”。有学者在美国进行简历投递实验，结果发现，在公立学校获得学士学位证书的求职者更容易获得简历回复，而相比之下，营利

① BLAU P M, DUNCAN O D. The American occupational structure[M]. New York: John Wiley & Sons, 1967: 296.

② 文军，李珊珊. 文化资本代际传递的阶层差异及其影响：基于上海市中产阶层和工人阶层家庭的比较研究[J]. 华东师范大学学报(哲学社会科学版), 2018(04): 101-113, 175.

③ 张金龙，秦玉友. 家庭文化资本在高中学校场域的转化机制与干预策略[J]. 教育理论与实践, 2019(31): 19-24.

性教育机构学位证书尤其是在线教育证书的求职者收到的回复明显更低。① 学历不只是一种能力标签,有时甚至会成为门槛条件,美国著名社会学家柯林斯提出了文凭通货膨胀的概念,即随着越来越多的人获得高的学位,工作职位对教育水平的要求越来越高,当越来越多的人获得某一文凭时,它的价值也随之下降。② 伴随着高等教育大众化,学历甚至成为一种门槛条件,这也是学历越高的人越容易获得成功的原因之一。在工作中,企业老板希望员工能为自己创造更高的收益,为了获取更优质的人力资源,其在招聘时就更青睐高学历人才,将学历作为一种筛选门槛;在制定晋升评选标准时,学历往往作为重要的能力标签,不仅因为高学历的员工实力更强,更是因为学历在此作为能力标签能有助于管理者在团队中树立威信。

另外,在大学场域下,体制化文化资本能够实现向社会资本类型的转变,学历越高可以接触的人脉数量越多、范围越广,文化资本越能转化成强大的社会资本网络。在同一个场域下共同学习的人可以自然而然地成为人脉,实现文化资本向社会资本的转化,一个人的学历越高,在同一个场域下共同学习的人数就越多,可以转化为社会资本的总数量就越多。

二、高校水平:文化资本的质量

明确了不同学历背景下文化资本差异给个人发展带来的不同影响,那么,在同等学历的条件下,出身于不同水平高校的学生又有什么差异呢? 毕业于名校的学生更容易取得成功吗?

相关研究数据表明,毕业于中国排名前 100 名高校的毕业生起薪平均比排名 400—500 名的高校毕业生高 28%,而横向对比前 100 名高校间的毕业生起薪没有显著差异。③ 高校的声誉、高校的水平直接影响了毕业生的个人发展,名校的品牌效应可谓十分显著,很多招聘条件中设有原"985"

---

① DEMING D J, YUCHTMAN N, ABULAFI A, et al. The value of postsecondary credentials in the labor market: an experimental study[J]. The American Economic Review, 2016(03):778-806.

② 柯林斯.文凭社会[M].刘冉,译.北京:北京大学出版社,2018:中文版序 1.

③ HARTOG J, SUN Y, DING X H. University rank and bachelor's labour market positions in China [J]. Economics of Education Review, 2010(06):971-979.

“211”高校和“双一流”高校毕业作为门槛条件。在愈发激烈的人才竞争中，本科出身即“第一学历”甚至也成为隐性筛选条件，在相同学历的背景下，“第一学历歧视”现象在招聘市场和研究生招生中频繁出现，并逐渐演变为就业市场中严重的歧视类型。① 有学者就此现象提出疑问，认为仅看重“第一学历”忽略了个人的主观能动性和成长性。为此，他对比研究了不同“第一学历”的硕士之间在学习成绩、科研成果、毕业论文上的差异。研究结果表明，在学习成绩上，不同“第一学历”的硕士研究生具有显著差异，平均成绩由高到低进行排序，他们的“第一学历”背景分别为“双一流”建设高校、省属重点高校、省属普通高校、独立学院和高职高专，但在科研成果和毕业论文上不存在显著差异。② 也有学者研究了本科学历对研究生就业质量的影响：有学者对武汉市七所重点高校的研究生进行研究发现，本科学历水平对其最低薪酬具有正向影响，由歧视性因素造成的最低薪酬差异占比达62.51%③；有学者利用北京大学教育学院 2017 年进行的“全国高校毕业生就业状况抽样调查”数据进行分析，发现在“双一流”建设高校的研究生中，不同本科高校层级的学生起薪相差高达 33.1%。④

究其原因，名校与普通高校的文化资本质量具有较大差距。首先，在体制化文化资本的质量上，名校具备的师资力量比普通高校更为强大。学校所拥有的体制化文化资本对学生发展有什么样的影响呢？无论任何水平、任何阶段的教育，提升教师的学历与能力都是提升学生成绩、提高教育质量的重要途径。有研究表明，学校教学质量与教师学历结构高度相关，高学历教师占教师队伍的比重越大，学生的成绩越优异。⑤ 在经合组织国家，教师队伍中硕士学历比例每提升 10%，学生成绩平均提升 5.6 分；在我国四省市

① 高耀，杨佳乐.博士毕业生就业歧视的类型、范围及其差异：基于 2017 年全国博士毕业生离校调查数据的实证研究[J].学位与研究生教育，2019(3)：45-51.

② 刘林，陈晓梅.“第一学历歧视”怪象亟待破除：基于 J 大学硕士生第一学历与其综合能力的相关分析[J].研究生教育研究，2021(01)：72-77.

③ 武玮.研究生第一学历与起薪差异[J].教育与经济，2017(3)：89-96.

④ 王天骄，蒋承.“本科出身”重要吗？：“双一流”建设高校本科学历对研究生就业质量的影响[J].中国高教研究，2020(10)：69-75.

⑤ ROCKOFF J E. The impact of individual teachers on student achievement: evidence from panel data[J].The American Economic Review，2004(02)：247-252.

（北京、上海、江苏、广东）的调查研究结果表明，学校教师队伍中硕士学历的比例每提升 10%，学生的数学成绩平均提升 10.2 分。① 有学者进一步研究指出，教师学历对学生成绩的影响会产生“累积效应”，进一步扩大由家庭背景造成的差距②，与文化资本相结合，教师学历会影响学生个体对于家庭文化资本的继承与再生产。具体来看，高校间体制化文化资本水平的差异明显。以国内原“985”名校和普通本科高校做对比：截至 2023 年 12 月底，清华大学教师队伍中有诺贝尔奖获得者 1 名，图灵奖获得者 1 名，中国科学院院士 56 名，中国工程院院士 36 名。北京城市学院 50%以上的专任教师具有高级职称或硕士、博士学位，包括数十名国家级、市级专家和教学名师、市级优秀青年骨干教师和专职外教。

其次，不同水平的高校获取的财政资源数量不同，即所占有的经济资本数量不同。清华大学 2021 年预算经费为 317.28 亿元，位居全国第一；北京大学为 221.34 亿元，位居全国第三；而同样位于北京的北方工业大学年度预算经费为 9.45 亿元。由此可见，相对于普通高校，名校具有更多的经济资本，直接反映出高校在学科建设、教学、科研方面投入力度的差距。拥有大量经济资本的重点高校，可以将这些经济资本转化为更优质的客观化文化资本，如修缮更舒适的教学楼供学生使用、购置更多的图书供学生借阅、配备更精密的实验仪器为科研提供硬件支持等。

名校出身的学生所占有的文化资本质量更高，而且由文化资本转化而成的其他类型的资本质量也较高。在上一部分内容中，我们提到体制化文化资本在一定程度上能够转化成社会资本，学历更高意味着能够转化为社会资本的文化资本数量更多。那么，针对高校水平而言，个体就读的高校层次越高，所处的环境汇集的人才越多，意味着能转化为社会资本的文化资本质量更高、更易于为个体带来各方面的利益。

---

① 姚昊，胡耀宗，马立超．班级规模、教师学历如何影响学生学业成绩？：基于 PISA 2018 的国际比较研究[J]．清华大学教育研究，2021(05)：40-54.

② LEE S W, MAMEROW G. Understanding the role cumulative exposure to highly qualified science teachers plays in students' educational pathways[J]. Journal of Research in Science Teaching, 2019(10): 1362-1383.

三、教育与个人文化资本

出身于优越阶层的个体先天拥有更为丰富的家庭文化资本，弱势阶层的子弟需要付出更多努力才能缩小家庭文化资本造成的差异。除了家庭这个场域，学校是个体获取和积累文化资本的另一个重要场域。

在诸多文献中，经常以家庭经济困难的学生为研究对象，研究贫困学生在高校中的个人文化资本积累问题。部分学者认为，家庭条件相对较差的学生在积累文化资本、发展个人能力时存在一定的困境。家庭经济困难的学生大部分来自经济欠发达地区，他们所占有的社会资本和文化资本非常有限，自身的发展缺乏必要的内外部资源支持，导致其能力发展和提升更为困难。[①] 具体的困境表现在几个方面：第一，人际交往较为被动，人际关系多局限在同乡，对于其他活动的参与度不高，能积累的人脉资源匮乏；第二，受到已经形成的"惯习"的影响，价值观念相对保守，竞争意识相对较差，对于文化资本的积累大多是被动的、无意识的，而不是主动争取的；第三，获取文化资本的机会不均等，处于欠发达地区的学生的文化环境相对较差，可积累的文化资本在数量和质量上都落后于发达地区；第四，审美欠缺，创新意识较差，对于自身没有清晰的目标定位，对于校园生活中的美好经历和困难挫折没有审美的眼光，难以从中汲取个人发展所需要的能量。[②]

那么，家庭条件较差个体该如何破除以上困境，进行文化资本的积累呢？根据布尔迪厄的观点，教育过程甚至是任何形式的训练活动，都是个体在进行文化资本的积累，尤其是身体化文化资本和体制化文化资本。[③] 由此可见，在高校层面上，要优化文化资本积累的环境，整合相关资源，为贫困学生积累文化资本设计方案、提供平台，也要通过课程设计或个体辅导等方式培养学生进行文化资本积累的意识，尤其是对经济条件较差的学生进行特

---

① 黄建美，邹树梁.高校资助育人创新视角：构建多维资助模式的路径探析[J].中国高教研究，2012(04)：81-85.

② 张然.高校家庭经济困难学生"文化资本"积累路径探析[J].高教学刊，2020(05)：47-49，52.

③ 林南.社会资本：关于社会结构与行动的理论[M].张磊，译.上海：上海人民出版社，2005：3-21.

殊教育引导①,确保他们认识到文化资本积累的意义所在。进入高校场域后,学生与原生家庭的链接会相对减弱,表现为更加独立的状态,一定程度上降低了家庭基础对个人文化资本占有的影响,在此基础上,可以更好地发挥个人的作用,完成文化资本的获取和积累。学生应当珍惜受教育机会,积极参加学校举办的各类文化活动,接受丰富多样的文化课程,提高个人能力素质和软实力,实现身体化文化资本和体制化文化资本的积累。

当然,这些文化资本积累的路径不仅适用于家庭条件较差的子弟,实际上也为所有个体提供了新思路。总体而言,学生自身要树立积累文化资本的意识,明确文化资本对个人发展的重要影响,增强获取和积累文化资本的主动性,将无意识积累转化为有意识积累。学校作为学生接受教育的场所,应当为学生积累文化资本提供良好的环境,如开设文化课程、举办文化活动等,通过丰富的校园文化生活内容,为学生提供优良的文化资源。

① 蔡连玉.贫困本科生的文化资本积累与脱贫流动[J].高教探索,2019(02):103-109.

第六讲
高校与社会:大学是一种什么样的组织?

每年六月的高考几乎牵动着全体中国人的心。考试的结果总是让几家欢乐几家愁。大家都说知识改变命运,考上了大学就有了美好的前途。可是,很少有人知道:大学到底是什么?《礼记·大学》中的“大学”指的是学问之大,正所谓“大学之道,在明明德,在亲民,在止于至善”。现代大学指的是一种组织,是一种提供高等教育的地方。这种组织有的很大,有的很小,有的普通无奇,有的神秘莫测。莘莘学子,经过十几年的刻苦努力,也只有一部分人能进入自己理想的大学学习。当前,大学几乎是一个世界性的普遍存在,虽然历史长短不同,形式各异,但都有一个明显的共同点:无论在中国还是在世界任何一个地方,大学都始终是人们心目中神圣的学术殿堂,是一个充满理性的地方。同样是一种教育机构,为什么大学却如此独特呢?这与大学的组织特性密切相关。与其他教育机构不同,大学有着崇高的理想追求和神圣的职责使命。大学是一个特殊的知识生产机构,以高深知识为材料,以人才培养、科学研究、社会服务、文化传承和创新、国际交流与合作为主要职能。大学与学科的结合是大学组织功能的重要特征,使大学成为通过知识生产与知识创新进行科学研究与人才培养,促进技术创新与人才质量提升的知识组织。大学的历史非常悠久,但其作用历久弥新。

当前大学组织所面临的社会环境比历史上任何时期都更加复杂。社会文明进步、知识经济兴起、全球化进程加速等现象,既给大学组织的成长与发展带来全新的机遇,也使大学面临全面的冲击与挑战。大学若要成功发挥其社会职能,就需要对众多外界问题有着更强的敏感性,增强在变化的环境中的灵活性与适应能力。本讲从组织的视角,探讨大学组织的逻辑起点,作为大学基层单元的学科、专业,以及以权力为核心的大学组织结构和组织运行模式。

第一节　大学组织与高深知识

“高深知识”是大学组织存在的合法性前提,更是我们理解大学的一把钥匙。教育哲学家布鲁贝克(J. S. Brubacher)认为,对专门知识进行生产、创新是大学组织在高深知识探求方面的组织行为。① 我国教育家蔡元培认为:“大学者,研究高深学问者也。”②从这些大学组织逻辑起点的研究中,我们可以发现高深知识与大学组织之间的重要关系。

一、什么是高深知识

知识是人们认识世界、改造世界的认识成果和经验结晶。从知识的层次角度来看,知识可以分为一般的知识和高深的知识。③ 对于大学组织的理解而言,我们重点关注的是高深知识。

(一)高深知识的历史渊源与内涵

一般知识和高深知识的分类可以在从古至今的教育思想中找到证据。古希腊时期,在柏拉图看来,人们在学习辩证法之前,必须学习音乐、体操、几何、代数、天文学等知识或技能。前者是高深知识,后者属于一般知识。在亚里士多德看来,只有少数人才能掌握哲学知识,“paideia”能被大多数的大众群体掌握。在这里,高深知识指的是哲学,一般知识指的是“paideia”。到了中世纪时期,“三艺”“四科”是一种为了获得智慧、真理而设置的预备性学习科目,神学、哲学是一种更高层面的智慧。在这里,前者属于一般知识,后者才是高深知识。在近代社会,英国教育家马克·帕蒂森(M. Parttison)认为:任何学习科目都存在基础知识(一般知识)与高深知识;基

① 约翰·布鲁贝克.高等教育哲学[M].3版.王承绪,郑继伟,张维平,等译.杭州:浙江教育出版社,2001:11-12.

② 刘献君.论大学学习[J].江苏高教,2016(05):1-6.

③ 张德祥.高等教育基本关系与高等教育学体系建设[J].高等教育研究,2020(10):46-54.

础知识(一般知识)的表现形式是元素、规则,高深知识是在基础学习科目之上的知识领域,譬如自然科学领域的实验及发现、道德科学领域的思辨元素。不管是基础知识,还是高深知识,这些都属于高等教育领域的关键知识。在现代社会,我国学者葛兆光认为,一般知识是一种最普遍的知识,人们用它对宇宙现象、世间事物进行解释。这种知识不用经过复杂的脑力活动进行生产和加工,只要具有一定的知识储备就可以掌握和运用。① 英国历史学家柏克(P. Burke)认为,知识一般分为两种类型,一种是通俗的或者日常生活的知识,另一种是学术性的知识。其中,学术性知识是处理、深思熟虑之后系统的、结构性的知识。②

对于何谓"高深知识"的解释,最具代表性的是布鲁贝克和伯顿·克拉克的观点。布鲁贝克指出,教材的差别是高等教育与初等、中等教育之间的区别所在。在教材知识中,高等教育重点关注深奥的学问。这些学问是专门性知识,在已知和未知的交界之处,常人的智慧一般难以掌握这些深奥学问。③ 作为高等教育学家的伯顿·克拉克认为,在人类所有的知识类型中,相比于一般知识而言,高深知识是一种与精英知识、学术知识类似的知识,具有高级性、深奥性。进一步说,民族文化中蕴含的高深思想和技能也是一种高深知识。④

由此可见,在不同的历史时期、不同的文化环境中,由于认识能力、知识价值观念的差别,人们对高深知识具有不同的理解。⑤ 例如,在传统的中国古代文化语境中,学问分为"小人之学"和"大人之学"。高深知识对应于"大人之学",一般知识与"小人之学"相对应。"小人之学"主要包括洒扫、应对、进退等方面的礼节,是一种启蒙知识,用来告诉人们什么应该做,怎样做才是正确的;"大人之学"常用来阐述"小人之学"存在的合理性,告诉人

---

① 葛兆光.中国思想史[M].上海:复旦大学出版社,2013:12.

② 彼得·柏克.知识社会史:从古腾堡到狄德罗[M].贾士蘅,译.台北:麦田出版社,2003:42

③ 约翰·布鲁贝克.高等教育哲学[M].3版.王承绪,郑继伟,张维平,等译.杭州:浙江教育出版社,2001:13.

④ 伯顿·克拉克.高等教育系统:学术组织的跨国研究[M].王承绪,徐辉,殷企平,等译.杭州:杭州大学出版社,1994:11.

⑤ 陈洪捷.论高深知识与高等教育[J].北京大学教育评论,2006(04):2-8,188.

们做这些事情的原因，重点关注事情蕴含的价值追求。[①]

（二）高深知识的特征

1.高深知识的专门性

高深知识的第一个特征是专门性。高深知识是一种比较深奥的知识，是人们关于自然、社会及其自身的深刻性认识。与一般知识相比，高深知识更具专门性，只有经过专门的学习、训练之后才能掌握。众多的系统化专门学科是高深知识专门性特征的重要表现。每个学科领域都有其专门的研究领域、研究方法、理论体系及术语系统。

2.高深知识的相对性

在不同的历史时期，高深知识的内涵与边界不尽相同。在一定时期可以划分为高深知识的知识体系，在其他历史时期可能不在高深知识的范围之内。认识能力、价值观的变化与发展，是不同时期高深知识内涵与边界的影响因素，产生了高深知识的若干不同特征。[②]

3.高深知识的广泛性

哲学是人类最初的学科知识体系。随着关于自然、社会和人的认识不断深入，哲学分化出自然科学、人文社会科学，并且出现了对应的子学科、分支学科。[③] 学科体系变得日益复杂，进而使高深知识几乎涵盖了所有的认识领域。企业、政府部门等其他任何社会组织都不可能像大学组织一样具有如此之多的知识领域[④]，因而广泛的高深知识领域是大学组织的一个主要特征。

4.高深知识的自主性

高深知识具有固有的自主性。高深知识经过系统化之后，以学科为存在形态，产生了结构化的内部体系和清晰的学科边界。学科逐渐按照自身

---

① 李明忠．论高深知识与大学的制度安排：大学制度的合法性分析[D]．武汉：华中科技大学，2008：21.

② 葛兆光．中国思想史[M]．上海：复旦大学出版社，2013：12.

③ 刘大椿，潘睿．人文社会科学的分化与整合[J]．中国人民大学学报，2009（01）：141-150.

④ 伯顿·克拉克．高等教育系统：学术组织的跨国研究[M]．王承绪，徐辉，殷企平，等译．杭州：杭州大学出版社，1994：14.

规律，拓展多样化的学科结构类型，形成有序化的结构网络，而且进一步优化了结构功能，表现出一定的相对独立性。① 同时，在学科与学科之间，各门学科的相互联系逐渐加强，学科之间的交叉、融合不断深化。学科自主性以及学科之间的交叉与融合，产生了新的知识领域。

5.高深知识的无限性

按照恩格斯的物质统一性原理，物质的发展具有无限性。② 在对客观世界进行探索的过程中，哲学、自然科学长期处于无限的活动状态，从而不断地发展了高深知识的认识能力，形成了无限扩展的活动状态。不断涌现的新一代信息技术、新材料技术、新能源技术冲击着人们的观念，改变了人们的生活方式及生产方式。在感受宇宙世界的奇妙性的同时，人们也感受到对高深知识进行探索的无止境性，感受到永不停止的大学组织使命。

6.高深知识形态和生产模式的多样性

高深知识的发展过程经历了学科知识生产模式、跨学科知识生产模式、超学科知识生产模式。③ 近代实验科学的产生，使学科领域的高深知识实现快速的发展，产生了传统的学科知识生产模式。但是，随着学科知识的不断分化，出现了知识分化过细的现象，不利于解决人类重大问题。与此同时，不同学科的学者尝试打破学科之间的界限，以渗透、合作、融合的方式生产高深知识，这就是跨学科知识生产模式。此外，学者、企业、政府等多方主体，将理论知识和实践知识进行整合再创新，构建创新生态系统，形成超学科知识生产模式，成为高深知识新的存在形态和生产模式。

（三）高深知识对大学组织的重要意义

高深知识对大学的影响涉及大学的方方面面，是理解高等教育及其管

---

① 陈燮君.学科超常结构与学科结构体系[J].江西社会科学，1990(06)：108-114.

② 恩格斯.反杜林论[M].中共中央马克思恩格斯列宁斯大林著作编译局，译.北京：人民出版社，2015：41.

③ 张德祥，王晓玲.学科知识生产模式变革与“双一流”建设[J].江苏高教，2019(04)：1-8.

理活动的一把钥匙。[①] 高深的知识材料是大学的目的与核心。[②] 近代高深知识在专门化、自主化、无止境化等方面影响了整个学术组织。[③] 上文讨论的高深知识的多重特性,对大学组织产生了全面、深刻的影响。这种影响主要表现为以下四个方面。

1.高深知识是大学职能的知识基础

教学、科研、社会服务、文化传承和创新、国际交流合作是大学组织的五个职能。无论是教学活动、科学研究,还是社会服务,都必须以高深知识为基本前提,因为其是实现大学职能的知识基础。在教学和科研方面,高深知识是大学开展学术工作的基本材料,教师和学生围绕高深知识进行教学活动和科学研究工作。教学活动、科学研究活动是制作、使用这些材料的基本活动。[④] 在社会服务活动方面,大学使用自身掌握的高深知识解决各种人类问题。因此,在大学职能中,对知识进行操作是大学职能的共同特点,不同之处在于对知识的生产、传播、保存、应用的方式等方面。

2.高深知识是大学组织形态的核心

大学保存、传递、发现、应用、理解高深知识,开展大学组织的相关活动。为开展传播知识的学术活动,大学构建并运行教学组织;为开展发现知识的活动,大学成立并运行科研组织;为开展应用知识的活动,大学成立并运行社会服务组织;为开展理解知识的活动,大学成立并运行学习组织。以上大学组织的运行方式随着高深知识生产方式的变化而变化。简言之,高深知识的存在形态是大学学术组织形态变化的来源和依据。

3.高深知识是大学组织发展的重要推动力量

高深知识的发展与繁荣促进了大学组织的产生与发展。例如,除了城

---

① 约翰·布鲁贝克.高等教育哲学[M].3版.王承绪,郑继伟,张维平,等译.杭州:浙江教育出版社,2001:13.

② 约翰·布鲁贝克.高等教育哲学[M].3版.王承绪,郑继伟,张维平,等译.杭州:浙江教育出版社,2001:11-12.

③ 彼得·柏克.知识社会史:从古腾堡到狄德罗[M].贾士蘅,译.台北:麦田出版社,2003:42

④ 伯顿·克拉克.高等教育系统:学术组织的跨国研究[M].王承绪,徐辉,殷企平,等译.杭州:杭州大学出版社,1994:25.

市、市民运动等因素以外,对知识的渴望也是产生近代大学的重要因素。① 知识形态分化和对高深知识的追求是12世纪大学起源的重要条件之一。纵观大学的发展历史,高深知识在数量、结构、生产方式上的变化使大学从中世纪的四大学部发展到德国的讲座制,再到美国的院系制,以至于成为近年来跨学科中心等学科机构不断出现的重要推动力量。毋庸讳言,高深知识也是我国高等教育改革进程中,学部制改革、产教融合、协同创新等国家决策的重要推动因素之一。②

4.高深知识是大学组织发展水平的测量器

在不同历史时期,高深知识的内涵并不一样,高等教育发展水平也不一样;不同层次、不同类型的高深知识也反映了高等教育发展水平,其是高等教育发展水平的测量器。不断提升认识世界的能力,使知识发展呈现前所未有的增长速度。经过大学组织的选择,一部分新知识进入了大学课程,成为推动学生、高等教育发展的积极因素。在欧洲大学的近代化历程中,一个重要的衡量欧洲近代大学水平的客观尺度就是课程的变革程度,主要表现在课程对大学组织内部平衡打破、结构调整、类型转换、体制改变等,乃至对新的历史发展阶段形成的影响程度。③ 从高等教育的不同层次及类型来看,一是在层次方面,高深知识的程度与类型是区分不同高等教育层次的重要依据;二是在类型方面,传授、发现、应用、理解高深知识的程度与类型是区分不同高等教育类型的重要依据。由此可见,高深知识既是高等教育发展的推动力量,也是检测高等教育发展水平的测量器。

二、何谓大学组织

大学是一个什么样的组织?根据美国组织社会学家艾米泰·艾茨奥尼(A. Etzioni)的观点,社会组织可以分为三种类型:一是强制形式的组织,如监狱;二是工具形式的组织,如商业公司;三是规范形式的组织,如教会、学

① 弗·鲍尔生.德国教育史[M].滕大春,滕大生,译.北京:人民教育出版社,1986:13.
② 陈洪捷.论高深知识与高等教育[J].北京大学教育评论,2006(04):2-8,188.
③ 黄福涛.欧洲高等教育近代化[M].厦门:厦门大学出版社,1998:219.

院、非营利性组织等。[①] 按照这一划分方法,大学属于规范形式的社会组织。正是由于对规范的依从性,在大学历史变迁中,即使大学内部机构变得更加复杂、庞大,与中世纪大学的结构相比,当代大学内部结构也基本没有发生什么变化。[②] 基本没有一种机构能像大学组织一样,融多样与统一于一体,即使内部结构形式与工作方式及外部社会环境发生了变化,大学的基本特征也不会改变。大学这种稳定性特征,除了与一般社会组织的共性有关以外,也与大学自身的独特性相关。

(一)大学与学术

何谓大学?在词源上,"大学"一词源于拉丁文的"universitas magistrorum et Scholarium",意思是"教师与学者的社区"。在学界,不少学者对大学做出过阐释。柏林洪堡大学创立者卡尔·威廉·冯·洪堡(Karl Wilhelm von Humboldt)认为,大学是一个以纯粹的知识为研究对象的学术机构,精神贵族气质和强烈的学术追求是大学独有的品质。英国高等教育思想家纽曼(J. H. Newman)专门探讨过"什么是大学",他认为大学是对普遍学问进行探索的社会场所。

大学已有上千年的历史。虽然真正意义上的大学起源于欧洲的中世纪大学,但是在中世纪大学创办之前就有了高等教育。古埃及、古印度、古代的中国都是高等教育的发源地,例如古埃及的宫廷学校、文士学校,古印度的婆罗门教育,我国古代的稷下学宫、太学、国子监等。虽然上述教育机构被许多教育史学家称为大学,但它们并不是严格意义上的大学。真正意义上的大学产生于中世纪后期的欧洲。1088 年,意大利创建了博洛尼亚大学,这是人类历史上第一所正规大学,随后欧洲相继出现了各种大学。欧洲中世纪大学为现代大学奠定了办学基础。例如,对学术自由的推行和对真理探索的鼓励,吸引大批学者传播社会文化,使当时的大学成了社会学术中心,也奠定了现代大学成为先进文化聚集地的知识基础与思想基础;在办学

---

① 伯顿·克拉克.高等教育系统:学术组织的跨国研究[M].王承绪,徐辉,殷企平,等译.杭州:杭州大学出版社,1994:84.

② 托斯顿·胡森,纳维尔·博斯特尔斯威特.简明国际教育百科全书·教育管理[M].北京:教育科学出版社,1992:289.

经验上,学科划分制度和学位制度影响了现代大学的组织形式和学位制度,现代各个国家的很多学位制度都直接源自中世纪大学。

在中世纪之后,现代大学起源于德国,特指19世纪初洪堡创办的柏林洪堡大学。柏林洪堡大学标志着现代大学的诞生。大学职能的转变是现代大学与中世纪大学的区别所在。对知识的传授是中世纪大学的主要任务,对知识的研究与发现被排斥于大学之外。现代大学将科学研究作为主要职能,致力于对人类知识的增扩和对科学工作者的培养,是学术自由和教学、研究的统一。柏林洪堡大学推动了德国科学事业的繁荣昌盛,也对世界高等教育发展产生了深远影响。

毋庸置疑,自诞生以来,大学就是研究高深学问、培养高级人才的主要场所。在中文语境中,追求高深学问也经常被称为学术。学术既可以作为名词,也可以作为动词使用。在名词意义上,狭义上的学术是指系统性的专门学问,在广义上主要包括教育、研究和开发等①。在欧洲的众多古典大学中,巴黎大学、牛津大学、剑桥大学之所以能彪炳史册,就在于较早地突破宗教束缚,提出对学术的追求,致力于培养有教养的人,并培养出了众多世界级的学术大师。至今,剑桥大学产生了120多位诺贝尔奖获得者,是全球获得诺贝尔奖最多的大学之一。柏林洪堡大学学术自由的办学理念,成功影响了北京大学。蔡元培提出"循思想自由原则,取兼容并包主义"的办学理念,对北京大学进行教育改革:聘请不同政治倾向、不同学派的学者执教北大,为他们营造各抒己见、自由探讨的学术氛围,为北大发展奠定了坚实的思想基础。②

(二)大学与组织

组织是现代社会的突出特点,是高度分化的社会的主要机制。在这个机制下,人们完成各种任务,达成以个人力量无法完成的目标。③ 在组织中,多位成员在以结构、权力形成的秩序化、功能化社会结构中,共同完成某个

① 朱九思.大学生命的真谛[J].高等教育研究,2000(05):1-4.
② 蔡克勇.创建一流大学需要先进的办学理念[J].中国高教研究,2003(11):34-37.
③ WEBER M. The theory of social and economic organization[M]. New York:Free Press, 1947:42.

目标。在广义上，组织是诸多要素按一定方式进行相互联系的系统；在狭义上，组织就是人们为实现集体目标，以互相协作方式形成的集体或团体。①

大学是一个大型的学术性组织，同时它也是由政治性组织、行政性组织等诸多亚组织构成的组织群落。在内涵上，大学在不同时代、不同国家或地区，可能是学者的社团，也可能是普遍真理的传授场所，还可能是真理和高深学问的研究机构。在有些学者看来，大学可以是社会服务站，也可以是独立思想与批判的中心，还可以是一个富有生命力的有机体，更或者是一个多元化城邦。在外延上，大学是各级各类高校，也可以是某一类高等学校。但是，西方传统意义上的大学专门指的是综合性大学，一般具备教学、科研、服务等多样化职能，单科性的大学、专业学院、文理学院、各类职业技术学院等都包括在内。

现代大学自从 12 世纪初诞生于欧洲以来，不断发展壮大，发挥着越来越强大的功能，成为一个日益庞大且复杂的社会组织。与其他机构相比，大学有别于任何社会组织，如家庭、政府、经济组织、宗教组织等。大学组织是由两个以上的个体组成的社会结构集合体，具有较高程度的结构化形式，多方主体致力于共同生产和传递知识而建立社会关系。大学组织的主要任务为对知识的继承与发展、创造与传播。人才培养、科学研究、社会服务等大学组织活动，都与知识活动有着密切联系。② 正如美国加利福尼亚大学伯克利分校原校长克拉克·科尔（C. Kerr，又译克拉克·克尔，后文根据实际情况使用）的观点，大学只有与周围社会环境和谐相处，才能保持辉煌地位、持久生命力；此外，大学也具有维护、传播、研究真理，探索新知识的功能；在整个高等院校史上，大学在服务文明社会的众多领域方面是无与伦比的。③ 一言以蔽之，作为一个社会组织，现代大学是以知识创造者、传播者和应用者的身份出现于社会中的复杂性组织。④

---

① 王振洪.在比较与分析中建构教学科研组织[J].中国高等教育，2010(Z1)：55-57.
② 王志彦.中国大学学术组织结构与运行模式研究[D].大连：辽宁师范大学，2008.
③ 克拉克·科尔.大学的功用[M].陈学飞，等译.南昌：江西教育出版社，1993：29.
④ 王志彦.中国大学学术组织结构与运行模式研究[D].大连：辽宁师范大学，2008.

1.组织属性的知识性

布鲁贝克认为,无论现代社会在政治、经济、宗教制度上属于什么类型,都需要一个机构传递深奥知识,分析批判现有知识,探索全新知识领域。[①]大学里有众多的知识群,由专业人员掌握、驾驭和运用。当进行科学研究时,他们拓展知识群的范围甚至重建知识群;当进行教学活动时,他们把知识群的部分知识传授给学生,使学生理解知识群的性质与特点,并对知识群进行应用;当进行学术工作时,他们对知识群进行保存、批判并改造。可以说,知识在大学组织活动中具有基础作用,通过对知识的传授进行人才培养,通过对知识的研究与发现推进科学研究,通过对知识的推广与应用进行社会服务。

2.组织功能的模糊性与多样性

从发展过程来看,大学的目标与功能一直处于动态变化之中。中世纪大学的目标是为文、法、医、神学等专业提供专门的职业训练。19 世纪中叶,纽曼提出大学是保存、传授普遍知识的社会场所,大学不是为了功利,而是为了传播永恒真理。柏林大学则把发展知识作为核心的学术工作,通过研究进行教学,实现了教学与研究的紧密结合。到了 20 世纪,在实用主义指导下,大学的功能扩展为"教学、科研、服务"的三位一体。可以说,学界没有清晰的标准和目标对大学组织功能进行衡量。大学是为了追求真理,还是为了解决社会问题?是为了满足学生需求,还是为了满足国家战略需求?一系列的论争似乎从未得出定论。随着知识社会的发展,高等教育对于整个社会的作用愈加明显,国家、社会、民众对大学的需求越来越多,加载于大学之上的功能更是不断增多,如文化传承与创新、国际交流与合作、技术创新等,以上功能大学自身也难以理清。

3.组织结构的松散性

"松散结合系统"是卡尔·韦克(K. Weick)在 20 世纪 70 年代提出的关于学校组织特征的理论观点。他认为,学校系统以结构松散为整体特征,与

---

① 约翰·布鲁贝克.高等教育哲学[M].3 版.王承绪,郑继伟,张维平,等译.杭州:浙江教育出版社,2001:13.

其说学校在结构上具有内聚力,倒不如说学校在观念上是一个松散性的结合体。“松散结合”主要表现为,大学组织的构成要素在组织活动中保持独立自主、低度联结的工作状态、组合形式。[①] 学校组织部门有各自的特点、作用、分界线,即使它们结合在一起,彼此之间也只具有较弱的依存关系。詹姆斯·马奇(J. March)等将这种组织之间的状态称为“有组织的无序状态”。“有组织”意味着大学组织在整体上是一个有着完整层次结构、规则制度、特定功能行为的系统,“无序”则源自存在于大学之中的各种学科专业。大学内部组织结构以自发组织、自发调节的方式,在外界能量供给的支持下,维持组织成员与机构之间的松散联系。这是一种松散结合系统,其存在状态是有组织但无序的。例如,组织管理的参与者不是固定的,很难对每个人的职责进行明确规定,表现为流动式参与的特征。由于教育活动的琐碎性、即时性,学校决策与行为表现出复杂化,许多问题往往由不同成员进行处理。教育工作者是自主的个体,在一定问题上花费的时间、投入的精力各有不同,同时,对契约的遵守和具体的问题情境,使他们有决定该怎么做、做多少的权利。另外,不同的问题吸引了不同利益集团和个体的参与。这就意味着,大学并不是一个极富内聚力的结构,而是一个在观念上具有松散性的结合体。“松散结合”能够使大学内部各院系相对独立地提出各种各样的要求,从而增强自身的整体适应能力,形成大学组织内部的动力与活力,奠定学术自主的制度保障。但是,分散的组织结构导致大学各基层往往形成资源分配冲突,不利于组织之间的合作与交流,导致资源利用率降低和各自为政的局面,从而影响组织的整体发展。

4.大学组织是高深知识的制度载体

高深知识往往与机构相联系。作为高深知识的存在方式,学科与学科活动是大学进行院系组建的前提与基础。任何社会都需要一个对深奥知识进行传递,对现存知识进行分析批判、对新知识进行探索的机构。一般而言,图书馆、博物馆、档案馆、科学研究机构等专门机构是知识的制度化载

① 樊平军,毛亚庆.论大学松散结合组织特性的知识根源[J].高等教育研究,2006(06):51-54.

体。大学是对高深知识进行加工、传授、创新的特定机构,历来是高深知识的制度化载体。[①] 纵观大学的整个发展历史,任何社会都以理智材料作为学术工作的基础,将大学作为对高深知识进行控制的社会机构。[②]

大约公元前2500年之前,古埃及的祭司学校、古儒学校出现了对专门知识进行传授的教育现象;古希腊智者学派开创了文法、修辞、辩证法等教学科目,标志着教育活动开始对知识进行系统的总结、归类和概括;柏拉图创办的阿卡德米学园和亚里士多德创办的吕克昂学园都是传授、探究高深学问的场所,在当时活跃的知识生活基础上,将对自然本质、人类心灵的探讨作为知识探究的目的。在古代中国,辟雍与泮宫、稷下学宫、太学、鸿都门学等都是当时的高等教育机构,所教授的内容包括政治、军事、法度、礼仪等专门性知识。[③]

在中世纪时期,欧洲社会的职业需求转向律师、医生、神职人员等职业,加之文艺复兴之后法学、医学、神学等知识的发展,导致中世纪大学的产生,出现了文法神医四大学部,在一定意义上也说明了大学是生产、传播、创新高深学问的专门机构。近代自然科学发展、启蒙运动思想是欧洲大学探索高深学问、发展为现代大学的直接力量,促使柏林大学对高等教育制度进行了创新,开创了欧洲大学教育的新纪元。[④]

综上所述,大学以真理探索为目标,以学术价值为价值追求,以高深知识研究为存在合理性。对知识进行保存与传授、创造与应用,以及人才培养、社会服务等大学活动都以高深知识为起点。大学与高深知识是相互依存的关系,大学是最重要的高深知识制度化载体,是高深知识存在的稳定形式和社会依托机构。一部高等教育史也是一部高等教育与高深知识之间关系的发展历史。[⑤]

---

① 约翰·布鲁贝克.高等教育哲学[M].3版.王承绪,郑继伟,张维平,等译.杭州:浙江教育出版社,2001:13.

② 伯顿·克拉克.高等教育系统:学术组织的跨国研究[M].王承绪,徐辉,殷企平,等译.杭州:杭州大学出版社,1994:13-15.

③ 张德祥.高深知识是理解高等教育的一把钥匙[J].高等教育研究,2015(12):22-23.

④ 葛兆光.中国思想史[M].上海:复旦大学出版社,2013:12.

⑤ 约翰·布鲁贝克.高等教育哲学[M].3版.王承绪,郑继伟,张维平,等译.杭州:浙江教育出版社,2001:13.

第二节　大学中的学科与专业

一、学科与专业

(一)学科与专业的内涵

学科属于科学学的范畴,是知识体系与学术制度的统一。① 伯顿·克拉克是学科研究的先驱,他认为知识与组织构成了学科的完整内涵,学科可以是一门知识的学科,也可以是在学科基础上建立起来的组织。② 在克拉克之后,学科的内涵与特征成为学界广泛讨论的话题。从知识体系的视角看,学科是特定科学领域或一门科学的分支,是遵循学问性质而划分的学问门类,是考试或者教学的科目,也是具有相对独立性的知识体系③;从规范制度的视角看,学科是对知识进行规范的结果,在一定的学术和行为规训的约束下,人们才能成为学科的成员④;从组织结构的视角看,沃勒斯坦认为院系、学术机构、学科专业、学术刊物等大学的组织结构是学科的结构要素⑤。从整体性视角看,学科是主体为了教育需要或发展需要,以主体与客体进行互动的方式,形成的知识传授和知识创新的组织体系⑥。总体而言,几乎所有研究视角都以知识、组织为焦点对学科含义进行讨论。从知识结构来看,学科是各种科学领域在特定知识范畴引导下形成的具有独立属性的知识体系;从组织结构来看,学科是在学科行为规范的引导下,通过对学术环境和学术制度的设计、对学术组织和学术权力的使用,对知识进行生产、传播、应用的学术组织体系。⑦

---

① 周光礼."双一流"建设中的学术突破:论大学学科、专业、课程一体化建设[J].教育研究,2016(05):72-76.

② 伯顿·克拉克.高等教育新论:多学科的研究[M].王承绪,徐辉,郑继伟,等译.杭州:浙江教育出版社,2001:2.

③ 杨天平.学科概念的沿演与指谓[J].大学教育科学,2004(01):13-15.

④ 赵坤,王振维.学科建设的内涵、动力与竞争优势积累[J].中国高教研究,2008(10):20-23.

⑤ 沃勒斯坦.知识的不确定性[M].王昺,译.济南:山东大学出版社,2006:104.

⑥ 孙绵涛,朱晓黎.关于学科本质的再认识[J].教育研究,2007(12):31-35.

⑦ 张炳生,王树立.学科、专业一体化建设研究[J].中国高教研究,2012 (12):43-45.

专业是社会学的概念,具有社会属性,是专门的学业或职业。[①] 专业的含义因文化环境的差异而有所区别。在《教育大辞典》的释义中,专业是高校进行人才培养的专门领域,高等学校在专业的范畴下进行专业教学、招生与就业等活动;学生在专业分类下开展学习活动,形成自己的专业能力,奠定未来职业生涯的基础。[②] 国外教育体系没有"专业"这一说法,例如,《国际教育标准分类》使用的是"课程计划"。专业在学术上的含义可以被划分在教育学领域、专业社会学领域。教育学领域将专业看作高等学校的基本教育单位,它的组织活动依据是培养目标、课程体系,活动主体是教育者与学习者,活动内容是教学任务[③];专业社会学领域将专业看作具有自身科学知识体系的专门职业。[④] 综合以上关于专业含义的分析可以发现,高校的专业是高校培养人才的基本教育单位。[⑤] 其中,社会分工和学科知识是专业的两个基本影响因素。首先,社会分工对人才的知识、能力、素质的需求影响专业的设置;其次,专业一般设置在相应的学科门类下面,学科知识是专业进行人才培养的基础和依托。

(二)学科、专业的联系与区别

学科与专业都与高深知识具有密不可分的联系。从二者的关系来看,学科是"源",而专业则是"流"。对于学科而言,学科是一定领域知识的系统化,是有结构、有秩序、分门别类的高深知识集合。[⑥] 例如,我们可以把高深知识分为自然学科、社会学科、人文学科三个部类,而每一学科下面又可以划分出众多的子学科、准学科。学科随着知识体系的发展而不断变化。在一定领域中,人们将一些概念、原理、命题进行结构化,形成一系列的系统化知识,从而扩展了某一学科或形成了新学科。对于专业而言,相关的教育组织,主要是高等学校,为了实现人才培养的任务,通过对高深知识进行筛

---

① 周光礼."双一流"建设中的学术突破:论大学学科、专业、课程一体化建设[J].教育研究,2016(05):72-76.

② 顾明远.教育大辞典[Z].上海:上海教育出版社,1998:2127-2128.

③ 周川."专业"散论[J].高等教育研究,1992(01):83-87.

④ 赵康.论高等教育中的专业设计[J].教育研究,2000(10):21-27.

⑤ 张炳生,王树立.学科、专业一体化建设研究[J].中国高教研究,2012(12):43-45.

⑥ 沃勒斯坦.知识的不确定性[M].王昺,译.济南:山东大学出版社,2006:104.

选形成课程,多门课程在培养目标的组织下形成课程体系,从而形成了专业。专业是大学的人才培养单位。学生在专业范畴下进行学习,学校以专业为单位进行人才培养。不同的国家、地区对专业有不同的概念界定,但都是以知识为基础,通过课程体系和教学活动进行人才培养的。

学科和专业都是以知识为基础的组织形态,其区别主要体现在知识形态、划分依据、层次结构、内在逻辑上。第一,在知识形态上,学科指的是相应的科学领域,具有独立的知识体系;专业则是多门学科知识形成的知识领域,目的在于进行人才培养。一个学科往往只有同一学科门类的知识,而一个专业则是多门学科知识的集合。第二,在划分依据上,专业是一个以社会职业为基础的概念,是为满足社会分工和职业岗位需求而设置的教育单位,通过教学计划完成专门化的培养目标和毕业要求。[①] 学科则是一个以知识为基础的概念,是以学科门类划分为前提而进行知识生产的单位。具体来说,专业的形成与社会职业相关,目的是服务经济社会发展,基本规律是市场对人才的需求;学科则与知识演化密切相关,目的是知识的生产、创新、传播与应用,遵循的规律是知识发展的逻辑。第三,在层次结构上,学科具有相对封闭性,但是专业没有层次结构,只有口径的宽窄。具体而言,学科门类下面一般分为若干一级学科,若干二级学科组成了相应的一级学科,最终形成层次化的学科门类结构。同时,在知识分化和综合的过程中,不同学科之间、同一学科内部会出现相互交叉的学科结构体系。专业在口径上分为"大专业"和"小专业",二者的主要区别在于人才培养规格在社会需求上是否具有广泛适应性。适应面广泛的专业称为"大专业",适应面较窄的专业称为"小专业"。第四,在内在逻辑上,学科分类与科学研究有关。学科是科学研究的产物,大学学科的主要任务是生产科学研究成果,同时培养学术研究人才;专业分类与国民经济和社会发展对人才的需求有关。专业的任务是满足社会对所需人才质量的要求。当社会人才需求发生变化时,专业会随之出现相应的变化。因此,可以这样说,学术性是学科的本质属性,而教育性则是专业的本质属性。学科是大学组织活动的本体,专业是大学教育

① 《教育管理辞典》第三版编纂委员会.教育管理辞典[M].3 版.海口:海南出版社,2005:470.

活动的工具。①

概而言之，学科属于学术范畴，与科学研究相关；而专业属于教育范畴，与人才培养相关。在高等学校尤其是那些重点大学里，既有以学科为核心的组织体系，又有以专业为核心的组织体系，二者彼此区别又相互交织。学科为专业发展提供了知识基础，专业为学科发展培养了后备人才。

二、学科对大学组织的影响

（一）学科是大学组织的基础

学科对大学组织具有重要影响。在大学中，学术组织是以学科为核心基础的知识组织，学科影响大学学术组织的形式选择、结构框架和组织职能。现代社会与知识联系愈发紧密。越来越多的证据显示，社会将牢固地建立在知识的基础之上。学科是知识的结构化形态，是大学实现组织职能的基本单位。从学科与经济社会的关系来看，由于学科对外部环境的依附性，社会发展的走向一直影响并改变着学科发展。学科是大学组织的基础；知识群类是大学组织的基本构成要素。在各项大学组织活动中，结构化的学科是知识生产与创新、人才培养的核心媒介。在现代大学发展历史上，大学组织的结构、制度、文化皆以学科为基础进行架构。大学的专业、院系等组织单位都是学科发展之下的结果。② 因此，学科是大学组织的基础和基本构成要素。

（二）学科对大学组织的影响机制

1.学科发展样态对大学学术组织形式的影响

学科发展样态表现为学科的分化与综合蕴含着不同学科之间、同一学科内部的相互关联。③ 学科的分化指的是学科的专门化，分支学科、相关学科从原学科中分离出来，其研究范围逐渐缩小，但是对研究对象的认识比原

① 张小芳.本科院校学科专业一体化建设理路[J].高教发展与评估，2016(02)：58-64，100-101.

② 韩水法.大学制度与学科发展[J].中国社会科学，2002(03)：77-78.

③ 陈金祥.论科学自组织系统的非线性关系[J].系统辨证学学报，1997(03)：81-85.

学科更加深入。学科的综合是知识的整合，其主要方式是对相关概念、理论、方法等结构要素的整合，具有更加开放的特征，实现对不同学科、同一学科内部相互关系的协同。以上学科发展样态的一个重要结果就是科学发展与进步。在学科组织的视角下，学术组织之间在知识上存在紧密联系，例如系科制、学院制、跨学科研究中心等学术组织之间都呈现出明显的知识联系。知识的分化与综合对学科分化与综合产生影响，进而影响了大学的学术组织形式。因此，学科的发展样态与学术组织的形式选择呈现出一定程度上协同演化的变化轨迹。

2.学科合法化对大学学术组织结构的影响

不是所有知识都能够进入大学的学科体系。知识只有经过社会认可，获得合法化承认之后才能够进入大学学科体系。大学学科合法化反映了知识体系如何在大学学科中获得相应地位的过程。学科合法化本质上也是知识的合法化。在知识合法化的过程中，大学组织环境发挥着重要作用。知识生产与传播成为大学的组织行为，大学成为知识演变的组织场所。大学学术组织是实现大学功能的依托。大学学术组织的结构形成了大学的组织环境，是学科合法化的重要驱动力量。在宏观结构上，学科门类越多的综合性大学，越能吸纳新的学科，适应知识类型的变化；在微观内部组织上，大学内部组织具备清晰的责任分工和运行规则，内在地对特定知识类型形成了认同。学科获得合法化之后，大学成立与其相关的组织机构，设置相应的专业和课程。换言之，学术组织承担着大学学科合法化的符号功能。

3.学科差异性对大学学术组织职能的影响

学科造成了大学内部学术分化。高度专业化是大学学科的重要特点，每一门学科都存在自己的知识结构和理智任务，都有本学科领域的行为准则。简言之，不同领域的学者都有他们自己的专业术语，即使同一领域的学者对待同一现象，也会有不同的观点。所以，学术活动基本不可能被某一领域的专家、学者垄断，由此形成了一个相互协商的格局。他们围绕特定学术主题进行相应的合作交流。因此，不同的学科在知识属性、学科文化上的差异，是学术组织运行存在差异的关键因素。在学术组织职能上，教学与科研是学术组织的主要活动。学科是这些活动的载体，在内在知识逻辑的引导下,学科之间形成了学术差异;在外部环境的影响下,学科之间形成了学科的社会差异性,由此导致无论是教学活动,还是科研活动,不同的学术组织都有不同的要求与规定。在教学活动方面,不同学科对课程知识、教学模式、教学评价等具有不同的要求;在科研活动方面,不同的学科在研究范式和评价手段上都有不同的表现形式。因此,学科差异性影响了学术组织活动职能的实际运行。

三、专业与大学组织

(一)专业与现代大学

科学精神与大学的世俗化、科层化和专业化是现代大学与传统大学的主要不同之处。[①] 学科以及学科制度以现代大学为组织依托。在现代大学中,专业、系、学院的分化既是由知识专业化导致的,也是大学科层组织的产物。知识领域与知识分类有关,可以是知识的划分,可以包含不同学科,可以与学科范围一致,或者是下一级的学科领域、不同的学科范式、跨学科的知识体系。知识分类与组合表现在制度中,并在制度中得到确定,例如,在课程、图书馆目录分类等知识层面的表现,以学科作为共识在共同体的组织与活动中的实现,以组织的方式固化在大学的院系结构中,等等。专业作为大学生学习的重要经历,嵌入大学组织建制。专业可以是灵活性的,如学生选课形成专业,不必局限在固定院系;也可以是固化的,如与专业相关的学科、教学计划、教学资源都是固定的。对于大学生而言,更重要的是专业不仅是学习中的智力体验,也是事实上的学历和文凭,这对未来的工作起到了准备性的作用。

专业是大学进行人才培养的专门领域。大学作为培养人才的高等教育机构,在教学活动与学术研究上进行分工必须与社会需求相符合。大学里的分工表现为设置各类专业。教师、学生都围绕专业进行工作、学习,于是大学成员都具有专业化的特征。大学里的分工是教学活动和科学研究的组

---

① RÜEGG W. Universities in the nineteenth and early twentieth centuries (1800-1945) [M]. Cambridge:Cambridge University Press, 2004:3-31.

织基础。不仅如此,专业化也有着强烈的社会要求,即只有经过专门训练才能承担一定的社会任务与责任。因此,专业化是社会发展与科学发展的基本规律,高等教育专业化具有一定的合理性。事实上,专业化一直是高等教育发展的两大特征之一。① 专业化是精神生产领域的分工在高等教育领域的集中反映。② 在大学中,这种分工以系科、专业分化为中介得以实现。系科方面的明确分工,使系科及其所属专业都要承担一定的教学、科研任务,进行该专业的人才培养。每个教师都是一定的学科、专业的成员,其目标在于成为专业领域的成功学者。每个学生都必须学习与未来职业相关的知识,这也是以学科和专业为基础的。因此,大学的主流文化一般是专业文化。

(二)专业与院系组织

布劳和斯科特(W. R. Scott)认为,现代人是存在于组织中的人,那么现代大学也可以说是存在于组织中的学术机构。③ 学术的发展影响着专业和院校的结构。几乎每个大学都有院系,这些院系结构是学术分科、研究领域的反映,如教育学、数学、社会学等。学系经常被认为是学术分科或者研究领域的同义词,然而一个系可以设置代表不同次级学术领域的专业。

学系是大学的基本组织单位。课程、学位学程以学系为组织载体,教师的职业活动也在学系中开展。因此,可以说学系是一种学科、组织的混合单位,学术治理在学系中进行。④ 金顶兵和闵维方认为,伴随学科分化的科学研究的开展,大学内部的组织形式也正在发生变革。⑤ 学科是大学组织架构的起点。现代大学在组织结构上出现了一定程度的分化。在纵向层面,大学组织分为大学、学院(学部)、学系;在横向上,知识分化为多种学科,教学

---

① BEN-DAVID J. American higher education: directions old and new[M]. New York: McGraw-Hill, 1972: 79.

② 李曼丽.通识教育:一种大学教育观[M]. 北京:清华大学出版社,1999:163.

③ BLAU P M, SCOTT W R. Formal organizations: A comparative approach[M]. Stanford: Stanford University Press, 1962: Preface 1-2.

④ CLARK B R. The higher education system: academic organization in cross-national perspectives [M]. Berkeley: University of California Press, 1983: 37-44.

⑤ 金顶兵,闵维方.论大学组织的分化与整合[J].高等教育研究,2004(01):32-38.

活动和科研活动按照学科分类，分化出众多独立的部门。周川认为，学系是大学组织结构的第三级部门，多个不同职位和地位的教授组成了学系。① 一般而言，系是高等学校最基层的教学科研组织。学系设置在学科门类下面的一级学科之上。在特殊情况下，极少数的学科专业才可能设置更小口径的系。

院系是创造、传递知识的教育单位，能够保证课程的实施，并通过一定的激励机制保障组织成员的行为活动。② 在院系中，学术成员可以进行一些日常的实践活动，组织成员的身份也能得到组织的认同。院系组织是多个异质性的院校次级组织，这些组织具有不同的知识体系，可以针对不同的社会职业培养不同类型的学生。当人们将院系作为大学的内在分析单位时，可以将院系之间的差异忽略。当人们对各院系的不同功能进行分析时，需要重点理解院系之间的学科差别。

学科的差异决定院系的差异。③ 同一院系会由于研究范式或研究取向的不同而有所差别。不同类别的文化在知识应用取向上的不同也会造成不同院系之间的差别。这种差别反映在学术资源和资金分配上，就造成院系之间、不同院系教师之间的贫富差距。④ 院系内部也会出现由知识与组织因素带来的分化。在院系教师内部，可能根据性别、师生关系等进行划分，也可能根据同一学术领域的不同研究范式进行划分，这一点更多表现于社会科学和人文学科。不同学科领域的差异性价值观，个体之间的互斥性，群体之间的责任、资源、权力、地位的分配都有可能造成冲突。⑤ 有研究指出，在大学组织的微观政治层面，组织成员的不同利益是理解组织行为的关键，是

---

① 周川.高等学校建制的组织学诠释[J].教育研究，2002(06)：68-71.

② LAYZELL D T. Faculty workload and productivity[J]. Review of Higher Education，1996(19)：267-281.

③ BRAXTON J，HARGENS L L. Variation among academic disciplines：analytical frameworks and research[J]. Higher Education：Handbook of Theory and Research，1996(09)：1-46.

④ SLAUGHTER S，RHOADES G. Academic capitalism and the new economy：markets，state，and higher education[M]. Baltimore：The Johns Hopkins University Press，2004：271-272.

⑤ MILLIKEN J. 'Surfacing' the micropolitics as a potential management change frame in higher education[J]. Journal of Higher Education Policy and Management，2001(01)：75-84.

关于权力以及如何利用权力来影响他人和保护自己的核心。① 大学的课程规划大多数情况下是“政治性”的而非“理性”的。② 如果院系成员有参与学校事务的机会,譬如参加大学的高层委员会等,就能更加妥善处理本院系的资源安排和安全。③

第三节　大学的组织结构

一、大学组织结构的演进历程

(一)西方大学组织的演进历程

1.中世纪④大学的学术组织

现代大学起源于中世纪。中世纪大学是一个由教授和学习者组成的中心。学术声望较高的学者及其追随者自发组织,形成与行会相似的知识团体,开展教学活动,以知识为对象进行交易。他们根据讲习内容,设置不同的科目。随着讲习内容的增加,逐步由单学科发展为多学科。文学、法学、神学、医学是当时的四大学科,并且以每个学科为单位设立了与之对应的学部。所谓学部,就是仿照行会的形式组织起来的教授会和同乡会,即后来常说的教师行会和学生行会。同乡会依据学生的籍贯进行组建,教授会则依据学术科目进行组建,分别隶属于以学术知识为划分依据的不同学部。学部在一定程度上可以算是学术组织的萌芽。当办学活动逐渐纷繁复杂时,同乡会顾问、教授会主任共同推举校长来主持行政管理工作。在很长一段时间里,以学生为主体的是“学生大学”,如博洛尼亚大学的校长是由学生担

---

① HOYLE E. Micropolitics of educational organizations [J]. Educational Management & Administration, 1982(02):87-98.

② CONRAD C F. Shaping the college curriculum: academic plans in action[J]. The Journal of Higher Education, 1997(06):711-713.

③ SALANCIK G R, PFEFFER J. The bases and use of power in organizational decision making: the case of a university[J]. Administrative Science Quarterly, 1974(4):453-473.

④ 中世纪(Middle Ages),指从公元5世纪后期到公元15世纪中期的一段时期,是欧洲历史三大传统划分(古典时代、中世纪、近现代)的一个中间时期。

任的。以教师为主体的是“先生大学”，如巴黎大学的校长是由教师出任的。[①] 校长的出现标志着欧洲中世纪大学开始具有了现代意义，出现了“学科和院校纵横交叉的大学模式”。

欧洲中世纪大学行会色彩非常浓厚，师生关系如同师徒关系。在教学活动中，一名教授、几名助教、一群学生组成了围绕知识群类的活动团体。在这个以知识为中心的活动群体里，领衔者被称为“讲座”。讲座把基层单位的责任集中到讲座占有人一个人身上。讲座占有人负责一个工作领域中的学术活动，其他人工作时只是处于从属的地位。[②] 真正意义上具有稳定结构、固定章程、独特权力的正式大学组织是后来德国大学的“讲座制”。文艺复兴后期，学科蓬勃发展，教学内容发生改变，大学讲座制出现。讲座专门讲授学科知识。讲座享有职务薪金，讲授其负责的专门学科。[③] 与文艺复兴相伴的是风起云涌的宗教改革运动，这使得许多欧洲大学取消了拉丁语授课，当时具有国际意义的大学几乎全部转为国内或地区性的大学，所以讲座制没有在欧洲国家流行。

2.德国柏林大学的学术组织

1809 年，德国教育家威廉·冯·洪堡创立了柏林大学。独立性、自由与合作、教学与研究相统一是柏林大学的原则。在这个原则的指引下，大学学术组织形式发生新的变化。洪堡创立的柏林大学增强了学术活动的自治权，政府不能干涉校长选举、教师授课，也不能干涉大学学派的数量，以及学生听课、转学的自由。洪堡还提出了教学和科研相统一的原则，由此带来大学组织形式和体制的变化。原有的科系组织可以进行本科教育、研究生教育，授予博士学位，同时增设科学研究所进行科学研究。大学成为一种将研究生教育和科学研究融为一体的新型组织。从此，研究学术、培养和训练学术人才，成为大学学术组织的核心职能。讲座制是柏林大学的学术组织形式，讲座教授拥有绝对的学术权力。在柏林大学，教学与研究相统一的理念

① 滕大春，姜文闵.外国教育通史：第二卷[M].济南：山东教育出版社，1989：13.

② 伯顿·克拉克.高等教育系统：学术组织的跨国研究[M].王承绪，徐辉，殷企平，等译.杭州：杭州大学出版社，1994：41.

③ 贺国庆.德国和美国大学发达史[M].北京：人民教育出版社，1998：18.

与日益依赖专业化和经验的研究方法相结合,形成了讲座制、研究所并存的基层学术组织,其典型做法是以讲座为中心成立研究所,由主持讲座的教授担任所长。这种模式以研究任务为中心,把科研、教学强制性地统一于正教授,加强了研究所主任的基层组织的领导者地位以及作为大学管理兼职决策者的重要影响力。① 19 世纪中叶,柏林大学成为德国学术研究的中心,以柏林大学为代表的德国大学也成为世界高等教育的中心。英、法、美、日等国的取经者纷至沓来,讲座制有效提高了德国大学的学术水平,因此成为各国竞相学习的重要内容。

3.美国大学的学术组织

美国大学的学术组织单位的最低一级是系,中间一级是学院,最高一级是作为整体的大学。由于美国大学发端于殖民地时期的学院,因此包括哈佛大学在内的美国大学深受英国大学模式的影响。系在美国大学和学院里占有重要地位,是与专业化相适应、划分更大结构的基本单位。系的权力较为分散:权力按照正教授、副教授、助理教授的顺序进行分配。系主任由高级人员担任,是一个非终身制的职位,每三年轮换一次。在有些问题上,系主任必须同其他正教授和终身制副教授进行商讨。有时候,一些问题还需要系主任与全体教学人员一起商讨。因此,在美国大学里,系是一个建立在学科共同利益之上的相对统一的机构,等级性在垂直结构上不太严格。由此可见,系是美国大学的一个基层学术组织。不过,系也是一个科层组织,是具有官僚性质的单位。系主任是最低一级的学术管理人员,需要对院长和校级官员负责,同时也要对组织等级中的上级和下级(具有同等地位或接近同等地位的同事)负责。

(二)中国大学组织的演进历程

1.晚清时期的大学学术组织

中国高等教育现代化路径是典型的“后发外生型”。在晚清时期,受中体西用、师夷长技以制夷等思潮的影响,先进的中国人要求兴学校、开民智,引进了西方大学制度,开始建立中国的现代大学制度。1898 年,清政府在

① 刘恩允.治理理论视阈下的我国大学院系治理研究[D].苏州:苏州大学,2014.

办学宗旨、课程设置、组织建制等方面按照现代知识体系及其学术范式来组织,建立了京师大学堂,这标志着中国现代大学的诞生。伴随着大学的发展,中国大学的学术组织在结构模式上不断发生变化。

1902年,清政府颁布了《钦定学堂章程》,是年为旧历壬寅年,故《钦定学堂章程》又被称为《壬寅学制》。《壬寅学制》是中国近代正式颁布但未实施的第一个学制。《钦定学堂章程》规定,高等教育是学校教育的第三阶段,共6年,其中分高等学堂或大学预科3年、大学堂3年。高等学堂虽未分科,但已有渐入专门之意,应按照大学预科,亦分政艺两科。大学堂即大学本科,也称大学专门分科。这时的科相当于后来大学的学院,科下面又分目或门,即相当于后来大学的系。但是,这个学制颁布后,因不够充备而未实施,随后被废止。① 1902年时设京师、北洋、山西三所国立大学堂,并先后创立南京两江、武昌两湖、广州两广、京师四大优级师范学堂。当时,大学学术组织的结构模式是目和科。

1904年,清政府颁布《奏定学堂章程》,是年为旧历癸卯年,故《奏定学堂章程》又被称为《癸卯学制》。《癸卯学制》是中国近代第一个正式施行的学制。章程规定,高等教育分三级,即高等学堂或大学预科(3年)、大学堂(3—4年)、通儒院(学习年限界定为5年)。在癸卯学制中,高等学堂的学科划分以日本高等学堂大学预科的分类办法为依据,在日本大学分科的基础上,立足中国现实情况,形成了经学、政法、文学、格致、医、农、工、商8科。同时,章程还规定京师的大学堂务须8科全设,各省的大学堂至少置3科以符合学制。大学堂是中国近代高等教育的第二级,也是最重要的一级。按《癸卯学制》的规定,大学堂实行分科制结构,各学科下分立若干学门(系),各学门设置若干课程。可见,当时学科和学门是常见的大学学术组织。

2.民国时期的大学学术组织

在民国时期,1912年颁布《大学令》,规定大学分为文、理、法、商、医、农、工7科,基本上维持了晚清时期的大学学术组织形式。1917年,蔡元培出任北京大学校长,采取了民主办校、教授治校、改革学科体制等一系列有

---

① 李云梅.中美大学工商管理本科课程比较研究[D].武汉:华中科技大学,2010.

效的改革措施。一是进一步完善北京大学评议会,这是北大最高的立法机关和权力机关,评议会除了校长和各学科长之外,另每5名教授可产生一名评议员,一年选举一次。校长是评议会理所当然的议长;评议会主要制定和修改学校的章程法令、决定学科的废立、审核教师的学衔和学生的成绩,提出经费的预决算等,拥有很大的权力。校长负责执行评议会的决定。二是成立各系教授会。教授会成员从教授、讲师中产生,教授会主任由会员公举,任期两年。1919年北大废科改门设系,改称各系教授会,各系系主任由教授会投票选举,教授会负责学生选科的指导并对其进行成绩考核等。三是改革学科体制,废科改门设系,提出要融通文理两科界限,主张文理兼习。取消文、理、法三科界限,取消科别,将各科所属的学门,一律改为系。据此,北京大学成立了18个系,改设系主任,最终形成了大学评议会、教授会和系三个层次的大学学术组织形式。

1917—1948年,北京国民政府和南京国民政府先后颁布了众多的条例和法令来加强高等教育管理,如1917年颁布《修正大学令》,1924年颁布《国立大学校条例》等。其中,《国立大学校条例》规定:国立大学校得设数科,或单设一科,各科分设学系,修业年限4—6年,毕业生称某科学士。至此,大学学术组织形成了“校—科—系”的结构模式,文、理、工、农、商、教育6大学科门类基本确立。1929年,南京国民政府颁布了《大学规程》和《大学组织法》,1934年修正公布了《大学组织法》,1948年颁布了《大学法》。这些条例和法律的颁布和实施,使近代大学制度日臻完善,推动了大学学术组织的建设和发展。例如,《大学组织法》规定:大学内部可设文、理、法、教育、商、农、工、医学院,各学院下设若干系。这种“学校—学院—学系”的大学学术组织模式一直延续到1949年中华人民共和国成立。

3.新中国的大学学术组织

中华人民共和国成立之初,中央人民政府就已在小范围内零星组织高等院校的院系调整。1952年6—9月,中央人民政府对全国高等院校的院系设置进行了全面调整,按照苏联高等教育体系改造了民国时期的高等教育系统。此次院系大调整取消了学院建制,并明确提出大学尤其是综合性大学是培养科学研究人才和师资队伍的高等教育组织,大学行政组织取消院一级,以系为教学行政单位。

经过1952年院系大调整,中国模仿苏联高等教育模式确立了以专业为单位的人才培养制度。20世纪50年代至90年代初,大学开始在学系下设教研室,并出现了研究部、研究所等学术组织形式。同时,教育部对学系、教研室和研究所的内涵、功能做了界定,即大学及专门学院的系,是基层教学行政组织;为培养师资队伍,提高师资水平,加强研究工作,大学及专门学院经教育部批准,设立研究部或研究所;教研室是教学的基本组织,由一种课目或性质相近的几种课目的全体教师组成。① 可见,当时的大学学术组织结构模式是"学校/学院—学系—教研室—研究部或研究所"。

20世纪80年代中后期,随着改革开放的深入,中国开始逐步建立社会主义市场经济体制,人们的思想观念开始发生变化,高等教育体制受到外界环境变化的影响也开始发生变革,向更高层次和更大规模发展。1992年起,由于观念上的转变,以及受苏联解体的影响,中国开始对高等教育管理体制和布局结构进行改革和调整,逐渐由苏联模式向欧美模式(主要是美国模式)转变。一方面,在组织建制改革中,对一些单科性专门学院和文理多科性大学进行重组合并,组建了学科门类齐全、专业类型较广的综合性大学,在组织制度上实行学院制。另一方面,在内部管理体制改革中,调整专业设置,扩大专业内涵,合并系科,建立学院,实行学院制,部分大学开始突破"系—教研室"的学术组织结构,尝试创办学院。随着科研地位的提升,一些重点大学开始设立研究所,建立计算机中心、测试中心等教学研究机构,建设国家、教育部、省级重点实验室,试办工程技术研究中心等。在"规模、质量、结构、效益"协调发展思想的指导下,各高校盛行大学合并,开始调整大学学术组织形式和结构,主要包括改造教研室、创建研究所、调整撤并或新建专业、分合增建学系、恢复兴办学院等。②

---

① 杨朔镔.大学基层学术组织的生态化治理研究[D].长春:东北师范大学,2019.

② 贾莉莉.基于学科的大学学术组织研究[D].上海:华东师范大学,2008.

二、大学组织模式变革审思

（一）重构大学组织模式变革理念

任何组织产生后，其生存和发展均涉及合法性问题。对于大学组织来说，毫无疑问也存在合法性问题。在不同时期，大学生存和发展依据不同的哲学基础。中世纪大学的合法性地位建立在满足当时社会专业需求之上；文艺复兴之后的大学将其合法性建立在人文主义理念之上，作为启蒙运动产物的大学则通过重视研究获得合法性地位；在美国出现的“赠地大学”则将自身的合法性地位建立于为社会和国家服务的基础上。[①] 布鲁贝克认为，20 世纪大学的存在依据主要有两种高等教育哲学：认识论和政治论。[②] 其中，认识论哲学以“闲逸的好奇”作为大学知识探求的目的，对现实持排斥的态度；政治论哲学则认为对国家本身具有重大作用才是大学知识探求的目的。[③] 由于在价值问题上持不同态度，认识论哲学和政治论哲学在大学发展过程中难以形成和谐的关系，存在较大的冲突性，认识论坚持价值自由和价值无涉，而政治论则强调价值问题的重要性。

对于认识论和政治论之间的关系协调问题，布鲁贝克的方案是将实用主义认识论作为补充，使认识论与政治论二者之间“达到最为有效的和谐”。[④] 最有代表性的实用主义认识论是由杜威（J. Dewey）提出的，他认为行动与思维在两个极端之间是一个连续谱系。[⑤] 周光礼教授认为，在思维和行动的两个对立范畴之间寻找沟通的桥梁，即理性的行动者，可以消除思维和行动的二元对立。也就是说，作为人的行动者，通过社会的教化，将规制个体的外在社会规范内化为自己生命的一部分。在行动实践过程中，个体是无法摆脱理性的，因此行动者就成为反思的实践者，从而将思维和行动整

① 约翰·布鲁贝克.高等教育哲学[M].3 版.王承绪，郑继伟，张维平，等译.杭州：浙江教育出版社，2001：4.

② 约翰·布鲁贝克.高等教育哲学[M].3 版.王承绪，郑继伟，张维平，等译.杭州：浙江教育出版社，2001：13.

③ 约翰·布鲁贝克.高等教育哲学[M].3 版.王承绪，郑继伟，张维平，等译.杭州：浙江教育出版社，2001：15.

④ 约翰·布鲁贝克.高等教育哲学[M].3 版.王承绪，郑继伟，张维平，等译.杭州：浙江教育出版社，2001：24.

⑤ 姚宇华.知识生产模式转型视角下大学组织模式变革研究[D].武汉：武汉大学，2017.

合起来。①

纵观我国历史时期的大学组织模式变革，其形成了一种以政治论为主要特征的哲学基础，认识论发展极为式微。因此，在未来大学组织模式变革中，为了解决政治论过于彰显以及与认识论之间存在冲突的问题，发挥政治论与认识论二者的功能，应保持二者合理的张力。根据布鲁贝克的观点，通过补充实用主义的认识论可以使二者实现整合。对于我国来说，认识论极为式微。对于未来大学组织模式变革理念来说，最为重要的是适当进行自我沉思，努力坚守和培育一份“象牙塔”精神。② 这也就是说，由于我国形成了一种政治权力规划下的知识生产模式，大学产生以来就先天缺乏一种现实主义或理性主义的认识论基础，政治论处于绝对主导地位。因此，应适当培育和发展一种具有“闲逸好奇”精神的认识论。

（二）优化大学组织模式变革方式

在大学组织变革中，现存结构的反应机制决定了之后的变化方式。③ 在我国，大学组织模式变革是一种单一政治逻辑主导下的强制性、激进式的变革方式，强调国家政治权力和政治利益。④ 然而，现实情况是，在大学内部成员的控制下，大学与其他外部主体的边界逐步趋于消融，大学利益主体日益多元化。正如布鲁斯·约翰斯通（D. B. Johnstone）所指出的那样：大学变革不是机构的变革，而是大学组织成员，尤其是教师和学生行为的变革。⑤ 因此，大学组织模式变革的逻辑基础应该是一种多元利益相关主体之间的权力和利益相互牵制、相互制衡，其中至少应包括政治逻辑、学术逻辑和市场逻辑三种逻辑形式。⑥

---

① 周光礼.培养理性的行动者：高等教育目的再思考[J].高等工程教育研究，2015（03）：49-57.

② 王骥.论大学知识生产方式的演化：自组织理论的视角[D].武汉：华中科技大学，2009.

③ 伯顿·克拉克.高等教育系统：学术组织的跨国研究[M].王承绪，徐辉，殷企平，等译.杭州：杭州大学出版社，1994：203-205.

④ 彭江.初论现代大学制度的本质及逻辑[J].复旦教育论坛，2006（01）：39-44.

⑤ 周作宇.论高等教育中的经济主义倾向[J].北京师范大学学报（社会科学版），2008（02）：5-15.

⑥ 彭江.初论现代大学制度的本质及逻辑[J].复旦教育论坛，2006（01）：39-44.

基于大学组织知识性的核心属性和“底部沉重”的结构形式,应不断优化大学组织模式的变革方式。其一,在变革动力方面,实施强制性和诱致性变革相结合,以诱致性为主的变革方式。作为一个“底部沉重”的组织,大学底层学术组织结构处于“学科、专门知识和专业化无序状态”。① 从知识角度看,由于系科等基层单位是学科和专业的化身,具有创新和开放的特征,因此一旦一种新的思想成为学术知识总体系统的一部分,大学组织就会依靠一种几乎内在的动力去开拓这些领域,因此基层学术组织改革是变化的关键。② 但是,就大学组织内部而言,外部强加的变化如果不能成为人们工作结构、信念体系和权力分配的不可动摇的一部分,就不会改变大学内部结构的组合方式,最后还是以失败告终。③ 因此,大学组织模式变革应采取一种以诱致性为主的变革方式,通过基层的大学组织成员,由下而上地对大学组织制度和结构进行创新和变革。同时,为了保证大学组织的稳定性,避免学科分化导致对大学组织整体产生“离心力”④,须通过自上而下的行政管理对大学组织进行强制性整合。其二,从变革范围看,实行一种渐进式的变革方式更为合理。与其他组织相比,大学组织在任务、权力与结构等方面极其复杂,因此激进的变化往往难以产生。大学自中世纪产生以来,尽管在许多方面发生了巨大改变,但是在某些方面仍然具有中世纪大学的“遗传元素”。因此,一个系统发展越先进,以下情形就越容易发生:“凡是需要全体组织协调努力才能发生的事情都不可能发生;凡是需要全体组织协调努力才能制止的事情都不可能制止。”⑤大学组织作为一个结构松散的复杂性组织,基本特征为“底部沉重,影响弥散和决策渐进”,因此“点滴调整”是大学

① 伯顿·克拉克.高等教育系统:学术组织的跨国研究[M].王承绪,徐辉,殷企平,等译.杭州:杭州大学出版社,1994:231.

② 伯顿·克拉克.高等教育系统:学术组织的跨国研究[M].王承绪,徐辉,殷企平,等译.杭州:杭州大学出版社,1994:261.

③ 伯顿·克拉克.高等教育系统:学术组织的跨国研究[M].王承绪,徐辉,殷企平,等译.杭州:杭州大学出版社,1994:263.

④ 吉本斯.知识生产的新模式:当代社会科学与研究的动力学[M].陈洪捷,沈文钦,等译.北京:北京大学出版社,2011:72.

⑤ 伯顿·克拉克.高等教育系统:学术组织的跨国研究[M].王承绪,徐辉,殷企平,等译.杭州:杭州大学出版社,1994:262.

组织模式变革的理性选择。

（三）构建合理的学术评价机制

作为一种文化或政治的学术评价与大学的组织模式、权力分配密切相关，学术评价直接影响着大学内部基层组织的学科和专业。学术评价是判断学术活动及其产出和影响的认识活动。学术评价以学科差异为基础，以学科为单位进行分门别类地评价。由于知识属性、知识范式等方面的差异，学科间对教学与科研活动具有重要影响，主要表现为产生了不同的教学模式、教学优先性选择、学生学习目的等教学活动方面的差异，同时带来了科研组织模式、科研成果形式等科研活动方面的差异。首先，必须树立教学也是学术活动的观念。对于大学教师而言，教学是教师专业发展的基础，是关于高深知识的教与学。如何将高深知识传递给学生，并内化于他们的认知体系，教师需要对教学内容、教育对象进行深入研究，需要增强反思能力和研究能力、提升教学知识和教学能力，在科研中实现教育理念的转变、知识结构的完善、教育教学能力的提高。这就意味着，教学也是一种创新性的学术活动。这种创新性成果表现在教学学术活动中，就是建立在反思基础上的默会知识。默会知识支配着教师的整个教学活动，是教学活动的解释性框架和知识信念，也是教师认识和实践行为的基础，能够推动有效教学，是教学学术的重要内容。① 在"教"的过程中，教师深刻认识和理解了教学内容，建构了自己的认知体系，能够有效地进行知识传递。因此，教学水平高的大学教师，科研绩效也不错。这恰恰说明，教学与科研并不存在根本的利益冲突，两者具有内在的统一性。本质上而言，大学教学是一种学术活动。其次，就科研活动而言，应将管理权限下放给学术共同体。在以学科为基础的学术共同体中，共同体成员具有统一的学科范式、行为准则。所以，学术评价活动吸引基层学术共同体参与，可以真正实现分科评价的意义，同时也能够处理好数量与质量、统一与多样的问题。由于学科差异的影响，不同学科之间在科研精力的投入、科研活动类型、科研成果形式方面存在很大差异，即使同一学科领域也会由于研究方向的不同，在科研活动中存在诸多不

① 时伟.大学教学的学术性及其强化策略[J].高等教育研究，2007(05)：71-75.

同。因此，学术评价活动可以使用量化管理与质性分析相结合的方式。在量化标准上，立足本学科特点，尽量较少甚至直接不采用跨学科比较。[①] 即使在同一学科领域内，也要对公益性研究与私益性研究采用不同的评价机制，否则可能导致学术成员的浮躁、功利心态，甚至学术造假行为的出现。

① 顾建民.学科差异与学术评价[J].高等教育研究，2006(02)：42-46.

第七讲
制度与组织:高等学校是如何运行的

美国学者理查德·霍尔(R. H. Hall)曾言:“我们生于组织之中,通常也死于组织之内 。而介于生死之间的生活空间,也由组织填满。”①从个人角度来看,高等学校是每个大学生一生中所经历的重要组织之一,也是众多组织中比较特殊的一类组织。从国家发展角度来看,“每一个较大规模的现代社会,无论它的政治、经济或宗教制度是什么类型的,都需要建立一个机构来传递深奥的知识,分析、批判现存的知识,并探索新的学问领域。换言之,凡是需要人们进行理智分析、鉴别、阐述或关注的地方,那里就会有大学”②。承接第六讲的内容,让我们从制度与组织的角度,走近高等教育与高等学校,进一步了解高等学校是如何运行的。

第一节　高等教育体制与高等学校组织发展

一、高等教育体制概述

(一)高等教育体制的概念

高等教育体制是指政府与高校针对高等教育发展进行的组织机构设置、职能定位、权责划分等制度和体系的总和,是由国家权力机关基于国家发展需要制定的,以大学领导管理制度为核心的制度体系,主要包括宏观高

---

① 理查德·霍尔.组织:结构、过程及结果[M].8版.张友星,刘五一,沈勇,译.上海:上海财经大学出版社,2003:4.

② 约翰·布鲁贝克.高等教育哲学[M].3版.王承绪,郑继伟,张维平,等译.杭州:浙江教育出版社,2001:13.

等教育管理体制（常被称为宏观高等教育体制）与微观高等教育内部管理体制（常被称为微观高等教育体制）两部分。比如，行政体制、办学体制、投资体制、招生体制等属于宏观高等教育管理体制，人事体制、教学体制、科研体制等属于微观高等教育内部管理体制。① 由于高等教育体制涉及面甚广，而宏观高等教育管理体制对于教育发展极为重要，几乎制约着我国高等教育事业发展的各个方面和各个环节，影响着各级各类高校及高等教育工作者的观念和行为，因此，本节把研究重点集中在宏观高等教育管理体制上。宏观高等教育管理体制主要涉及各级各类高等学校之间、各级各类高等教育管理之间的关系问题。从各级各类高等教育管理关系来看，政府与大学的关系问题是高等教育管理体制的核心，也就是政府的高等教育发展管理职能和管理方式问题，或者说是“管什么”和“如何管”的问题。

（二）高等教育管理体制的特征

1.西方国家高等教育管理体制的高校本位特征

从政府与高校的关系来看，高校本位是西方国家高等教育管理体制的重要特征之一。西方国家的高等教育立法为大学自治提供了充分的法律保障。国家从法律上规定，大学是独立的办学实体，政府无权干涉学校内部事务。比如，德国《高等学校总纲法》规定，高等学校在教学、科研和招生等方面具有自治的权力。② 意大利宪法规定，大学在法律范围内享有自治权，在管理上实行自治。校长是学校的法人代表，政府授权校长全权负责管理大学。③ 美国制定高等教育相关政策时必须得到高校的同意，政府主要通过校董事会、遴选委员会并借助投票方式遴选大学校长，遴选过程通过广大新闻媒体向社会公开。西方国家的高校本位管理体制有其历史原因。近代欧洲大学源于中世纪的教授行会，教授行会是一个自主性较强的组织，具有高度自治性。虽然大学的职能扩大至社会服务，逐渐从社会边缘走向社会的中

---

① 参见以下文献：a.王孙禺，蓝劲松，江丕权.祖国大陆与台湾高等教育体制的宏观比较研究[J].清华大学学报（哲学社会科学版），2000（02）：27-33，45. b.陈宝瑜.走向二十一世纪的民办高等教育[M].北京：学苑出版社，1998：195.

② 胡劲松，周丽华.传统大学的现代改造：德国联邦政府高等教育改革政策评述[J].比较教育研究，2001（04）：6-12.

③ 韩永进，王霆钧.意大利高等教育与科研[J].清华大学教育研究，1997（04）：79-83.

心，但大学组织的独立性属性并未发生根本性变化，与世俗社会的距离依然存在。随着工业化发展、教育规模的扩大，高等教育逐渐成为国家社会经济发展的重要组成部分，政府开始介入高等学校。整体来看，西方高校是高等教育的主体，政府处于从属地位。大学的权力和利益必须得到政府的充分尊重，高校在政府与高校关系中处于主导地位。政府对高校的管理主要是宏观调控，除了相关法律法规政策之外，还借助中介组织调整政府与高校的关系。这类组织如美国的学校评估委员会和专业评估委员会，法国的全国高等教育和科研理事会、大学咨询委员会，英国的高等教育基金委员会，等等。

2.中国高等教育管理体制的政府本位特征

从政府与高校的关系来看，政府本位是中国高等教育管理体制的重要特征之一。在我国，中央集权制的历史文化传统为政府主导提供了一定的社会基础。政府与高校是上下级关系，政府是高等教育的主要决策者，高校必须接受政府的领导和管理。我国相关法律法规在自主办学、大学拨款制度、社会参与等方面做出了明确的规定，体现了我国高等教育管理体制以政府为本位的特点。在高校自主办学方面，虽然《中华人民共和国高等教育法》第十一条明确规定，“高等学校应当面向社会，依法自主办学，实行民主管理”。但是，在具体实践中，由于相关法律法规的可操作性差、立法滞后等原因，致使相关制度难以保证我国高校自主办学。在治理方面，我国高校实行党委领导下的校长负责制。《中华人民共和国高等教育法》第三十九条、第四十条规定，“国家举办的高等学校实行中国共产党高等学校基层委员会领导下的校长负责制”，“高等学校的校长、副校长按照国家有关规定任免”。在大学拨款制度方面，大学的经费主要由政府通过综合定额和专项补贴两种方式直接划拨。前者按学生人数划拨，弹性很小。后者按项目划拨，弹性较大。在社会参与方面，虽然我国在改革开放以后先后成立了一些中介组织和咨询组织，但是，这些中介组织缺乏一定的独立性和自主性，一定程度上也会受到政府及政策的影响。

二、国内外高等教育体制改革

（一）中国高等教育体制改革的历史演进

新中国成立以后，我国高等教育管理体制经历了一系列的改革。新中国成立初期，我国形成了“集中统一”领导的高等教育管理体制；20 世纪 50 年代，我国高等教育管理体制由“集中统一”领导体制转变为“统一领导、分级管理”体制；20 世纪 80 年代中期开始，我国致力于转变政府相关职能、扩大高等学校办学自主权；21 世纪初至今，我国处于经济体制深化改革和社会全面转型时期，高等教育管理体制改革以实现高等教育治理体系和治理能力现代化为目标。[①]

1.第一阶段：“集中统一”领导体制时期

第一个历史阶段为新中国成立至 20 世纪 50 年代初期，高等教育管理体制表现为“集中统一”领导体制，主要体现在上下级领导关系以及权力关系与资源配置方式两方面。新中国成立初期，我国高等教育管理体制改革主要围绕接收旧的体制和建立新的体制两个主题展开。根据当时新政府的施政方针《中国人民政治协商会议共同纲领》，高等教育体制改革由半殖民地性质的旧高等教育转变为适合国家建设需要的新高等教育。[②] 考虑到政治上和文化根源上的原因，当时我国高等教育管理体制效仿苏联，实行“集中统一”式的高等教育体制。1950 年政务院颁布的《关于高等学校领导关系的决定》将高等教育管理体制确定为党政领导下“集中统一”体制[③]。在高等学校与政府关系方面，教育部是代表中央人民政府的全国高等教育领导者，属于上级部门；高等学校是高等教育的实践主体，是被领导者，属于下级部门。在权力关系和资源配置方式方面，中央政府及其高等教育主管部门自上而下贯彻各种政令、配置各种资源，展现出直接领导的方式，比如高

① 周川.我国高等教育管理体制 70 年探索历程及其展望[J].高等教育研究，2019(07)：10-17.

② 中国人民政治协商会议共同纲领[N].人民日报，1949-09-29(02).

③ 中央人民政府政务院发布关于高等学校领导关系的决定[N].人民日报，1950-08-03(01).

校校长由上级任命、高校实行统一的教学计划等。[①]

2.第二阶段:"统一领导、分级管理"体制时期

第二个历史阶段为20世纪50年代后期至20世纪80年代后期,高等教育管理体制表现为"统一领导、分级管理"体制。由于"集中统一"领导体制存在一定的局限性,比如,"集中统一"领导体制中制度统一性与高校办学自主性的矛盾,教师开展教学科研工作的主动性之间的矛盾,主管部门容易滋长官僚主义、主观主义和长官意志等问题,所以中央开始对高等教育领导体制进行放权。1958年4月,中共中央颁布的《关于高等学校和中等技术学校下放问题的意见》明确将大部分高校从中央下放到地方。这一规定主要解决高等学校由谁来管的问题,即由哪一级政府领导的问题,但并没有涉及领导职能和领导方式问题。同年8月,中共中央、国务院发布了《关于教育事业管理权力下放问题的规定》,进一步强调"今后对教育事业的领导,必须改变过去条条为主的管理体制,根据中央集权和地方分权相结合的原则,加强地方对教育事业的领导管理"[②]。1963年,中共中央、国务院又颁布了《关于加强高等学校统一领导、分级管理的决定(试行草案)》,决定"对高等学校实行中央统一领导,中央和省、市、自治区两级管理的制度"[③]。这一规定意味着"中央统一领导、中央和省区市两级管理"体制的确立与形成。

3.第三阶段:"统一领导、分级管理、高校自主办学"体制时期

第三个历史阶段是20世纪90年代至今,高等教育管理体制表现为"统一领导、分级管理、高校自主办学"体制。在这一阶段,高等学校的体制改革由中央层面和地方层面或其他部委间的权力分配转向高校层面,简言之,由高校外部管理改革转向高校内部管理改革。

1993年初,国务院批转的国家教委《关于加快改革和积极发展普通高等教育的意见》指出,"高等教育办学体制的改革是要理顺政府、社会和学校

---

① 中央教育科学研究所.中华人民共和国教育大事记(1949—1982)[M].北京:教育科学出版社,1983:176.

② 中国共产党中央委员会、国务院关于教育事业管理权力下放问题的规定[J].中华人民共和国国务院公报,1958(26):570-572.

③ 中国教育年鉴(1949—1981)[M].北京:中国大百科全书出版社,1984:236.

三者之间的关系,按照政事分开的原则,使高等学校真正成为自主办学的法人实体”①。1993 年 2 月,中共中央、国务院发布的《中国教育改革和发展纲要》规定,在教育体制方面要改革“包得过多、统得过死的体制”,并且强调“进行高等教育体制改革,主要是解决政府与高等学校、中央与地方、国家教委与中央各业务部门之间的关系,逐步建立政府宏观管理、学校面向社会自主办学的体制”。同时,“在政府与学校的关系上,要按照政事分开的原则,通过立法,明确高等学校的权利和义务,使高等学校真正成为面向社会自主办学的法人实体”。此后,《关于〈中国教育改革和发展纲要〉的实施意见》等一系列配套文件先后出台,校内机构设置、人事制度改革、行政化调整等改革举措切实推行。例如,在人事制度改革方面,北大率先引进市场机制,尝试打破教师终身制,进行内部新的人事制度改革。

进入 21 世纪,随着社会对高等教育发展的关注,与高等教育管理体制相关的改革政策相继出台。2004 年,教育部在发布的《2003—2007 年教育振兴行动计划》中提出改革教育行政审批制度,清理教育行政许可项目,探索建立“现代学校制度”②。2007 年,《国家教育事业发展“十一五”规划纲要》首次提出“现代大学制度”概念③。2010 年,中共中央、国务院印发的《国家中长期教育改革和发展规划纲要(2010—2020 年)》进一步提出改革目标是“推进政校分开、管办分离。适应中国国情和时代要求,建设依法办学、自主管理、民主监督、社会参与的现代学校制度,构建政府、学校、社会之间新型关系”。2017 年,随着国家行政体制“放管服”改革的整体推进,教育部等五部门发布了《关于深化高等教育领域简政放权放管结合优化服务改革的若干意见》,提出要“破除束缚高等教育改革发展的体制机制障碍,进一步向地方和高校放权,给高校松绑减负、简除烦苛,让学校拥有更大办学自

① 教育部研究室.中华人民共和国现行高等教育法规汇编:上卷[G].北京:人民教育出版社,1999:157,46.

② 中华人民共和国教育部.2003—2007 年教育振兴行动计划[J].中国高等教育,2004(07):10.

③ 教育“十一五”规划:推进教育持续协调健康发展(下)[N].中国教育报,2007-05-29(03).

主权”[①]。同年,中共中央办公厅和国务院办公厅发布了《关于深化教育体制机制改革的意见》,再次重申“依法落实高等学校办学自主权,完善中国特色现代大学制度”,并且要“改进高等教育管理方式”,“深化简政放权、放管结合、优化服务改革,把该放的权力坚决放下去,把该管的事项切实管住管好,加强事中事后监管,构建政府、学校、社会之间的新型关系”。这也将“简政放权”提到一个前所未有的高度。

（二）国外高等教育体制的改革走向

随着全球经济一体化、信息化的日益发展,世界各国为了增强高等教育的国际竞争力,解决高等教育面临的体制僵化、高等教育质量下降等问题,相继进行了广泛而深刻的高等教育体制改革。尽管各国因历史背景、政治体制、地理环境等不同,改革的侧重点有所差异,但改革的基本点却是共同的。办学自主化、行为市场化、管理民主化是发达国家高等教育管理体制改革的基本走向。

1.办学自主化

办学自主化是西方发达国家高等教育管理体制改革的核心内容。为了实现大学自主化办学,发达国家政府扮演着领导和管理者、合作者双重角色,主要通过分离权力、法律赋权、确立大学市场主体地位、建设社会中介组织等扩大办学自主权。[②] 在分离权力方面,发达国家基于权力的合理性和大学发展规律放权予大学,具体做法是将大学举办权、管理权和办学权进行合理的分配和分离。比如,德国主要通过扩大联邦政府管理权、限制州政府对大学的直接干预权和增强大学组织管理权来实现分权;美国则是通过发挥政治权力的制衡作用、强化大学作为市场主体应享有的独立法人权而实现;日本主要通过将大学系统从原有的政府体系中分离出来并赋予大学法人地

---

① 教育部等五部门.关于深化高等教育领域简政放权放管结合优化服务改革的若干意见[EB/OL].(2017-04-06)[2022-07-06].http://www.moe.gov.cn/srcsite/A02/s7049/201704/t20170405_301912.html.

② 参见以下文献:a.伯顿·克拉克.高等教育新论:多学科的研究[M].王承绪,徐辉,郑继伟,等译.杭州:浙江教育出版社,2001:70. b.菲利普·阿特巴赫.比较高等教育:知识、大学与发展[M].人民教育出版社教育室,译.北京:人民教育出版社,2000:60.

位来实现权力分配。在法律赋权方面,西方发达国家基于法律手段对政府、社会和大学在高等学校管理中的权力进行系统且明晰的分配,为大学自主权的稳定提供了保障。比如,发达国家对各权力主体的权力及权力制衡关系等内容做了明确的法律规定。在确立大学市场主体地位方面,基于市场的主体性原则,政府主动将高等学校从政府系统中分离出来,确立高等学校的市场主体地位。在建设社会中介组织方面,发达国家大力加强相关社会中介组织的建设。这类组织如英国的高等教育基金委员会、高等教育质量评估委员会,德国的大学校长委员会、科学与教育审议委员会,美国的大学校长委员会、七大区的基准协会等。

2.行为市场化

行为市场化是西方发达国家高等教育管理体制改革的重要内容。德国前教育与科学部部长莫勒曼(J. W. Moleman)认为,教育政策一般总是部分地遵循市场原则。在高等教育体制改革实践中,西方发达国家主要通过转变政府管理行为、促进大学间的竞争、促进社会与大学间的联系等方式推进大学行为市场化。在转变政府管理行为方面,政府的职能由管理转为服务,管理方式由行政指令转为市场手段,国家主要负责宏观调控,具体的调控则由市场和社会来完成。比如,经费分配主要由市场和社会代行完成,政府不再以管理者身份向高等学校分配经费,而是以合作者身份通过签订合同、竞争获得等市场方式由社会组织完成。在促进大学间的竞争方面,西方发达国家引入竞争法则推进大学行为的市场化,具体借助公平竞争制度、利益竞争制度、师资竞争制度等。比如,英国政府将大学拨款委员会和大学基金委员会合并,以公平对待两机构管理下的大学。西方发达国家将原来的直接拨款调整为竞争式拨款。为营造良好的教师竞争环境,政府优化教师流动制度、兼职教师制度、教师退出制度等。在促进社会与大学间的联系方面,发达国家基于社会发展优化各种制度,比如,社会资本转移制度、合作制度、社会咨询制度等。从社会资本转移制度来看,发达国家吸引社会资本向高等学校转移,以鼓励社会资本向高等学校投入。譬如,美国规定,社会向高等学校转移的教育和科研投入少收或免收相关税;英国实行全体国民教育税收政策,即全体国民均承担一定的教育税。从合作制度来看,西方国家鼓励多种形式的合作制度。譬如,日本实行讲座教授捐赠制度、联合研究和委托研究项目制度以及技术授权制度等;德国联邦政府通过经费投入的倾斜鼓励校外机构与大学合作开展科学研究。从社会咨询制度来看,发达国家逐渐完善社会咨询制度。譬如,发达国家推行由社会力量与大学共同组成大学董事会的制度。

3.管理民主化

管理民主化是西方发达国家高等教育管理体制改革的重要内容。随着高等教育的发展,大学在整个社会经济发展中角色和功能进一步增强,高等教育管理体制改革强调多元参与、民主管理,以保障管理效率,避免重要决策失误。一方面,国家在大学内部实行民主化管理。发达国家的大学决策机构吸收了一般教师、职员代表、学生代表等人员参加,力图使其他人员参与学术决策和管理。比如,日本针对高等学校整体的运营管理工作,实行董事会、经营协议会、教育研究评议会的“三会”校级管理;德国从 20 世纪 70 年代开始,由教授为主的决策体制转化为民主参与、群体共治,即由教授、学术中层人员、大学生和行政人员参与共治,并在《高等学校总纲法》中做出了相应的规定。另一方面,大学加强与社会的合作,扩大民主参与及民主管理。高等学校不再是传统的“学者共和国”,与社会开展合作、吸收社会力量参与学校办学,是现代大学发展的重要战略方向。比如,德国在《高等学校总纲法》中确立了社会参与大学发展与管理的原则。同时,西方发达国家设置了大量的审议机构。例如,英国的中央教育审议会和全国地方高等教育审议会,法国的国民教育最高审议会、全国高等教育及研究审议会等,这些审议机构的成员主要包括行政官员、专家学者、教职员工、专业团体代表、新闻界代表和企业界代表等社会各界人士。

三、我国高等教育体制改革的两难选择

从我国高等教育体制改革的发展历史可知,我国高等教育体制改革呈现小规模、边缘性的特点,这是因为我国高等教育体制改革面临集权与放权、计划与市场的两难选择。

(一)集权与放权

我国高等教育体制改革的集权与放权主要可以从央地关系和政学关系两方面进行分析。总体上看,我国高等教育体制改革形成集权与放权此消彼长的矛盾关系。在央地关系方面,中央政府在职责与权限等职能上纵向让渡与优化,出现高等教育体制改革集权与放权并存的现象。新中国成立以来,在"苏联模式"的基础上,我国形成中央集权的高等教育管理体制,中央政府集中管理,地方政府作为执行者,主要是从人事和政治方面参与、配合。在这种事无巨细的全方位管控下,地方政府逐渐适应了行政式控制和管理,缺乏办学积极性,高等教育也逐渐丧失活力,暴露出高等教育与经济社会发展相脱节、人才供需矛盾、创新意识和能力不强等问题。面对这些问题,中央政府开始适当放权,给予地方多方面的权力和资源。由于地方政府缺乏相应的办学经验,导致地方高校在管理和自身发展上出现混乱,于是出现由集权到放权再到集权的高等教育体制改革现象。在政学关系方面,政府对高等学校的统筹统管和层级治理在一定程度上弱化了大学的学术属性。虽然政府给予大学一定的自主权,通过立法、执法、协调、服务等方式进行间接管理,比如部分大学享有招生自主权,甚至还结成了高校招生联盟,但是大学自主权的覆盖范围和权限还是非常有限。在整个过程中,高等教育体制改革形成集权与放权此消彼长的矛盾关系。

(二)计划与市场

计划与市场的关系是中国场域下高等教育体制改革的两难选择。在新中国成立至改革开放时期,我国高等教育实行由上至下的政府计划管理模式。由于高等学校的教育资源和自主性缺乏,政府在该时期内有一定的放权,但是在宏观体制上仍然属于计划管理模式。改革开放以后,我国展开了关于高等教育市场化的讨论。一方面,从中西方高等教育发展环境来看,我国高等教育属于"后发外生型"模式,应该适当地吸取和借鉴"早发原生型"高等教育的相关市场化理念。另一方面,从高等教育属性角度来看,高等教育是国家公共事业的组成部分,具有公共属性而非商品特性,所以说高等教育绝不能市场化。但是,在实践中可以通过市场方式提高高等教育的发展效率，比如鼓励民间多渠道集资办学，扩大高等教育资源供给，通过高等教育市场服务进行融资，等等。我国实行的计划与市场相结合的方式也导致了高等教育出现一些市场乱象。当然，整体而言，结合高等教育准公共产品属性、高等教育发展所处阶段特征以及我国的生产力发展水平，我国高等教育应当采取计划和市场不同程度结合的双重调控手段，充分发挥市场资源配置的效率，使市场逐步由“基础性作用”转向“决定性作用”，并且强调计划方式以保障高等教育资源配置的公平，实现高等教育的生态化发展。

第二节　高等学校的组织特征与运行模式

为了进一步了解如何有效管理高等学校组织，本节致力于探讨什么样的高等学校组织模式是最佳载体。以下从高等学校组织的基本特征出发，阐释高等学校组织模式的类型，探究高等学校组织的最优模式。

一、高等学校的组织特征

（一）学术性特征

学术性是高等学校组织作为学术系统的基本特征之一。从历史发展来看，高等学校组织的学术性特征是在大学漫长的发展过程中逐渐被认识的。正如上一讲所述，“大学”一词的拉丁文 universitas 原意为社团、协会、组合或行会，直至 14 世纪才成为特指大学的专用词。它确切地显示出欧洲大学在其建立之初的组织形态：仿照职业行会组织起来，从事学术活动的特殊团体集合。从当前组织功能发展来看，高等学校组织的重要职能是传播和创造知识。随着高深知识专门化程度的提高，高深知识成为高等学校组织发展的核心，而基于知识核心的高等学校组织的本质属性就是其学术性。[①] 哈佛大学前校长内森·普西（N. K. Pusey）教授指出，“每一个较大规模的现代社会，无论它的政治、经济或宗教制度是什么类型的，都需要建立一个机构

① 伯顿·克拉克.高等教育系统：学术组织的跨国研究[M].王承绪，徐辉，殷企平，等译.杭州：杭州大学出版社，1994：13.

来传递深奥的知识,分析、批判现存的知识,并探索新的学问领域”[①]。大学的学术性主要体现在三个方面:第一,大学的基本工作是传播和探究人类高深知识的学术活动;第二,大学的工作和任务主要是根据知识领域来组合,教学和研究既由专业或学科来划分,又由专业和学科来联系;第三,大学学者集体也是依据知识领域组合起来的。一言以蔽之,以知识为基础是大学学术性的最根本体现,学术性是高等学校组织的重要特征。

(二)开放性特征

开放性是高等学校组织的基本特征之一。从宏观社会关系来看,作为社会学术系统的高等教育组织深受政治、经济和社会的影响。首先,政治影响提升了高等教育组织的开放性。随着社会经济的发展,知识与国家发展、国际竞争力联系在一起。高等教育成为社会经济发展的重要组成部分,大学发展成为国家战略的重要组成部分。因此,相对而言,政府介入力度增强。尽管不少大学领导奢望大学独立于社会和政府,但是高等教育毕竟植根于社会经济发展的土壤,并服务于后者。其次,逐渐加大的市场影响加快了高等教育组织的开放。市场的影响在近代以来逐步加大,大学已不可能隔绝于社会而独立存在。来自22所大学的教育界人士于1991—1992年在美国讨论高等教育的发展与变化,最终得出市场力量是大学最重要的改变力量之一的结论。伴随着工业化、知识经济的发展,高等教育大众化乃至普及化的实现,教育已经成为国家、社会、家庭的一种投资活动,学校需要考虑投入产出和市场运营,价值规律与教育规律共同成为大学的生存规律。学术自由是相对自由,而不是没有任何约束。教育内部关系和教育过程更多遵循教育规律,教育外部关系和教育安排更多遵循价值规律。最后,社会影响促进了高等教育组织的开放性。对高等学校组织发展而言,“对大学最重要的改变力量来自外界,即‘社会需求’或‘市场力量’改变了大学”[②]。随着社会的发展,高等学校组织的界限逐渐模糊,开放性逐渐加强。高等学校组

---

① 约翰·布鲁贝克.高等教育哲学[M].3版.王承绪,郑继伟,张维平,徐辉,等译.杭州:浙江教育出版社,2001:13.

② 白雪,陈乐群.美国大学的企业经营取向[J].世界教育信息,1995(04):3-11.

织不仅仅作为教育活动的场所和实体,也与社会环境进行互动,成为社会系统的重要组成部分,进而从社会的边缘发展为社会的轴心。

(三)松散性特征

松散性是高等学校组织的基本特征之一。许多学者对高等学校组织的松散性特征进行过探讨。詹姆斯·马奇认为,高等学校内部组织是无序的,表现在人员和机构间的联系松散,没有统一而清晰的目标、明晰的技术线路和规范的程序等,因此,他认为高等学校组织具有有组织的无序状态(organized anarchy)[①]特点。在组织学家韦克看来,高等学校组织是松散联合(loosely coupled system)的系统,也就是说高等学校组织子系统之间较少出现受到限制、相互作用微弱、不重要或反应迟缓的结合[②]。如果子系统之间有许多共同的组成要素,而且这些要素又是子系统最重要的组成部分,那么这些子系统之间可能就是相对牢固的联合,任何一个子系统的变化都可能导致其他子系统发生明显的变化。美国高等教育学家罗伯特·伯恩鲍姆(R. Birnbaum)认为,"教学子系统和管理子系统之间只有一个共同要素——系主任。如果系主任与某一子系统之间是一种牢固联合的话,那么,几乎可以肯定地说,它与另一子系统之间就是一种松散联合"[③]。英国学者托尼·布什(T. Bush)认为,高等学校组织的松散结合表现在组织目标不明确、组织管理的手段和程序不清楚、组织结构不确定、组织内部运作无序、组织管理中参与者的流动性强、组织决策过程模糊、无计划的组织决策、强调分权方面[④]。

---

① MARCH J G, OLSEN J P. Ambiguity and choice in organization[J]. American Political Science Review, 1978(03):1033-1035.

② WEICK K E. Educational organization as loosely coupled systems[J]. Administrative Science Quarterly,1976(01):1-19.

③ 罗伯特·伯恩鲍姆.大学运行模式[M]. 别敦荣,译.青岛:中国海洋大学出版社, 2003:37-38.

④ 托尼·布什.当代西方教育管理模式[M].强海燕,译.南京:南京师范大学出版社,1998:168-177.

二、高等学校的组织运行模式

由于学术界对高等学校组织模式的划分存在不一致,而伯恩鲍姆从理想大学的运行角度深入分析高等学校组织模式,他的观点具有一定的价值性和指导性,因此,本部分采用伯恩鲍姆的观点进行类型划分。伯恩鲍姆在模式的概念(模式是一种现实的抽象化)基础上,从大学组织运行角度,基于组织学、系统论的相关理论,把大学抽象为四种模式:学会组织模式、官僚组织模式、政党组织模式和无政府组织模式。值得注意的是,每所大学的组织模式都是相对于另一种模式而言的,这四种模式的界限并没有划分得那么清楚,而且由于不存在任何时候都能够反映一切大学特征的模式,因此每种模式描述的都是一定时期某所大学或某所大学某个方面的特征。

(一)学会组织模式

学会组织模式的高等学校与大学最初的组织形态最为接近,具有组织目标和任务明确、等级结构不明显、组织文化凝聚力较强、集体负责与民主管理等特征。从组织目标和任务来看,一方面,学会组织模式的大学一般规模很小,财政稳定而独立。另一方面,学会组织模式的大学学生数量很少,学科跨度不大,教师重视教学工作。因此,学会组织模式的大学受外界环境影响不大,组织目标和任务比较明确。从等级结构来看,管理人员由教师兼任,校长由教师推选;学会组织模式的大学强调意见一致、权力共享和信仰共同的协商与集体负责,等级地位无关紧要,等级结构不明显。从组织文化凝聚力来看,一方面,虽然组织成员享有的权利不均等,但其对组织目标和组织信念的认同感较强。另一方面,由于学校规模很小,因此教师之间非正式的互动频繁,而分歧和潜在冲突都在非正式互动中消融。在学校管理和运行方面,从集体负责制来看,组织决策不是校长的行政命令,而是教师和管理人员得出的一致意见;每个人都可以充分发表自己的观点,对于决策的结果是集体负责的。从民主管理来看,一方面,在教学和行政关系上,由于管理人员是由教师兼任的,校长是教师学者推选的,因此教学人员和行政人员均平等地看待对方、尊重对方的意见。学校的管理制度是民主的,而不是强调命令、控制及监督的等级制。另一方面,在上下级关系中,学会组织的日常管理严重依赖成员之间频繁的非正式相互作用，上下级之间是通过建议而不是命令来沟通的，组织的书面规范不强，监督和控制也较弱。

（二）官僚组织模式

官僚组织模式的大学是指“为了系统协调许多人的工作以完成大规模行政任务而设计的组织类型”①，是一种自上而下的命令与反馈模式。该模式的高等学校组织能够有效地连接组织计划和具体组织行动，组织活动和过程具有一定的预知性，组织的执行力较强，组织效率和效益较高。② 官僚组织模式的大学具有组织目标单一而明确、学术权力和行政权力不平衡、等级结构明显等特征。从组织目标和任务来看，官僚组织模式大学的组织目标具有可模仿性、目标单一性，发展路径清晰，组织任务为常规性质。从学术权力和行政权力之间的关系来看，行政权力占据主导地位，官僚组织成员不仅掌控行政事务，也控制着学术事务。而教师人员的学术实力相对较弱，学术权力很小。从等级结构来看，一方面，高层管理人员负责决策并向下传达，下级人员严格执行并向上级提交反馈报告，然后上级根据报告做出新的指示。另一方面，组织成员之间的互动是通过分工明确的岗位职责、严格的规章制度、惯例程式以及文书等非人格化的形式实现的。

（三）政党组织模式

政党组织模式的大学是指各团体借助谈判和结盟等方式运行的组织类型。从政治学角度来看，大学是由利益相关、主张不同、目的各异的“子联盟”构成的政党组织系统，每个子联盟又由无数利益团体组成。③ 政党组织模式的大学具有组织目标和任务多重、权力分散、结盟与谈判的文化氛围浓厚等特征。从组织目标和任务来看，由于利益团体不同，组织成员的分工、学术背景也不同，其追求的利益和目标各异，在整体组织目标方面表现为多重目标。从权力关系来看，在政党组织模式中，虽然教师具有一定的学术权威，学术权力也被认为是很重要的内容，但由于学校规模相对较大，利益团

---

① 彼得·布劳.现代社会中的科层制[M].马戎，时宪明，邱泽奇，译.上海：学林出版社，2001：4.

② 罗伯特·伯恩鲍姆.大学运行模式[M].别敦荣，译.青岛：中国海洋大学出版社，2003：102.

③ 罗伯特·伯恩鲍姆.大学运行模式[M].别敦荣，译.青岛：中国海洋大学出版社，2003：125.

体和联盟组织较多，差异较大，因此组织权力是分散的。组织并没有形成单一的主导权力和层次明确的垂直权力关系，而是通过结盟、谈判以及其他非正式渠道和方式行使权力。从文化氛围来看，在政党组织模式中，高等学校组织随着内部团体不断地新建、融合、重组和解体，以及团体之间不断地冲突、谈判和结盟而保持平衡和稳定，并维持凝聚力。由于内部成员差异较大，组织成员为了实现各自特定的组织目标，主要通过结盟来获得组织权力，当结盟产生后，作用不是自然发生的，而是通过谈判达成的。

（四）无政府组织模式

在罗伯特·伯恩鲍姆看来，无政府组织模式的大学能够在快速变化的环境中成为办学最成功的组织类型，其具有目标的或然性、多重权力、组织结构松散联合特征。[①] 从组织目标来看，由于外部环境和内部决策的不确定性，组织目标具有一定的或然性。无政府组织模式大学的动力来自组织内部各成员、子系统和团体的自主活动，这些活动源于它们对于理念、自身利益和外界环境的反应。组织成员、子系统和团体之间能做到的就是给对方提出建议或对对方的行为做出“象征性的反应”。从权力关系来看，无政府组织模式大学的权力重心在院系，具有多重权力的特点。在无政府组织模式的大学中，一方面，由于学校规模较大，因此权力重心不在学校而在院系，院系与其他子系统和团体之间的联结是松散联合。另一方面，教师一般获得国内外顶尖大学的博士学位，或是专业领域内的学术权威。学术成就是教师最关心的，它是教师晋升、任职以及专业声望的关键因素。学生是高中阶段成绩顶尖的学生，一般具有较强的学习能力和较高的职业追求，而且同学之间相互赋予的压力较大。因此，事关教师利益的大多数问题是在学院以及通过院长和教师的相互作用解决的，教师的学术权力很大。从组织结构来看，无政府组织模式大学的运行主要基于准自主地位、松散联合进行，其运行主要遵循“问题—解决问题—参与人员—选择机会”的方式，问题、解

---

① 罗伯特·伯恩鲍姆.大学运行模式[M].别敦荣，译.青岛：中国海洋大学出版社，2003:148-149.

决问题、参与人员在机会选择中联结,进而推动大学的运行与发展。①

三、什么样的高等学校组织模式更加有效?

在了解高等学校组织模式之后,我们不禁会提出疑问:我们应该选择什么样的高等学校组织模式?什么样的高等学校组织模式更加有效?根据高等学校的基本特征,结合伯恩鲍姆对理想大学运行方式的阐述,我们可以从四种模式中汲取治理经验,寻求有效的高等学校组织管理模式与方法。事实上,在高等学校组织实际运行中,学会组织模式、官僚组织模式、政党组织模式和无政府组织模式的大学具有彼此的某些特点,而且每一种模式也只能描述一定时期某所大学组织或某个方面的特征。基于此,好的高等学校组织模式需要处理好集权管理与分权管理、市场化与学术性、行政权力与学术权力、松散联合与柔性管理等问题。

(一)集权管理与分权管理相结合

集权管理与分权管理相结合是高等学校组织的最优管理方式。对高等学校组织发展而言,集权管理与分权管理具有各自的优势。从效率维度来看,高等学校组织集权管理具有一定的合理性。实施集权管理可以使大学办学更富有效率和效益,尤其在预算计划的合理性、资源配置的恰当性、实施程序的规范有序方面。从组织实际运行来看,结合高等学校组织的特点和属性,高等学校组织分权管理具有一定的有效性。组织分权能够发挥各专业院系及其组织成员的积极性,一定程度上提高高等学校的办学自主权,推动高等教育可持续发展。随着高等学校办学规模的扩大,扁平化的大学组织结构使许多决策向分权化的方向发展。比如,作为相对独立的管理部门的专业院系具有一定的决策权力,主要负责教学计划、课程设置、专业招生、学生注册和财政管理等事务。在高等学校组织实践发展中,应该注重集权管理与分权管理两者的结合。作为高校管理者,一方面,教育管理部门应该转变职能,改革各级教育部门的办学模式。另一方面,教育管理部门应当

① 罗伯特·伯恩鲍姆.大学运行模式[M].别敦荣,译.青岛:中国海洋大学出版社,2003:152.

简政放权,进一步落实高校的办学自主权,在实践中实施宏观指导、综合协调等职能,适当降低直接参与高校教育活动的频率。

(二)协调市场化与学术性

协调市场化与学术性对高等学校组织发展极其重要。在学术性方面,从大学的组织功能来看,高等学校组织的社会作用是知识的传播和创造。美国学者托费尔·詹克斯(T. Jencks)认为高等学校组织的独特性在于知识的独特性。知识传播和创造的自由是高等教育和高等学校发展的重要内容,也是国家创新活力提升和国际竞争力提高的基础。在市场化方面,学术自由不是没有任何约束。学术自由的前提是宏观有序发展。当今世界的大学已不可能隔绝于社会而独立存在,微观搞活的前提是宏观有序。随着高等教育的日益社会化,高等教育大众化乃至普及化的实现,教育的供求关系发生了变化,这一变化使得价值规律高于教育规律而成为大学的生存规律。从高等教育发展史角度来看,20 世纪美国高等教育之所以能脱颖而出,很大程度就在于美国的大学面向市场进行经营,市场这只"无形的手"在很大程度上左右着整个大学的发展方向。当前,在体制环境的影响下,市场供需状况决定着美国大学的发展方向,市场竞争促进了美国高等教育的繁荣,具体表现在美国拥有众多的一流大学、多样化的课程体系、与地方经济关系密切的社区教育、绝对多数的诺贝尔奖获奖项目、大量的外国留学生等。因此,在高等教育组织实际运行中,既要重视高等教育的市场化,也要强调高等教育的学术性,协调市场化与学术性是高等学校组织发展的重要保证。

(三)实行松散联合与柔性管理

松散联合的高等学校组织适合采取柔性管理方式。柔性管理是以高等学校组织中的人为本,体现人性化与人文关怀,核心在于贯彻学术自由、民主治校和人本管理。[①] 柔性管理与高等学校组织的松散联合相契合,对于提高高等学校组织管理有着重要的现实意义。高等学校组织的柔性管理既满足了个体高层次的精神需求,使不同个体在宽松环境中得到进步和发展,又

---

① 王长喜,陈磊.论现代大学内部组织特性及其柔性化管理[J].科技进步与对策,2005(01):159-161.

与制度刚性管理相结合，激励了全体员工的团结与奋进，进而促进高等学校的高效管理。根据现代组织理论，组织的松散联合程度取决于两个重要因素：第一个因素是组织中子系统之间共同变量的多少；第二个因素是共同变量对子系统的重要程度。对于高等学校组织而言，其松散联合表现在管理的多样性、制度的弹性、文化的多样化、各组织系统间影响的弥散性、不同院系之间的差异性等方面。在伯恩鲍姆看来，对于开放系统的高等学校组织而言，松散联合是其生存和发展的根本手段，而最优的松散联合是将这种联合发挥至极致，而非制约其发展。① 在现代的开放性大学中，柔性管理更为适合这种松散联合的组织形式，即在平等的基础上，通过对话、沟通、激励等方式，提高高等学校组织的凝聚力，实现高等学校组织的和谐发展。高等学校组织在实行柔性管理时，要注重刚性管理与柔性管理相结合，注意确定合理的目标，以达到高等学校组织柔性管理的最佳效果。

第三节　高等学校组织结构的横向趋同

高等学校组织结构是组织构成与运行的关键要素，决定着高等学校组织的形态和效能，是影响高等学校组织运行与发展的重要因素。美国管理学家罗宾斯（S. P. Robbins）指出："组织结构在很大程度上影响和制约着组织中人的行为，组织中的人是在一定的结构中工作的，结构不同，人们之间的关系不同，人们所表现出来的行为方式也不同。"②学校管理体制效率的高低乃至大学生命力的强弱，取决于大学组织结构设置是否具有合理性与适用性。基于此，在对高等教育体制和高等学校组织模式进行讨论的基础上，本节从高等学校组织结构的横向趋同角度出发，对高等学校的内部组织结构进行分析，以探究中国高等学校组织结构为什么出现趋同现象。

---

① 罗伯特·伯恩鲍姆.大学运行模式[M].别敦荣，译.青岛：中国海洋大学出版社，2003:40.

② 斯蒂芬·P.罗宾斯.组织行为学[M].10版.孙健敏，李原，译.北京：中国人民大学出版社，2005:467.

一、高等学校组织结构概述

(一)高等学校组织结构的概念

组织结构是一个组织得以正常运作的基础。对于复杂性的高等学校而言,其组织结构反映着高等学校的基本形态和运行状况。不同学者对大学组织结构的定义不同。整体而言,主要有以下三类观点。第一,大学组织结构即领导体制和管理体系。比如,有学者认为,"大学的内部组织结构是指大学内部的领导体制和管理体系"①。第二,大学组织结构即组织责权关系与权力等级的分工结构。比如,有学者认为,"大学都有自己的职能部门和管理层级,这些不同的部门和层级是为组织的内部运作和与环境的相互作用而设置的,部门和层级之间的相对稳定的关系,就是组织结构"②。第三,大学组织结构即组织管理架构。比如,有学者认为,"大学实现其宗旨和功能的组织形式、内部管理层级的划分和机构的设置,以及不同层级之间、不同组织与机构之间相互关系和职能的规范与界定。大学的管理组织架构由学校的内部管理体制所决定,同时也是内部管理体制的具体实现形式"③。结合各学者的观点可知,高等学校组织结构是指高等学校组织成员为了完成组织目标在职责、职权等方面所做的分工和协作的体系,反映着高等学校组织的分工形式、层级、职权划分、协作机制等内容,是高等学校运行和发展必不可少的构成要素。

(二)高等学校组织结构的形式

作为一种特殊的知识型组织,高等学校既有与其他社会组织结构共性的特征,也具有本身独特的个性特征。④ 高等学校的学术性本质内在地决定了其组织结构的特殊性,即高等学校是单位(类政府组织)与学科(学术组织)的组合,单位按类政府组织(官僚制)构建,学科按学术组织(矩阵制)构

① 董云川.论中国大学与政府和社会的关系[M].昆明:云南大学出版社,2004:139.

② 郑文.大学组织结构:权力的视角[J].高教探索,2006(03):12-14.

③ 任少波.重构细胞:大学管理组织架构改革的基础[J].高等教育研究,2004(05):31-35.

④ 参见以下文献:芮明杰.管理学:现代的观点[M].2版.上海:上海人民出版社,2005:140及薛天祥.高等教育管理学[M].上海:华东师范大学出版社,1997:208-213.

建，两者又互为融合。[①] 整体而言，高等学校组织结构的形式主要为科层化、松散结合、网络化。

1.科层化的组织结构形式

科层制（bureaucratic）是一种围绕规章制度限制组织随意性以保证组织效率的组织方式。[②] 韦伯认为高等学校的科层化是大学发展不可逆转的趋势，因此必须给予重视。以美国高等学校科层制的组织结构为例，美国高等学校组织最有特色的控制结构就是：一个社团联盟，按行政体系指挥，由院外人士监督。在高等学校层面，具有明显的专业行政管理的特点。美国高等学校校长被授予充分的行政权力，围绕校长统治的行政人员"在招生、保管档案、人事政策、设施管理、图书馆管理、预算、公共关系、校友事务和大学计划方面，他们是专家，形成了一个行政机构，并在其中按照校长、副校长、财务主任和事务主任的旨意工作"[③]。在高等学校学院组织中，行政人员和学者共同构成"学者团体的行政化联盟"。比如，从系的单一组织单位来看，系是美国高等学校内部最基础的组织机构，没有严格的等级性。从高等学校整体组织建制来看，系又是一级行政机构，既要向组织等级中的上级负责，又要向组织等级中的下级负责。总体上，美国大学的发展呈现出多样化的权力分配模式，教授的专业权威、管理人员的行政权威、董事等人士的公众权威分别在基层机构层面、中层机构层面、州和国家层面得到加强。

2.松散结合的结构形式

松散结合是高度专业化的高等学校组织内部普遍存在的真实运行状况。整体而言，高等学校的组织目标是笼统的，技术路线是多样的，程序规范是宽松的，人员、机构间的联系是松散的。从组织内部环境来看，松散结合能为大学组织成员提供更加开阔的自主空间，增强基层机构和成员的自主权和独立性，提高大学组织内部创新效率。从组织外部环境来看，松散结

① 闫树涛，李颖.大学组织结构及其运行机制研究综述[J].河北大学学报（哲学社会科学版），2009（04）：129-133.

② 于显洋.组织社会学[M].北京：中国人民大学出版社，2001：125.

③ 约翰·范德格拉夫.学术权力：七国高等教育管理体制比较[M].王承绪，郑继伟，张维平，等译.杭州：浙江教育出版社，1989：111.

合比组织整体调整有更强的灵活性,有利于对环境变化做出灵敏反应,降低成本,分散和化解风险。在实践中,高等学校组织发展需要注意目标的现实性和程序的有序性。虽然任何一所大学都有自己宏大的规划和目标,但要取得实效,就必须将目标任务分解到基层,依靠专业人员来实施。否则,目标构想越宏大,就越难见实效。虽然大学有作息时间、课程安排等有序的管理程序,但高度的专业化使教师能够根据自己的学科专业特征自由确定教学科研工作目标,并依据自己的判断选择教学研究的内容和方法。

3.网络化的结构形式

当前,随着全球经济一体化和现代信息技术的飞速发展,高等学校的组织结构趋向于网络化。高等学校组织结构的网络化是指大学组织突破传统组织的纵向等级和横向分工,将组织成员以网络的形式相互连接,使大型组织保留小型组织的优势。网络化主要表现在两方面:边界模糊化和结构虚拟化。在边界模糊化方面,与清晰而确定的传统组织边界不同,当前组织边界互相渗透增强,呈现出边界模糊现象。从高等学校内部来看,在垂直界限上,边界模糊化使高等学校组织结构突破了管理幅度的界限,增强了决策和行动的便利性。在水平界限上,边界模糊化使高等学校组织结构相互渗透,比如跨层级或跨部门的小组加强了组织机构和组织成员的横向交流。从高等学校外部来看,外部边界渗透使高等学校突破物理空间、市场界限、文化界限,与其他大学或科研机构、企业组织、政府等外部组织建立合作关系,比如,美国的常春藤联盟、澳大利亚的G8联盟以及世界大学联盟(简称WUN)等。在结构虚拟化方面,随着信息技术水平的提升和信息网络在全球的普及,大学组织结构出现了新型的虚拟组织形式。大学组织结构虚拟化基于互联网,以大家感兴趣的组织目标凝聚,具有灵活性和快速反应能力,是现代社会甚至未来社会的大学组织发展趋势。

二、高等学校组织结构为什么出现趋同现象?

为了更好地分析中国高等学校组织结构为什么出现趋同现象,首先要了解“趋同”的概念。趋同是指不同个体在不同社会环境的影响下在制度、结构、规则、层级和逻辑等方面的同形,使独立个体之间不易分辨和区别,其个性化的特点逐渐淡化甚至消失。① 大学组织结构的趋同现象是指不同大学为适应生存环境，在其建设和发展过程中，在内部组织结构方面相互模仿、简单复制、趋于一致的现象。

大学组织机构应基于大学的发展定位、发展方向、发展目标等进行个性化设置。但我国大学组织结构的趋同现象较为普遍，主要体现在不同层次、类别、地域的大学内部组织结构间相互模仿、千校一面，呈现出组织结构的过度科层化与行政主导化。追本溯源，可以发现不同大学组织机构同构的源头为政府的组织结构。不同大学具有与相应的政府组织类似的行政属性和执行职能。在大学学术机构设置上，许多行业部委管理的大学主要基于业务领域对接工作进行组织机构的对应设置，比如财经类大学。在大学行政管理组织设置上，大学在行政组织和党委组织机构设置方面与政府和党委对组织机构的设置一致，比如教育部直属大学的机构设置与教育部管理机构设置几乎存在一一对应关系，普遍设立发展规划处、人事处、财务处、科技处、组织部、宣传部、团委、工会等。② 虽然相关法律规定不必对口设置机构，但是在实际中大学组织机构的对口设置依然存在。大学组织结构趋同易产生大量的资源浪费，形成大学间的不良竞争，影响了高等教育发展的生态平衡。因此，基于制度理论，以下从社会生存环境、对一流大学的模仿、办学自主权三个方面对我国大学组织结构趋同现象的原因进行分析。

（一）社会生存环境制约

高等学校的社会生存环境制约了组织结构同构。从组织与社会环境的关系来看，高等学校组织是一个开放的社会系统，大学的发展只有适应政治、经济、文化等社会环境和遵循社会规制，才能在一定的社会环境中生存。社会环境对高等学校组织及其运作产生了不同程度的影响。制度理论认为，制度环境是高等学校组织结构同构的重要因素，形成了弱制约和强制约。

---

① 沃尔特·鲍威尔，保罗·迪马吉奥.组织分析的新制度主义[M].姚伟，译.上海：上海人民出版社，2008：11.

② 袁东，李爱民.高校自主权缺失与同质化发展关联性分析[J].湖南师范大学教育科学学报，2011(05)：11-16.

在弱制约方面,制度环境为大学组织提供各种资源,吸纳和利用大学的人才培养和科研成果,为大学提供服务,同样也影响着大学内部组织结构以及限制大学组织的行为。比如,市场上的无形规范促使高等学校组织在人才培养、科学研究和社会服务等方面适应社会发展需求,表现在组织结构上就是形成相似的组织结构。在强制约方面,制度环境确保了大学组织的合法性,决定了高等学校组织的生存与发展。在一个国家或者地区范围内,为了治理需要,有时政府或者立法部门会刻意或者习惯性地为内部所有组织设计和规划一个发展的规范性路径,身处其中的任何组织要想得到更好的生存和发展,都必须遵循这一规范。① 比如,在以宪法作为基本框架的法律体系中,大学组织和其他所有组织一样被纳入其中,于是大学组织结构设置上的趋同也有了其合法依据。如果大学不扎根于制度环境,甚至自行游离于制度环境之外,得不到合法性机制的承认,就会受到环境的冲击,增加组织的动荡,以至影响大学的生存和发展②。总体而言,高等学校组织为了自身的生存与发展,选择组织成本和风险最小的方式,借助组织结构趋同以获得发展的合法性和外部资源。

（二）对一流大学的模仿所造成的影响

对一流大学的模仿与依赖影响了组织结构同构。制度理论认为,当组织面临技术、目标、环境或解决方案的不确定性时,会为了降低成本和风险或提高合法性而模仿其他组织,模仿对象可能是更合法或更成功的组织。③组织倾向于模仿那些在其所处领域中看上去更为成功或更具合法性的类似组织。④ 对我国高等学校组织发展而言,大学组织的生存发展离不开特定的资源,尤其是来源于政府的资源,这在一定程度上为高等学校组织间的模仿行为提供了外部条件。在政府供应者的相同压力下,资源有限、竞争性强、不确定性大,直接导致普通院校对一流院校的模仿。⑤ 在我国大学的发展现

---

① 张昕,李泉.行政组织学[M].北京:中国人民大学出版社,2011:63.

② 汤晓蒙.高等教育趋同现象探析:新制度学派理论的视角[J].教育发展研究,2009(03):18-22.

③ 周雪光.组织社会学十讲[M].北京:社会科学文献出版社,2003:139-148.

④ 伯顿·克拉克.高等教育新论:多学科的研究[M].王承绪,徐辉,郑继伟,等译.杭州:浙江教育出版社,2001:145.

⑤ 王占军.高等院校组织趋同行为的实证研究[J].中国人民大学教育学刊,2011(01):113-127.

实中,那些获得国家政策重点扶持的重点大学,其一举一动都会成为其他一般高校模仿的对象。由于其在政策、资金方面获得的巨大支持,以及长期以来对优质生源形成的持续吸引力,加上深入人心的社会影响力和美誉度,所以那些为了生存发展到处寻找资源的一般水平公立大学和民办高校将其作为发展的标杆倾力模仿,有的学校甚至舍弃自己原有的办学特色而效仿,盲目追求高层次、综合化、研究型的办学路径,试图以此为捷径获得社会认可和更多的资源配给。[①] 因此,在高等院校的相互竞争下,普通院校不仅在办学理念、制度和行动方面对一流院校进行借鉴,在组织结构方面也模仿一流院校的组织规划和设置。

(三)大学办学自主权不足

高等学校办学自主权的不足是内部组织结构趋同加剧的诱因。我国高等教育或高等学校发展实行的是典型的高度集中统一的管理体制,这在一定程度上使大学组织管理依附于政府,缺乏一定的自主权,在组织结构上具有被规定性和同质化表现,这是高等学校内部组织结构趋同的根源。我国高等学校管理体制决定了大学组织结构同构。从我国高等学校管理历史发展来看,虽然我国大学组织最初是以移植模仿为主,比如我国高等学校组织分别借鉴过德国的办学理念、美国的大学组织模式和苏联的大学组织模式等,但在模仿和借鉴过程中,我国大学组织始终实行政府主导下的组织设计模式。新中国成立之后,中央人民政府通过对大学进行全面的组织改造和组织重建,于是大学系统便成为政府行政系统的一个组成构件。当前,高度集中统一管理体制的显著特征是对高等学校发展的制度刚性约束,比如大学人事制度规定、资源由政府统一配置、高等学校绩效的政府考核等。在大学人事制度约束方面,比如高等学校的党委书记和校长由政府任命,并被授予了相应的级别。在大学办学资源方面,政府作为特殊的高等教育参与和调控主体,掌握着高等学校发展的大量经济资源、行政资源及其配置权。

---

① 伯顿·克拉克.高等教育新论:多学科的研究[M].王承绪,徐辉,郑继伟,等译.杭州:浙江教育出版社,2001:145.

第八讲
学术与行政:大学也是权力场域吗?

权力现象和权力问题是政治学的研究对象,属于政治学研究的范畴。不过,对于权力这种普遍现象,社会学也十分关注。著名高等教育社会学家伯顿·克拉克(B. R. Clark)认为,权力是高等教育研究的一个重要分析视角。权力笼罩着大学,但未必看得见、摸得着。权力分析的基本任务是发现广泛的法定权力模式,即由于某些群体占据支配地位而产生的权威。各种不同的群体有着自己特定的利益和信念,甚至有其自身的神话和游戏规则。①

对于大学场域中的权力而言,以治理维度作为划分标准,学术界主要有一元治理结构论、二元治理结构论和多元治理结构论三种观点。伯顿·克拉克是一元治理结构论的典型代表。他从整体视角出发,把高等教育各个层次的决策机构与群体都归属于学术权力的范畴。② 一元治理结构论在表明大学组织区别于其他组织的根本属性方面是一种有益的视角,但却无法有效识别大学内部治理结构的多维属性。伯顿·克拉克也承认,在学术系统中,存在行政文化与教师、学生文化相分离的治理结构特征,这为多元治理结构论留下了空间。多数学者对高校内部治理持二元治理结构论的观点。科尔森(J. Corson)最早关注并提出了大学中存在科层权力结构与专业

① 伯顿·克拉克. 高等教育系统:学术组织的跨国研究[M].王承绪,徐辉,殷企平,等译.杭州:杭州大学出版社,1994:121.

② 约翰·范德格拉夫.学术权力:七国高等教育管理体制比较[M].王承绪,张维平,徐辉,等译.杭州:浙江教育出版社,2001:194.

权力结构的观点。[①] 在我国,二元治理结构论者将高校内部治理结构划分为行政权力和学术权力两个维度。[②] 基于此,本讲主要从二元治理结构论出发,分析大学学术权力和行政权力的运行。

第一节　学术权力

对于权力的定义,自古至今都众说纷纭。马克斯·韦伯将权力定义为一个人或一些人在某一社会活动中,甚至是在不顾其他参与这种行动的人进行抵抗的情况下实现自己意志的可能性。英国哲学家霍布斯(T. Hobbes)认为,权力是获得未来任何明显利益的当前手段。英国哲学家罗素(B. Russell)认为,权力是预期效果的产生。美国社会学家丹尼斯·朗(D. H. Wrong)则认为,权力是某些人对他人产生预期效果的能力。以上几位著名学者的解释虽有不同,但都揭示了"权力"的一个核心特性,即权力是一种力量,借助这种力量可以或可能形成某种特定的预期局面和结果。[③]

一、学术权力的来源

学术权力(academic power)的概念最早是由伯顿·克拉克于20世纪70年代提出的。由于不同学者强调的权力主体和客体各不相同,学术权力的概念一直存在较大争议。[④] 总体而言,学术权力是高等学校的学术人员和学术组织或团体基于知识活动的逻辑,对学术资源和学术活动等学术事务的影响力、领导力和控制力,其核心是权力主体对高等学校学术重要事项的管

---

① LOGAN W. Governance of colleges and universities[J]. American Journal of Sociology Review, 1961,66(5):488-541.

② 参见以下文献:a.钟秉林.现代大学学术权力与行政权力的关系及其协调[J].中国高等教育,2005(19):3-5. b.周光礼.重构高校治理结构:协调行政权力与学术权力[J].中国高等教育,2005(19):8-9. c.眭依凡.论大学学术权力与行政权力的协调[J].现代大学教育,2001(06):7-11. d.张德祥.美、德、日三国大学学术权力和行政权力关系的现状、结构及其运行[J].辽宁高等教育研究,1998(01):91-96.

③ 雅斯贝尔斯.论韦伯[M].鲁艳萍,译.台北:桂冠出版社,1992:369.

④ 赵俊芳,安泽会.我国大学学术权力研究热点及知识可视化图谱分析[J].复旦教育论坛,2014(05):77-83.

理权和决策权。①

根据不同的分类方式，学术权力可以划分为不同的类型。根据权力主体的不同，学术权力可以划分为个体学术权力和集体学术权力。个体学术权力主要以学者个人的学术成就、声望为载体；集体学术权力主要以学位委员会、学术委员会、教学委员会等各类学术组织机构为载体。根据权力的合法性，学术权力可以划分为正式学术权力和非正式学术权力，两者主要存在合法与合情、直接控制与间接控制、有形控制力与无形影响力的区别。根据权力的实施方式，学术权力划分为行政学术权力和民主学术权力。② 在运行方式上，行政学术权力和民主学术权力分别采用自上而下和自下而上的方式。在组织结构上，一般而言，行政学术权力的组织结构是校、院（部）、系；民主学术权力的组织结构主要包括学术委员会、学位委员会、教学委员会、学生事务委员会等。

大学的学术权力主要来源于个人的学术权力。这样讲的原因是，个人的学术权力主要是基于学科专业知识，而团体组织的专业知识又是基于个人的专业知识。个人的专业知识难以直接考查，常常以学术标签的形式表现为学术职称、学术头衔、学术兼职等方面。美国社会心理学家约翰·弗伦奇（J. French）和柏崔姆·瑞文（B. Raven）认为，个人权力是学术权力的重要来源类型之一。③ 从内容角度来看，个人权力主要涉及专家权力和参照性权力。专家权力是指学术权力主体具有受到大学组织重视的特殊专业知识和专门技能。专业知识的掌握程度是专家权力大小的重要影响因素，两者呈正相关关系。比如，在职称与专家权力方面，由于较高职称学者的专业知识和专业技术能力高于较低职称的学者，因此，相对而言较高职称的学者具有较大的专家权力。参照性权力是指因对拥有理想的资源或个人特质的人的认同而形成的权力，主要与权力主体掌握的专业知识呈正相关关系。伯

① 参见以下文献：a.别敦荣. 学术管理、学术权力等概念释义[J]. 清华大学教育研究，2000(02)：44-47. b.张德祥. 高等学校的学术权力与行政权力[M]. 南京：南京师范大学出版社，2002：150，153. c.钟秉林. 现代大学学术权力与行政权力的关系及其协调[J]. 中国高等教育，2005(19)：3-5. d.秦惠民. 学术管理中的权力存在及其相互关系探讨[J]. 中国高教研究，2002(01)：49-51.

② 别敦荣.学术管理、学术权力等概念释义[J]. 清华大学教育研究，2000(02)：44-47.

③ 李硕豪.大学的权力运行：基于组织政治学的分析[J].中国行政管理，2007(03)：91-94.

顿·克拉克曾指出,知识权力是大学运行的重要逻辑之一,在任何领域,决定权应该为有知识的人所共享,拥有的知识较多的人有较大的发言权。[①]

二、学术权力的特征

由于学术权力以专业知识为基础,而且具有自身的产生、发展和运作规律,因此从整体上看,学术权力具有依附性、学术性、自由性等几个基本特征。

第一,学术权力具有依附性。与行政权力不同,学术权力的运行和实现具有一定的依附性。学术权力的依附性表现在两个方面:一方面,学术权力的运行和实现依附于具有学术权威和具备一定知识的学者,具有属人性;另一方面,学术权力的运行和实现依附于一定的行政权力,即学术权力需要依附行政权力的强制性来实现其功能和目标。[②] 由于学术权力的属人化特征,因此,在权力行使方面,个体学术权力和集体或团体学术权力主要是分散性的、渐进的,本质上是一种对话性权力,没有所谓的执行机构。从这个角度来看,学术权力也具有相当大的依附性。从理论上看,学术资源的获取和学术活动的开展等学术事务应由学术权力支配,但具体到大学实际情境中,位于金字塔顶端的行政权力对学术权力会产生一定的制约作用,具体表现在行政管理人员控制着大学事务的决策和各种资源的分配。比如,学术委员会的权力是一种无法自行的权力。学术委员会的决定、审议结果或裁定结果等必须由所在组织机构来予以执行。

第二,学术权力具有学术性。高等学校的学术权力是以一定的学科或专业作为其内在根据和基础的权力类型。从高校人员构成来看,作为学术人员的大学教师是其构成主体,他们的职责是基于一定的学科和专业,面对不断发展的社会需求,保存、传授、创新高深知识,追求真理。可以说,学科或专业是大学存在的基础,是学术权力产生的源泉和土壤。从大学组织角度来看,大学本质上是一个由若干学科构成的学术联合体。在学科的知识

① 伯顿·克拉克.高等教育系统:学术组织的跨国研究[M].王承绪,徐辉,殷企平,等译.杭州:杭州大学出版社,1994:174.

② 刘献君.正确认识和处理学术权力与行政权力的关系[J].中国高等教育,2012(Z2):31-34.

形态方面,学科是以教育学、管理学、政治学等学术科目的划分为依据的。对于教师而言,教授们对学科的归属胜过对院校的归属。① 在大学的组织形态方面,大学是以学科为依据建立起来的中心、系、院、学部等组织。伯顿·克拉克曾指出,学科是连接化学家与化学家、心理学家与心理学家、历史学家与历史学家的专门化组织方式……高等教育的工作都按学科和院校组成两个基本的纵横交叉的模式,并且主宰学者工作生活的力量是学科而不是院校。②

第三,学术权力具有相对自由性。从权力的来源来看,学术权力本质上源于知识的专有性,而高度专业性和技术性的知识创造、技能开发需要相对松散、自由的文化环境,因此学术权力具有相对自由的特性。从学术权力的运行来看,一方面,学术自由是大学学术权力实现的基础。学术权力是一个整体的概念,并非个人的绝对自由,因此学术权力运行也需要规范化、程序化,以避免学术权力行使的随意性和无序性。我国《高等教育法》第四十二条规定,高等学校设立学术委员会,审议学科建设、专业设置,教学、科学研究计划方案,评定教学、科学研究成果等有关事项。《高等学校学术委员会规程》规定,学术委员会的设立目的主要是保障大学学术民主、学术自由、教授治学,学术委员会是高等学校人才培养、科学研究、师资队伍等学术事务的咨询、决策机构。另一方面,与行政权力的纵向层级和隶属关系的等级制不同,高等学校学术权力在学术组织内部采用平等的民主准则。比如,教授委员会、学术委员会、学位评定委员会等组织机构在做出决策时,一般采用民主投票的方式,以尽可能实现协调一致,从中也反映出了学术权力的相对自由性。

第二节　行政权力

大学的行政权力(administrative power)指的是高等学校的行政人员或

① 鲍嵘.学科制度的源起及走向初探[J].高等教育研究,2002(04):102-106.

② 伯顿·克拉克.高等教育系统:学术组织的跨国研究[M].王承绪,徐辉,殷企平,等译.杭州:杭州大学出版社,1994:33-35.

组织机构在相关管理活动中所具有的控制能力和影响作用。

一、行政权力的来源

学界主要从权力主体和权力来源两个角度解释大学的行政权力。从权力主体来看,行政权力一般是指国家行政机关和行政组织内部人员为执行国家意志,根据宪法原则通过法律法规等强制方式对社会进行管理的能力。对高等学校组织来说,行政权力就是高等学校为保证教育目标的实现,赋予内部行政人员和行政机构分配办学资源和处置办学事务的权力。① 从权力来源来看,行政权力产生于一定的制度和正式组织,并依赖于组织任命。② 大学中的行政权力主要来源于职位权力,这是作为特殊社会组织的大学为了实现国家意志,根据宪法规定和法律赋权,对内部行使管理的职权,具体如人才培养、科学研究、社会服务等相关的行政事务。约翰·弗伦奇和柏崔姆·瑞文认为,职位是行政权力的重要来源类型之一。③ 在大学里,相对于与生俱来的学术权力,行政权力是学术权力的派生物。随着社会发展和科学进步,大学的社会功能日益增强,办学规模也不断扩大,为了提高管理效率、增加办学效益,高等学校内外的复杂事务和社会关系需要由专门的人员进行处理。由此,行政人员和行政机构逐渐掌握了资源配置权力,并形成了功能齐全、层级完备的行政组织,至此行政权力就产生了。美国著名教育家克拉克·克尔指出,"当(大学)机构变得更大,行政当局就更加正式而分列为不同的职能;当机构变得更加复杂,行政当局整合它的作用就更为关键,当它同外部世界的关系增多时,行政当局就担负起这些关系的职责"④。

职位权力主要包括法定权力、奖酬性权力和强制性权力。法定权力是职位权力最为常见的来源,来自个体在特定组织中的职务或职位。比如,根据法律的赋权,高等学校的校长对大学内部行使管理职权。《中华人民共和

---

① 杨琼,吴小龙.高校行政权力与学术权力配置模式研究[J].黑龙江高教研究,2008(03):29-32.

② 秦惠民.学术管理活动中的权力关系与权力冲突[M]//劳凯声.中国教育法制评论:第1辑.北京:教育科学出版社,2002:170-181.

③ 李硕豪.大学的权力运行:基于组织政治学的分析[J].中国行政管理,2007(03):91-94.

④ 克拉克·克尔.大学之用[M].高铦,南戈,等译.北京:北京大学出版社,2008:16.

国高等教育法》第四十一条规定，高等学校的校长全面负责人才培养、科学研究等其他行政管理工作。奖酬性权力是指个体拥有给予他人报酬的能力。强制性权力是个体操纵惩罚手段的能力。就我国大学而言，大学校长虽然代表着大学的最高行政权力，但是权力的实际运行是通过党委领导下的校长负责制实现的。《中华人民共和国高等教育法》第三十九条规定，"国家举办的高等学校实行中国共产党高等学校基层委员会领导下的校长负责制。中国共产党高等学校基层委员会按照中国共产党章程和有关规定，统一领导学校工作，支持校长独立负责地行使职权。"

二、行政权力的特征

行政权力主要是一种基于职务或职位的权力，在结构和运行逻辑上具有自身特点。总体而言，行政权力具有科层化、一元性和强制性等特征。

首先，行政权力具有科层化特征。金字塔式的科层制是行政权力最为重要的特征。行政权力受到国家相关法律法规的支持和保障，属于一种法定权力。它制度化于法律法规的明确授权和上级组织的正式任命，高度依赖于奖酬性权力和强制性权力。高等学校行政权力以效率为目标，具有严格的等级性和集权性，呈金字塔形，层级结构越高，行政权力越大；反之，则权力越小。在权力运作方式上，与学术权力不同的是，行政权力采用自上而下的科层制方式进行。科层制安排在大学事务的控制和协调方面具有巨大的优势。有学者指出，控制与协调本身并不是目的，它们只是提高行政效率、成功地完成一个人不可能完成的大型和复杂任务的手段。因此，科层制组织原则的目的就是创造有效率的组织，而不是没有效率的组织[①]。在我国，高等学校内部行政事务一般采取统一决策、分层管理，行政权力在实施中具有浓厚的科层制色彩。

其次，行政权力具有一元性。大学的科层制结构使行政权力存在明显的一元性特征。一方面，高等学校行政权力的一元性表现在存在一个行政

① 彼得·布劳，马歇尔·梅耶.现代社会中的科层制[M].马戎，时宪民，邱泽奇，等译.上海：学林出版社，2001：2.

权力核心。具体而言,学校事务的决定权和主导权被牢牢地掌控在上层部门或少数上层行政人员手中,其从高等学校的整体利益出发进行决策,其他部门或中间层级和基层行政人员负责严格执行相关决策,具有强大的整合力。另一方面,高等学校行政权力的一元性表现在行政权力具有整体性。与学术权力通常关注学科和专业的发展不同,行政权力主要从高等学校的整体利益出发,以保证整个大学组织协调有效地运行。行政权力的一元性在一定程度上能够有效地贯彻执行国家的教育意图和教育政策,实现国家教育目的,但这种制度安排也存在一些弊端,若处置不当,难免出现学术权力被不断压缩和弱化的问题。

最后,行政权力具有显著的强制性。从行政权力的作用方式来看,由于行政权力主要通过指示、指令、决议等方式自上而下贯彻执行,因此,行政权力具有一定的强制性。从行政权力的来源角度看,由于行政权力主要源自基于法律条款的职位权力,因此行政权力的强制性体现在基于法律条款和制度的刚性方面,这也是行政权力正当性的基础和被服从的保障。[①] 对我国大学而言,高等学校行政权力的强制性主要来自法律法规、行政规章、各部门的教育政策和教育规划等制度文件。例如,我国大学党委是高等学校内部治理结构中最顶层的权力主体。党委是高校的领导核心,是高校的最高决策机构,享有制定学校发展方向,讨论决定重大问题、重要事务和干部任免等权力。党委引导高等学校遵循党的理论、方针和政策,贯彻执行党和国家的教育方针,确保大学坚持正确的政治价值取向。这充分体现出了行政权力的强制性的特点。[②]

第三节　大学场域的权力配置模式

在大学场域中,教师和管理者对资源的控制方式不同,形成了两类重要的利益共同体,在权力上呈现为学术权力和行政权力。从历史上看,大学的

---

① 周光礼.高校内部规则的法理学审视[J].现代大学教育,2005(04):8-11.

② 也有学者将党委权力单独进行划分,将其作为与行政权力并行的权力类型。

学术权力与行政权力经历了从混合到分离，并逐渐发展壮大的过程。

一、学术权力和行政权力相混合的模式

在中世纪前后，大学的学术权力与行政权力经历了从混合到分离，并逐渐发展壮大的过程。这一时期，学者行会掌握和控制大学，管理者就是学者，没有分离出专职行政人员和完整的行政机构，也就无所谓行政权力与学术权力之分。[①] 比较而言，在早期的大学中，校长拥有至高无上的权力，行政和学术事务都由校长负责。[②] 例如，在美洲殖民地时期，哈佛大学成立了非正式的“直接政府”，由校长与教授组成，主要管理大学事务、督查学生纪律或执行开除等处罚措施。后来，这一团体被教授会取代。教授会虽然没有法律权力，但是有很大的权威性。18 世纪，耶鲁大学创建了一个新的管理模式，这个模式是由校外人员和一批牧师组成的董事会。随后，在一些州，由校外的外行委员会组成的董事会渐渐获得了州立法部门授予的大学管理权。董事会主要负责财务、产业以及大学与教员、学生、行政人员之间关系的处理。直到第一次世界大战，董事会和校长仍掌握着大学内部的权力。20 世纪后半叶之后，大学的权力才朝着分散化的方向开始转变。

二、学术权力主导的模式

中世纪时期的巴黎大学，教师掌握着大学管理的大部分权力，包括经费使用、教师事务、学位授予、校长推选以及管理学生等。从 19 世纪末开始，学院学科的发展使得专业权力逐渐增强；20 世纪初，学术专业发展成熟，教授开始主导着学术权力。其中，1915 年美国大学教授协会（AAUP）的成立，标志着大学教师开始在学校管理尤其是学术事务方面施加影响力，校长开始在学术事务中与教师分享权力。[③] 19 世纪初，柏林大学采用教学与科研

---

① 刘尧.大学内部学术权力与行政权力的演变[J].现代教育科学，2006(03)：1-5.

② 马奇，舒尔茨，周雪光.规则的动态演变：成文组织规则的变化[M].童根兴，译.上海：上海人民出版社，2005：36.

③ 王福友，段君莉.美国高等教育发展历程中的校长研究[J].清华大学教育研究，2005(02)：15-20.

相结合的办学模式，成为世界各国竞相仿效的对象。在这种模式中，科学研究成为大学的重要职能，导致教授的影响力越来越大，其在学术研究和行政管理中占据了主导地位。在意大利，教授的权力达到了顶峰。历史上，很多欧美国家都曾试图使教授们掌握较大的影响力，但是几乎没有哪个国家能像意大利一样，让教授们完全控制了高等教育的所有层次。受意大利世袭政治传统的影响，意大利的教授们使用类似世袭政治的方式控制着大学的科研、教学和人事问题。表面上看，意大利教育部控制着大学。事实上，教授们是中央各委员会的成员，支配着政策制定。有学者忧心忡忡地指出，这种管理模式是非常糟糕的，"他们的影响，因为他们在国会中的力量，以及这个国家作为一个整体的软弱，而更加强大。政治上的宿怨深仇，削弱了国会及执政机构的力量，而财政危机又阻碍了对超负荷地接纳了众多学生的教学设备进行改善"①。

三、行政权力主导的模式

从时间脉络上看，中世纪后期西方大学才逐渐出现了行政权力系统，且多为政府权力的延伸。例如，荷兰莱顿大学在 1575 年创建的时候设有评议会，皇室任命大学总长。行政首长是常任总长，从荷兰各州遴选产生，对大学发展负责，可以出席评议会会议。由此开创了一个先例，即大学以外的人员开始参与学院和大学的首脑机关运作。近代大学的世俗化和科学教育的引入，带来了大学功能的世俗化和学科结构的复杂化，使大学规模不断扩张，学术活动的事务性工作渐渐繁杂，学术管理也越来越复杂。教师的教学和科研任务非常繁重，时间和精力非常有限，因此原先由教师负责的学术管理工作逐步交给专职行政人员负责。18 世纪后，由各学院教授选举产生的校长逐步成为大学真正的行政首脑。而到了 19 世纪初，大学管理等事务日渐增多，出现了负责管理的大学机构，出现了行政权力与学术权力区别行使的状态。而且，大学规模日益扩大，各种行政人员也迅速增加，据统计，1833

① 约翰·范德格拉夫.学术权力：七国高等教育管理体制比较[M].王承绪，张维平，徐辉，等译.杭州：浙江教育出版社，2001：163.

年美国大学中的非教学人员占全体教职员工的比例为 17%，到了 1933 年上升至 34%。①

四、行政权力和学术权力相分离的模式

第二次世界大战以后，随着高等教育大众化浪潮，为了在市场化环境下做出快速反应和正确决策，管理者或者说经营者在大学治理中的权力与地位得到了加强。以美国的大学为例，即便都是公立大学，美国各州大学的治理结构也会因为运行模式的不同而不同。如果大学是单独运行（如密歇根大学），校长向理事会负责并直接从政府立法机关得到预算。如果大学是和其他学校联合运作的（如威斯康星大学麦迪逊分校），每个校区则都有一个资格较老的管理者（通常被称为长官），他将向整个学校的校长汇报，然后校长向理事会汇报并从政府立法机关获得预算。在一些情况下，美国还会设立州层面上的管理委员会对大学进行指导。这个委员会的权力相当广泛，包括全面负责预算制定到批准监管范围中大学提交的项目等。因此，如果一个州管理委员会拥有高水平的管理权，那么该州有自己校长和理事会（独立运行）的学校可能就类似于一个和其他学校联合运行的管理模式。② 英国大学也出现了这种迹象。2005 年 3 月，牛津大学治理改革委员会制定了《牛津的治理结构：绿皮书》，并于同年 9 月公开征求治理结构改革意见，提出通过专业治理提高大学治理成效，促进大学和学院双重并行学术决策机制的统一。具体方案包括：大学治理与学术治理分离，设立一个由 15 人组成的受托人董事会，负责大学的治理；设立一个包括所有学院成员的学术理事会，负责学术事务；保持高级教职员会议既有权力不变，还赋予了其新的权力，如批准受托人的任命、审批受托人的年度报告、选举 40 名学术理事会成员等。③

---

① 张德祥. 高等学校的学术权力与行政权力[M]. 南京：南京师范大学出版社，2002：92.

② PAYNE A A, ROBERTS J. Government oversight of organizations engaged in multiple activities: do centralized performance schemes encourage quantity or quality? [EB/OL]. https://www.researchgate.net/publication/228421752_Government_Oversight_of_Organizations_Engaged_in_Multiple_Activities_Do_Centralized_Performance_Schemes_Encourage_Quantity_or_Quality.

③ 熊庆年，代林利. 大学治理结构的历史演进与文化变异[J]. 高教探索，2006(01)：36-40.

第四节　权力错配引发的问题

在经典社会学家眼中，权力之于社会的作用是存在争议的。例如，涂尔干认为权力是正面且有用的，而韦伯认为权力是负面与约束的。奥尔森(M. L. Olson)指出，人类无法直接观察或测量到权力及其存在，而是通过间接的权力影响感知或推断出来。基于此，为了更好地解释大学中的权力现象，我们从学术权力和行政权力引发的现象中窥探大学中的权力错配问题。

一、“五唯”问题

一般来讲，“五唯”指的是唯论文、唯“帽子”、唯职称、唯学历、唯奖项五种现象的简称。对于在高校工作的人，尤其是对大学教师而言，论文、职称等五种东西的重要性是不言而喻的。它们不仅代表着一个人的学术能力和学术声誉，而且还直接关涉这个人的收入、学术地位和社会认可度。究其根源，“五唯”现象是针对当前我国科技、学术领域中评价异化现象的一个概括性总结，而并非这五种东西是负面的学术载体或能力标签。科技、学术领域任何时候都会存在论文、帽子、职称、学历、奖项等承载或反映学术成果、学术能力的载体和标签，问题在于当一个社会或组织过度强调某一种或几种载体和标签时，尤其是在学术群体中泛化形成一种政治或文化时，其副作用才开始显现。在这样的政治或文化环境之下，学术人员和学术共同体的论文、项目、奖项、职称、“帽子”等学术载体或标签一定程度上形成了学术权力，进而造成了对学术资源的不当配置。

“五唯”现象的核心是学术资源的分配问题。从权力内涵来看，权力是指“权力主体由于占有某种资源而具有的影响、制约和控制行为的能力”①。韦伯曾指出，“对资源的控制产生权力”②；吉登斯认为，“必须把权力同资源

---

① 亨利·勒菲弗.空间与政治[M].2版.李春，译.上海：上海人民出版社，2008：46.

② 马尔科姆·沃特斯.现代社会学理论[M].杨善华，李康，汪洪波，等译.北京：华夏出版社，2000：236.

联系起来"[1]。从大学学术权力角度来看,论文、学历、奖项、职称、"帽子"象征着一定的物质资源、学术权威、普遍认可以及发展前景等,这些影响着资源的分配与奖励。在学术发展实践中,"五唯"现象产生了一定的消极影响。当学术权力仅仅以作为符号象征的论文、学历、奖项、职称、"帽子"为评价标准时,相应的激励效应便会出现偏差,由此衍生出"五唯"现象。一方面,"五唯"现象导致权力困境。由于论文、学历、奖项、职称、"帽子"相关的人才政策裹挟着一定的物质资源、学术权威、普遍认可以及发展前景等,因此,在学术场域中,学术人员"为了尽快发表以入选各种人才计划,科学工作的完整性被打破,短期性、功利性研究占主导"[2]。虽然学术人员本身也能够意识到功利性学术行为问题的严重性,但是在现实面前,为了得到物质资源、学术地位、同行认可以及发展前景等也往往无可奈何,因此陷入权力之困。另一方面,"五唯"现象导致学术权力陷入生存困境。当大学学术研究仅关注论文、学历、奖项、职称、"帽子"等物化的外部评价,盛行绩效主义与功利主义且其慢慢侵蚀学术生存土壤时,学术权力便会陷入生存困境。"五唯"现象的根源往往被归因于学术界目前流行的量化评价模式。事实上,真正的根源是附着于评价之上的学术政治和学术文化。只有潜藏于社会心理和社会结构之中的认知文化发生改变,问题才能从根本上得到解决。消除"五唯"现象的消极影响并不意味着量化评价不能运用于学术评价的实践,而应当审慎使用量化评价模式。量化模式适用于学术评价需要满足三个前提条件。第一,研究成果或效果的可测量性。第二,研究方法及其理论的可逆性。第三,研究价值及其评判标准的恒定性。自然科学、社会科学和人文学科与之符合的程度不同,自然科学可以应用,社会科学可以部分应用,人文学科无法运用。对待量化评价模式,一方面要避免将其"神圣化",另一方面也要避免将其"妖魔化"。作为一种学术评价的技术工具,首先,量化评价模式是有范围和边界的。其次,量化评价也无法避免人为因素的干扰。[3]

---

① 吉登斯. 民族—国家与暴力[M].胡宗泽,赵力涛,译.北京:生活·读书·新知三联书店,1998:7-8.

② 王建华. 我国高校高层次人才非正常流动的反思[J].江苏高教, 2018(02):1-5.

③ 李冲,苏永建.学术评价:量化模式的反思与超越[J].自然辩证法研究,2017(02):59-63.

二、“学术近亲繁殖”问题

“学术近亲繁殖”(academic inbreeding)的概念是由哈佛大学前校长艾略特(C. W. Eliot)在20世纪初借鉴生物学中的“近亲繁殖”一词提出的。“学术近亲繁殖”现象主要表现为某学科、专业或学术研究群体的成员存在一定的学缘或师承关系,来自同一院系或同一个导师,甚至整个学科、专业都是由师生关系的成员组成。究其根本,产生“学术近亲繁殖”现象的根源是学术特权问题。当一个组织中的某一个人或某一群体形成了对某些资源的占有优势之后,他们便开始寻求垄断或持续占有的权利。当他们无法继续占有这些资源之时,也会寻求将占有权转移给与自己相亲近之人。这种现象发生在大学之中,具有师承关系的人员自然是不二人选。近年来,在国家政策导向下,“学术近亲繁殖”现象逐渐减少。比如,《全国教育人才发展中长期规划(2010—2020年)》中明确规定要“逐步减少和消除‘学术近亲繁殖’现象”①。一项研究结果表明,虽然“近亲繁殖”率有所降低,但比例依然偏高,尤其是西部地区高校明显高于东部地区的高校。②

“学术近亲繁殖”现象具有一定的消极影响。从遗传学角度来看,近亲繁殖将导致物种退化。从学术发展角度来看,一方面,“学术近亲繁殖”现象会抑制个体学术生产力。内部信息交流理论认为,近亲教师的信息交流属于内向性信息交流,容易导致知识陈旧,降低创造性和独立性。③ 学术流动理论认为,学术流动主要通过影响信息交流方式进而影响个体学术生产力。④ 从个体学术发展来看,“学术近亲繁殖”容易出现论资排辈、“拉帮结派”“小团体”等不良事件,污染学术空气,滋生学术腐败,扼杀个体学术创新,形成无效竞争,从而滋生惰性,进而导致个体学术封闭。另一方面,“学

---

① 教育部关于印发《全国教育人才发展中长期规划(2010-2020年)》的通知[EB/OL].(2011-01-14)[2019-11-8].https://www.gov.cn/gongbao/content/2011/content_1907090.htm.

② 刘琳.大学教师“近亲繁殖”会抑制学术生产力吗:以东西部两所“双一流”建设高校H学科为例[J].中国高教研究,2019(12):76-83.

③ HORTA H, VELOSO F. M, GREDIAGA R. Navel gazing: academic inbreeding and scientific productivity[J]. Management Science, 2010(3):414-429.

④ JEFFREY E D. The impact of inbreeding and immobility on the professional role and scholarly performance of academic scientists[R]. Washington, DC: National Science Foundation, 1980:1-20.

术近亲繁殖”现象会抑制机构学术生产力。从机构学术发展来看,“近亲繁殖”现象不仅会使学科的学缘结构单一、团队学术研究视野封闭僵化、学术创新力得不到释放,还会增加高校管理的公平性、民主性等难题,阻碍管理方式革新,抑制机构学术生产力,影响高等学校学术生态健康与可持续发展。客观公允地说,“学术近亲繁殖”也并非一无是处,其对于学术传承、环境氛围保持、团体凝聚力维系等方面还是有很多积极作用的,但是总体而言,学术适度“近亲繁殖”、注重“杂交”对学术发展还是积极作用更大。①

三、“权力结构”失衡问题

保持行政权力和学术权力的结构平衡是高等学校组织发展的重要内容之一。行政权力和学术权力是高等学校组织内部两种性质不同的重要力量,具有各自存在的合理性。在行政权力方面,高等学校具有组织复杂性和职能多样化的特点,而行政权力能够协调大学内部各部门之间的相互关系,使之更好地发展。因此,大学需要有强有力的行政权力发挥作用。对于学术权力而言,一方面,大学学术组织和学术人员的特点决定了学术人员应该广泛参与大学学术管理事务,从而提高行政决策的科学性和民主性;另一方面,学术权力的存在确保了大学教学、科研的基本属性。由于学术权力与行政权力具有各自的局限性,在高等学校组织实际管理与运行中,需要注重大学行政管理和学术管理协调配合,保持行政权力与学术权力的结构平衡,避免偏重行政权力而忽视学术权力,防止重视学术权力而轻视行政权力,以共同服务于大学的发展目标,使大学在整体稳定有序的状态下不断发展和提高。

---

① 邓晖. 学术,“近亲繁殖”还是“远缘杂交”? [N]. 光明日报,2014-05-08(05).

第九讲
精神与文化:大学之大在于何处?

大学是一个知识型组织,具有自己独特的精神和文化。我们经常这样来描述大学精神:它是科学精神的时代标志和具体凝聚,是具有独特气质的精神文明成果,是整个人类社会文明的高级形式。我们也经常这样描述大学文化:它是一种独特的环境氛围,虽然看不见,摸不着,但是你能感受到它的存在。相比于教学大楼、仪器设备等这些硬件设施,校园文化这种无形的"软性设施"才是一个大学最"硬"的东西。正如罗伯·高菲(R. Goffee)和盖瑞士·琼斯(G. Jones)两位学者形象地比喻那样:"建筑物建立起来之后,你看不到它的柱子、横梁与钢筋,但是少了它们,建筑物将会倒塌。文化对于学校教育质量来说就是这样的。"①那么,什么是大学精神和大学文化呢?

"物有本末,事有终始。知所先后,则近道矣。"这是出自礼记《大学》中的名句,意思是说每一样东西都有主有次,亦有开始有终结,只要明白了本末始终的道理,自然也就掌握了事物发展的规律了。大学从产生到现在,它的层次结构、组织形式、课程设置等方面都发生了巨大变化,但是在变化的背后,大学精神作为其发展主线一直贯穿其中,因此,我们有必要了解一下大学精神的发展历程。

公元 11—12 世纪,作为现代大学雏形的中世纪大学应运而生。中世纪大学的形成缘于趣味相投的学者们对于知识的渴求。因此,这个时期的大学精神是以学术自由、学术自治为主的精神。也就是说,这一时期大学精神最大的特点是自由与自治,主要表现为大学事务由学生组织或是教师行会进行管理。到了 19 世纪,大学精神以 1810 年由洪堡创立的柏林大学的精

① 刘焕凯."理解文化":学校教育质量的横梁[J].考试,2015(04):86.

神为典型代表。洪堡确立了“教学与科研相统一”“为科学而生活”的原则，认为大学不应该只是传播知识的场所，更应该是科学研究的中心，要去创造知识。因此，洪堡大力提倡科研与教学要紧密地结合起来，并将科学精神纳入大学精神之中。进入20世纪，古典大学模式与美国的实用主义教育观发生碰撞，要求大学承担起社会进步以及社区发展的重任。由此，以服务社会为宗旨的办学理念出现，衍生出大学的社会服务精神。正如克拉克·科尔对于现代大学所做的比喻那样，大学应当成为一座充满变化的现代大都市，大学要成为能够参与解决社会问题的工具，要承担起社会责任。①

从上述大学精神的发展历程来看，大学精神不仅是抽象的，也是具体的；大学精神不是静止不动的，而是不断发展变化的。为了更好地理解什么是大学精神，本讲我们结合大学精神发展的实际，以西南联合大学、斯坦福大学、威斯康星大学为案例，探讨大学精神和大学文化究竟是一种什么样的存在。

第一节　什么是大学精神？

精神是指事物本身以及事物之间关系所反映出来的客观存在。大学从创立之初就体现着独有的精神特质。这种精神特质在大学数百年的历史发展中不断丰富，使大学成为包容不同学派、观点和人才，可以自由开展学术研究和思想探讨的领地。中国的大学在创办之初就秉承了这种精神特质。马相伯先生创办复旦公学时提出的“囊括大典，网罗众学，兼容并收”，奠定了“自由而无用的灵魂”的复旦精神。蔡元培先生提出的“抱定宗旨、砥砺德行、敬爱师友”，奠定了北京大学兼容并蓄、思想自由的精神，同时也确立了中国大学的基本准则和文化精神。那么，何谓大学精神呢？

一、大学精神的根基：科学与人文相辅而成

大学历来被看作进行科学研究、追寻自然真理的地方。对于科学，是容

① 克拉克·科尔．大学的功用[M].陈学飞，等译．南昌：江西教育出版社，1993：26.

不得半点虚假的，因此也就要求大学人应当具有一丝不苟的科学研究精神。追求真理首先就要具备科学精神，在严谨的科学事实面前，大学人要承担起维护真理的责任；同时科学精神也是求问精神，这就要求大学人要勇于探索真理。清华大学在百年校庆时再一次重申了清华精神，那就是“不唯书，不唯上，不唯他，不唯洋，只唯实”。通俗一点来讲，也就是不能唯书本论，也不能唯权威论，不能刚愎自用，也不能一味地崇洋媚外，唯一能够听从的就是实事求是的真理。

大学同样追求人文精神。科学和人文是分不开的，也是不能分开的，二者一直以来都是相因相生的。大学的人文精神的根本宗旨是以人为本，主张教育的作用是促进人完善自身和实现理想的，在这个过程中，教育给予学生的是不盲从于社会现实的勇气。“独立之精神，自由之思想”，是西南联大给莘莘学子烙上的精神胎记。毕业于西南联大的杨南生，是我国火箭事业的开创者、奠基人。据他回忆，在校学习期间曾有一件小事让他印象深刻。有一次正在上课，教室的门突然被打开了，一位身穿军服的国民党要员趾高气扬地站在门口，然后不由分说地就要往里闯，他身旁的梅贻琦校长微笑着用手拦住，一言不发，这位要员也只得尴尬地停住脚步。讲台上的老师将一切都看在眼里，并没有因为校长和要员的突然出现而乱了阵脚，反倒是神情自若地继续讲课。学生们也只管听课，对所发生的一切视若无睹。这位要员在教室门口站了一会儿，自觉无趣，只得无奈退走。这一幕被杨南生深深记在心里，也让他懂得，在傲慢的权力面前，总有一种东西不可屈从，那就是科学的尊严、人的尊严。西南联大的教育完美诠释了人文精神的本质，对科学、自由的尊重，对人的独立性、对生命尊严的成全。正是本着对“学术德教，文艺典章”的研究、吸取、译述、了解和受用，西南联大教师自觉地把自己的学术研究与民族文化衔接起来。也正因为如此，在自觉奉行“战时须作平时看”的方针下，西南联大的各项学术研究依然设法有序开展，西南联大也自觉肩负起学术救国的重担。

二、大学精神的旗帜：创新与批判之中紧随时代变化

在加利福尼亚的旧金山市，有一块被太平洋和旧金山海湾环绕的半岛，

这里曾经只是一个荒无人烟的农牧区，可是经过短短五十多年的发展，到2000年，这个地区的GDP总值却超过3000亿美元，占当时美国全国GDP的3%左右，约为当时中国GDP的1/4。这个神奇的地方就是硅谷。如今的硅谷，早已成为一种现象，一种精神。那么，是什么原因使硅谷取得如此巨大的成就？

提到硅谷，就不能不提到斯坦福大学。斯坦福大学以创新创业精神闻名世界，通过卓越的创新创业教育以及与企业之间的良性互动而跻身世界名校。斯坦福大学的一位老校长曾经这样说道："斯坦福之于硅谷，正如硅谷之于美国。"事实也确实如此，如果说，在1965年前，斯坦福大学扶持并成就了硅谷；那么，在1965年后，硅谷则是在影响着斯坦福大学。斯坦福大学与硅谷之间就是这样一种错综复杂的关系。早年间斯坦福大学由于地处荒僻之地，很多杰出的人才都不愿意留在这里，人才流失情况比较严重。当时的斯坦福大学电机系教授特曼（F. Terman）认为，要想改变斯坦福大学的现状，首先就是要培养人才，其次更为重要的是要能够留住人才。为此，特曼教授提出了名为"学术尖端"的政策计划，实施这个计划的目的不光是为了吸引尖端人才和一流的教授，而且也是为了拓宽斯坦福大学的专业视野，构建尖端的专业科系。要想更好地落实这一计划就要有大量的资金支持，因此特曼和当时斯坦福大学的校长斯特林（W. Sterling）决定通过出租斯坦福大学的土地来获得资金，并将所获得的租金用于聘请资深教授，这些资深教授的到来使得斯坦福大学的学术声望大幅提升，同时校方所出租的土地慢慢地发展成了斯坦福工业园区，园区内聚集的企业越来越多。就这样，这片土地逐渐发展壮大，孕育出了闻名于世的硅谷。硅谷的存在让斯坦福大学的创新创业精神得到进一步的发展，企业为斯坦福大学的师生提供实习、实践的场所。得益于优良的回馈母校的传统，斯坦福大学的创新人才在创业成功后，都会为斯坦福大学提供一定的资金捐赠支持，而斯坦福大学也将所获得的资金悉数用于学校的学科建设与科学研究，并将研究成果回报社会，二者相辅而行，齐驱并进。

社会是在不断发展变化的，高校不能故步自封，要以新的知识、新的思想服务社会，这才是大学的根本使命。斯坦福大学发展壮大的历史启示我们，大学要具备创新的能力。斯坦福大学前校长卡斯帕尔（G. Casper）曾在纪念北大百年校庆大会上说："一所大学能够吸引优秀学生的关键，就在于能够和他们在平等和谐的氛围中进行探讨交流。"他还引用斯坦福大学工学院前院长吉玻恩斯（J. Gibbons）的话进一步指出，学生在学习过程中跟着老师进行科学研究，最大的收获就是培养了运用基本原理进行思考的能力，而这种思考能力的培养可以产生创新的种子。[①] 创新的文化需要创新的种子来发芽，更重要的是，高校培养的创新人才也是社会进步的活水源头，这也正是大学创新创业教育的根本目的。

三、大学精神的生命：服务社会反哺国家

威斯康星精神是大学社会服务精神的代名词。威斯康星大学对本州社会实际的服务、对社会责任意识的强化和对社会公益事业的追求，最终实现校地协同性发展是"具有美国特色的创造发明"[②]。梅贻琦先生对大学的社会价值同样有充分而准确的认识，"学府之机构，自身亦正复有其新民之功用，就其所在地而言，大学俨然为一方教化之重镇，而就其声教所暨者言之，则充其极可以为国家文化之中心，可以为国际思潮交流与朝宗之汇点"[③]。因此，他一到昆明就向记者发表讲话，明确表示"滇省环境优良，从事开发大有可为"[④]。在他治校期间的西南联大，借助云南丰厚的资源发展自身的同时，也积极弘扬民族文化以及大力提升云南人民的文化素质，对周边地区的发展做出了巨大贡献，实现了真正地通过自身文化教育事业的发展，进而服务于社会的文化自强与复兴的使命。

此外，西南联大的学生还会利用课余时间到当地民众中进行各种宣传活动，这对于改变当地的陈规陋习同样做出了很大贡献。除了平时的学术研究服务于抗战救亡之外，后方的联大学子在课业之余，也多次下乡、下工

① 卡斯帕尔，夏洪流，周刚，等. 斯坦福大学的成功之道[J]. 高等教育研究，1999(03)：5.

② 德里克·博克. 走出象牙塔：现代大学的社会责任[M]. 徐小洲，陈军，译. 杭州：浙江教育出版社，2001：72.

③ 刘秀峰，廖其发. 梅贻琦《大学一解》教育思想的现代解读[J]. 西南教育论丛，2009(03)：25-28.

④ 杨立德. 西南联大的斯芬克司之谜[M]. 昆明：云南人民出版社，2005：3.

厂进行文艺演出、游行等，通过这种形式进行劳军活动和抗日宣传。例如，举行民众大会，教民众唱抗日歌曲，表演方言活报剧，慰问抗日战士家属等活动都很受群众欢迎。西南联大在社会服务活动中，实现真正地充当一个通过人才培养和文化传播进而转移社会风气，担当民族文化的自强与复兴的文化使命的角色。①

综上所述，大学精神是高校的核心与灵魂，在高校的发展中有着举足轻重的作用。正如高等教育学家弗莱克斯纳（A. Flexner）所指出的那样，“总的来说，在保障大学的高水准方面，大学精神比任何设施、任何组织都更有效”②。大学精神能够被高校师生内化，成为师生们自身的良心和气质。同时，大学精神作为一种先进的文化，可以辐射到社会中的各个角落，对人们的价值观念、行为方式以及道德规范产生积极的影响，从而为高校创建适宜的发展环境。

第二节 什么是校园文化？

精神和文化是一对密切关联的概念，日常生活中我们经常将两者混用。精神是事物本身以及事物之间关系所反映出来的客观存在；文化是人类认识世界和改造世界过程中所获取和运用的知识成果。虽然两者都具有创造性和继承性的特征，但是精神与文化在严格意义上并不相同。一般说来，精神包含在文化之内，文化体现精神。毋庸赘言，大学精神包含在大学文化之内，大学文化体现大学精神。一所大学的文化可谓无所不包，其中最为重要的是它的校园文化。大学作为特殊的社会组织而存在，其校园文化也是一种特殊的组织文化。③ 本节我们透过组织文化来理解校园文化及其所承载的大学精神。

---

① 周荣耀. 西南联大的文化使命及其启示[D]. 昆明：云南师范大学，2009.

② 亚伯拉罕·弗莱克斯纳. 现代大学论：美英德大学研究[M]. 徐辉，陈晓菲，译. 杭州：浙江教育出版社，2001:95.

③ 龚静. 组织文化：现代大学制度建构取向[J]. 教育研究，2005(07):55-58.

一、文化及其相关理论

文化是一个重要概念，同时也是一个难以定义的概念。美国人类学家克鲁伯(A.L.Kroeber)和克鲁克洪(C. Kluckhohn)1952年合著的《文化：关于概念和定义的检讨》一书中，列举了西方学术界从1871年到1951年的80年间有关文化的160多种定义，可谓“仁者见仁，智者见智”。追寻“文化”一词的演变过程可知：在中国古代，“文化”一词原本指的是与“武功”“武威”相对立的“文治”与“教化”的统称。其中，“文治”的含义指的是借助“礼乐制度”所进行的社会治理；“教化”指的是教育人、培养人，等等。西方对于“文化”一词的考察多是从词源学的角度入手，认为“文化”一词源自拉丁文culture，原本是耕种土地、加工和改善的意思。随后，“文化”一词的含义不断发生变化、扩大，引起了各学科学者的广泛关注。德国的法学家普芬道夫(S. S. Pufendorf)认为，“文化是社会人的活动所创造的东西和有赖于人和社会生活而存在的东西的综合”①。德国古典哲学的奠基人康德认为，文化是“有理性的实体为了一定的目的而进行的能力之创造”②。黑格尔则认为，“文化是与人类劳动相联系并在劳动基础上产生的实践与理论”③。到了18世纪以后，“文化”一词的外延逐渐变得愈来愈丰富，所涵盖的内容也愈来愈广泛。1871年，人类学的鼻祖泰勒(E. B. Tylor)出版了《原始文化》一书，他认为，文化是复杂的整体，它包括知识、信仰、艺术、道德、法律、风俗以及其他作为社会一分子所习得的任何才能与习惯，是人类为使自己适应其环境和改善其生活方式的努力的总成绩。④ 至此，“文化”一词的定义才得到学者们较为一致的认可。因此，一般认为泰勒是最早定义文化的学者，他所给出的定义也被后人作为文化最经典的定义。

1.沙因组织文化“三层次”理论

1988年，沙因(E. H. Schein)将文化层的概念引到了社会学的研究中，

① 侯长林. 文化笔记[M]. 郑州：河南文艺出版社，2006：11.
② 康德. 判断力批判[M].邓晓芒，译. 北京：人民出版社，2002：65.
③ 侯长林. 文化笔记[M]. 郑州：河南文艺出版社，2006：11.
④ 爱德华·泰勒.原始文化[M].连树生，译.上海：上海文艺出版社，1992：1.

将文化分为基本隐形假设与价值、人工制品、信仰与价值三个层次。[①] 文化分层比较清晰地勾勒出某一文化特定的形态，其结构可以被描述为基本假设与价值观，在此价值观支配下形成的规范、制度等，表现为一定的仪式，以及诸如人工制品等物质形态的非行为方式。[②] 文化的观念层指的是人们的文化心态和精神世界的对象化，精神文化是其精髓与重心，包括民族品格、道德规范、价值观念、行为方式等。文化观念层由抽象的精神活动组成，处于文化的最内层。同时，它们又是长期历史积淀的产物，受到社会环境的多重影响。观念层侧重的是文化构成的抽象形式而非构成文化的具体内容以及各种要素的本身。[③] 制度习俗层也就是指处理个人与自身、个人与他人、个体与群体、群体与群体之间关系的文化层，是文化在社会组织、组织制度和社会行为方面的体现。文化分层理论对于探讨校园文化结构层次具有不容忽视的作用，在三分法的基础上，将帮助我们更好地把握大学精神与校园文化之间的关系。

2.文化选择理论

人类社会是不断发展变化的。物质生活不断改善，人类就开始追求文化生活了。当文化变得多元并且会进一步多元的时候，关注文化、选择文化就变得十分重要。文化选择概念的提出者最早可以追溯到维多利亚时期英格兰的经济学家白芝浩（W. Bagehot），他在区分人类生物进化与文化遗传的差异时，首次提出了文化选择的概念。此后，斯蒂芬（L. Stephen）在《伦理科学》一书中对文化选择理论进行了精确的描述。对文化选择理论进行系统表述的是美国社会学家科勒（A. G. Keller），科勒系统地界定了文化进化的三个要素：变化、选择和复制。

高等学校在生存和发展的过程中不断地选择着文化、创造着文化，也在不停歇地传播着文化，它既是文化的创造者，同时也是文化的存续者和传播者。面对纷繁复杂的文化，高校做出正确的文化选择也就显得尤为重要。

---

① 埃德加·沙因.组织文化与领导力[M].马红宇，王斌，译.北京：中国人民大学出版社，2011：19-20.

② 李曼丽."文化分层"理论在大学文化研究中的应用[J].江苏高教，2006(05)：1-3.

③ 黄韫宏.文化层次结构模型比较研究[J].贵阳学院学报(社会科学版)，2013(02)：7-10.

所谓高等学校的文化选择，也就是高校在对于其他文化审视、评价的基础之上，对于文化进行吸收或者排斥的选择。其中，在选择的过程中，只有其他文化与高校校园文化的深层次发展需求高度契合时才能被选择。高校在做选择时也并不是单纯地照单全收，而是对于其他文化优秀的成分进行吸收，并将其与本校文化融合进而成为本校文化的组成部分。

二、组织文化

对于社会科学研究而言，大学文化可以划入组织文化研究的大范畴。对于组织文化的研究，最早可以追溯至20世纪70年代末的美国。当时日本经济迅猛发展，大有赶超美国之势，面对这种局面，美国的一些管理者开始着手研究为什么日本能够如此迅速地崛起，崛起背后的原因是什么。其实，对于组织文化这一概念，美国的组织行为学家戴维斯(S. M. Davis)早在1970年就已经率先提出来了。1980年，全球销量最大的商业杂志《商业周刊》首次将“组织文化”这一概念带入大众视野。而后，美国一些较为权威的杂志也竞相对“组织文化”进行广泛的探讨与报道。“组织文化”这一概念也成功掀起了一股研究热潮，学者们纷纷将自己的研究视角转向组织文化领域，试图以全新的视角解决当时的种种危机。

对于组织文化的具体研究，根据时间线可以划分成这样几个阶段：一是20世纪80年代，学者们关于组织文化的研究主要集中于企业的管理，研究者们试图以文化管理的方式帮助各大企业提升企业的竞争力；二是20世纪90年代至今，研究者们将目光从对于组织文化理论层面的研究转向了运用组织文化的理念去解决实际的企业管理问题，并提出了一些组织文化的测量方法，同时也逐渐将组织文化研究向其他学科领域拓展，各行各业的组织文化研究不断涌现出来。学校文化、社区文化就是在这个时期产生的。

那么，什么是组织文化？不同学者有不同的看法，细数起来可能已有上百种。在这之中，作为组织文化研究的奠基性人物的霍夫斯泰德(G. Hofstede)，将组织文化界定为“是一种‘组织心理’及组织的潜意识，它一方面在组织成员的行为中产生，另一方面又作为‘共同的心理程序’引导这些成员的行为”[①]。丹尼森(D. Dannison)认为，组织文化其实就是处于组织深层的一个结构，立足于全体组织成员所共有的信仰、价值观。另外，沙因将组织文化定义为：“一个群体所习得的共享的基本假设，这种假设在解决外部适应和内部整合问题时很有效，因此被作为一种正确的感知、思考问题的方式传授给新成员。”[②]国内的学者对于组织文化的概念界定同样主要集中在企业文化方面，受到西方学者的影响，国内学者对组织文化进行界定时多从组织精神、价值观以及组织成员的行为方式着手。

尽管国内外不同学者对于组织文化的概念界定存在着些许差别，但大多数学者还是将组织中的基本信念、价值观作为核心要素，认为组织文化能够通过共同的价值观影响组织成员的行为方式进而对整个组织的发展起到重要作用。回到高校这个特殊的组织内部，是什么因素能够使高校的师生以及工作人员聚集在一起，并使高校能够持续地发展下去呢？组织文化对于企业发展的重要程度使我们重新思考，同为组织的高校在其发展过程中，到底是什么东西在推动着高校的发展，到底什么东西才是高校发展的“根”？[③]

三、校园文化

校园文化属于组织文化的一部分，不仅具有组织文化的普遍共性，而且具有相对独立的特性。要深入探究和理解校园文化，需要对校园文化结构进行整体把握。校园文化结构分析是研究起点，只有明确校园文化的结构及结构性要素，才能对校园文化进行识别。[④] 正如克鲁克洪在谈到文化时所说的那样，“文化结构的意义可以用哥特式教堂来作比方，教堂的每一部分都向上延伸并有一定的重量，它们不仅和自己相关而且和整体相关”[⑤]。校

① DRUKER P F. The theory of the business[J]. Harvard Business Review, 1994(05):95-104.

② SCHEIN E H, SCHNEIDER B, MASON R O. Organizational culture and leadership:a dynamic view[M].San Francisco:Jossey-Bass, 1985:124.

③ 杨全印. 学校文化建设：组织文化的视角[D].上海：华东师范大学, 2005.

④ 贾九斌. 论高校校园文化的结构识别[J]. 黑龙江高教研究,2010(01):117-119.

⑤ 克莱德·克鲁克洪. 文化与个人[M].何维凌,高佳,何红,译.杭州：浙江人民出版社,1986:26.

园文化犹如一座摩天大厦，当你走进其中，首先映入眼帘的是其内部结构，所以说把握校园文化的内部结构是探讨校园文化的起点。对于校园文化的相关研究，西方学者的研究略早于我国。西方的学者普遍把校园文化等同于“学校文化”。1932年，美国学者沃勒（W.Waller）在其著作《教育社会学》一书中首次使用了“学校文化”这一概念。他将“学校文化”定义为“在校园范围内而形成的一种特别文化”，并认为形成学校文化主要是年轻一代的文化，“年轻一代的特殊文化非常真实，而且能满足学生的需要。这种特别文化的存在，可能是结合各种个体形成学校的最有效因素”①。此外，哈佛大学文理学院前院长亨利·罗索夫斯基（H. Rosovsky）在其著作《美国校园文化》中总结了一些独具特色的美国校园文化。例如，求真崇实是哈佛精神的核心；而自由独立一直以来都是耶鲁大学所尊崇的传统。英国的高等学府相对于美国高校则更加注重以学生为中心的教育理念，例如剑桥大学一直以来就将学术自由作为其引以为荣的精神气韵。国内对于校园文化建设的研究可以追溯到1986年4月上海交通大学第十二届学生代表大会的成功召开。② 在竞选学生会主席时，各位学生代表纷纷提出了要将积极推动校园文化建设作为工作目标，引起了众多学生的共鸣。自此之后，有关校园文化的探讨以及探源溯流在全国范围内积极广泛地开展起来。

校园文化自产生以来，便引起国内外学者的广泛关注。不过，对于校园文化的定义众说纷纭，学者们莫衷一是。对于校园文化内涵的界定，其中较有代表性的有“氛围说”，认为校园文化是一种氛围，这种氛围是独特的，带有群体性质的。还有“社区说”，认为校园文化其实就是一种社区文化。而“综合说”则将校园文化界定为全体师生的精神观念、道德规范、价值观念以及行为方式等各方面的综合。对于学者们的观点，概括来说大致有以下几种：“二分说”将校园文化划分为科学和人文两个维度；“三分法”则把校园文化划分为物质文化、精神文化以及制度文化；“四分法”的观点有两个维度，一个维度是在“三分法”的基础上加入对环境文化的考量，另一个维度是

---

① WALLER W. The sociology of teaching[M]. New York: John Wiley & Sons Inc, 1932: 13.

② 张静，路佳，丁泽国.国内外关于校园文化建设的研究综述及评价[J].亚太教育，2015(24): 214.

认为精神、制度、行为和环境共同构成了校园文化。国内学者赵中建教授认为，学校文化的结构应包含学校精神文化、学校制度文化、学校行为文化和学校物质文化四个方面。① 其中，学校精神文化是指学校在长期的教育教学实践过程中，在一定的社会文化背景、意识形态的影响之下形成的被全校师生共同遵守的精神及文化观念的总和；学校制度文化指的是高校在管理过程中按照一定的价值观念逐渐完善的学校各项规章制度；学校行为文化指的是学校全体师生在日常工作、学习、人际交往等过程中产生的活动文化；学校物质文化则是指学校在发展过程中所创造的以物质形态呈现出来的文化的总和。总的来说，赵中建教授立足于学校文化的实践情境，构建了由表及里的学校文化"四层次理论"。这一理论将学校文化的各部分要素按照层次结构进行排列，在一定程度上有助于我们对学校文化进行更深入的理解。②

（一）校园表层文化：物质文化

校园物质文化位于高校校园文化中的表层，是校园文化得以存在和发展的物质基础，包括教育教学、科学研究、工作生活、景观陈设等物质要素。校园物质文化主要包含几个部分：一是宜人的自然环境，例如校址交通便利、校园建筑布局合理等；二是便捷完善的基础设施，包括教学科研设施、实验器材、图书资源以及后勤保障等；三是承载精神文化的物质载体，例如积极向上的标语、名言警句、人物雕塑以及校史馆等。校园物质文化蕴藏着巨大的教育意义，因此，现代高校的建设一般要按照美的规律来设计。除此之外，高校承担的是教书育人的重任，在规划校园景观时还应强调以人为本的设计理念，从而使校园整体散发出和谐高雅的气息。③

校园文化呈现在大众面前的就是校园物质环境文化。不过，对于校园物质环境文化的认识，学者们也持有不同的看法。有的学者认为校园环境包含校园地域文化环境和校园内部环境。校园地域文化环境指的是教学和

---

① 赵中建. 学校文化[M]. 上海：华东师范大学出版社，2004:299.

② 张鲁丹. 基于文化层次理论的中学校长文化领导力研究[D].上海：华东师范大学，2021.

③ 顾春，张会军.中国素质教育实用全书[M].北京：开明出版社，1997:330.

科学研究活动以外的校园文化环境①;校园内部环境则是指校园内的自然景观环境、建筑设施环境以及人文景观环境等。上述所指的环境与其他环境不同,它所蕴含的是高校独有的人文与学术内涵。虽然学者们大多认为环境文化包含校园外环境与校园内环境,但校园物质环境文化主要还是指校园内环境文化。因为"校园"二字带有明显的范围限制,这就将物质环境文化准确地限定在"校园"围墙之内。校园物质环境文化尽管只包含校园内的物质环境文化,但其内涵也是十分丰富的,具体包含以下两个方面:

一方面是校园内部的基础设施和人文景观。校园基础设施是校园物质文化的重要组成部分,更多的时候可以将其纳入实用型物质文化,例如学生公寓、教学楼、办公楼、食堂、体育馆、游泳馆、图书馆、校史馆、档案馆、实验室以及实验仪器等。其共同点是都具有实用功能,同时也从侧面展现出高校的办学理念、教学思想以及人文精神。大学自建立之初直至今日有其独特的发展历史,大学发展史不光可以以文字的形式记录下来,还可以以实物的形式展现在校园内,最明显的表现就是高校校园内的校园建筑和独具特色的人文景致。因此,校园景观文化也是校园物质文化建设的重要部分。校园景观文化包含校园内的绿化、人工湖、人像雕塑和名人画像等。② 这些校园景观以完善校园、美化环境为目的,具有一定的审美性,是熏染全体高校师生的品格和性情的观赏类校园物质文化。《牛津的魅力》一文中写道:"我一个人徜徉在牛津街头,中世纪的塔楼古色古香;文艺复兴风格的建筑弥漫着浪漫的气息。""蜿蜒曲折,幽深绵长的皇后小巷,从牛津建校(1168年)一直保留到现在,路边的石凳长满了青苔,让人回想起牛津的过去。""王尔德坐过的木凳,萧伯纳倚过的书架,照原样未动。"③这些校园物质环境以及人文景致充分地展现了牛津大学的精英主义教育和其充满贵族气质的文化魅力。

另一方面是校园的大众传播媒介。任何一所大学都有各式各样的大众传播媒介,包括印刷品、影音等,例如校报、校园网刊、校园广播站、校园公众

---

① 贾九斌. 论高校校园文化的结构识别[J]. 黑龙江高教研究, 2010(01):117-119.

② 侯长林. 高校校园文化基本理论研究[D].武汉:华中科技大学, 2013.

③ 金艳. 大学文化的内涵与结构分析[J]. 学校党建与思想教育,2011(11):88.

号、学术报告厅、会议室以及声像影音设备，等等。高校通过这些大众传播媒介传递沟通信息、营造文化氛围、丰富师生的文化生活等，同时对于师生形成正确的人生观、价值观方面也具有重要意义。

除此之外，还有一些校园标志性的文化，例如校园的标志性建筑、校徽、校旗、校训、校歌、校园文化衫、标志性的办公用品以及校园周边文化产品等，这些也是校园物质环境文化中较为重要的一种文化类型。①

（二）校园中层文化：制度文化和行为文化

“不以规矩，不能成方圆。”作为一个社会组织，高校要想实现自己的办学目标就必须有一定的规章制度作为保障。学校的各项规章制度是在长期的办学活动过程中，高校为了维护学习工作、教学科研等活动有序进行而逐渐形成的，也是全体大学人都必须遵守并共同维护的。同时，高校主要是通过文化来实现育人目标的，属于文化教育单位，因而高校校园制度也就带有浓郁的文化气质，从而形成了校园制度文化。校园制度文化是指为了维持高校内部正常运转的需要，同时也是受国家、社会的支配而逐步发展形成的大学人的行为准则、道德规范以及意识习惯等。②

校园行为文化则是指通过大学人日常交际以及开展的校园活动所产生的一种动态文化。校园行为文化具体表现在师生的行为方式、日常活动以及生活方式之中，同时校园行为文化也涵盖了很多方面的内容，包括高校的日常管理、教学科研、文体活动等。高校校园行为文化具有多样性、持续性的特点。多样性在高校校园行为文化中的表现并不只局限于课堂之中，还表现为师生在科研活动中探讨问题、解决问题的行为，学生在文体活动中积极配合相互竞争的行为，等等。各式各样的校园行为组成了独特且多样的校园行为文化，这些独具特色的行为活动对于学生提升自身能力具有极大的促进作用。高校校园文化的持续性表现在高校校园行为文化是伴随着高校的发展而产生的，并不断地传承、更新和选择，由此形成特有的文化习惯，并深深植根于全体师生的学习、生活和工作之中，潜移默化地影响师生形成

---

① 侯长林. 高校校园文化基本理论研究[D].武汉：华中科技大学，2013.

② 刘德宇. 高校校园文化发展论[M]. 青岛：中国海洋大学出版社，2004：196-197.

习惯，提升师生的文化底蕴。在这个特定的校园氛围下，师生形成统一的价值观。所以说，高校校园行为文化是一种持续选择、持续更新的文化。

从文化层次上看，校园制度文化和校园行为文化处于同级层次，介于校园物质文化和校园精神文化之间，同属于校园文化的中间层次。高校的工作涉及范围较广，工作制度的内容也涵盖了多个方面。一是学校领导的工作制度，如学校党委和行政领导的会议制度、决策制度等；二是日常教学管理制度，包括教师培训制度、教师导师制度和教师科研制度等；三是学生管理的相关制度，如学生日常的请销假制度、学生信息及个人档案管理制度等；四是财务资产方面的相关制度，如财政支出预算管理制度、校园有形资产管理制度、校园基础设施建设管理制度等；五是人事管理方面的制度，如教师聘任制度、教师职称评定制度以及离退休教职工管理制度等；六是校园后勤管理制度，例如食堂管理制度、学习生活用品采购制度、校园设施维修管理制度等。各项规章制度是保障高校各项工作能够正常开展的基础。结合下面具体事例将有助于我们更好地分析校园制度文化的蕴义和作用。西南联大在日常管理中通过极为严格的制度管理灌注着严谨求实的精神。这主要体现在西南联大注重人格的养成教育以及极高的淘汰率上。对于入学及转学、缴费、注册、学分及成绩、缺课及请假、休学及退学、毕业及学位授予，西南联大都有着极为详细的规章制度，特别是关于学生的操行要求极为严格。例如，学生的操行成绩以丙等为及格，不及格者，学校将令其退学或不予毕业；关于考风的规章制度更为严格，学生若在考试的时候作弊，如夹带、枪替、抄袭、传语等，一经查出，该门课程将以零分计算，并记大过两次。与此同时，西南联大在 1939 年还专门成立了训导处，日常主要工作是负责学生的训练教育，践行“训教合一”的教育理念，此外还承担为战区学生和贫苦学生发放助学金，组织学生社团等学生登记工作。① 正是由于这些严格的校规校纪的存在，也由此产生了饱含独特西南联大精神的制度文化，进而成就了至今仍为人称颂的西南联大。

---

① 西南联大北京校友会. 国立西南联合大学校史：1937 至 1946 年的北大、清华、南开[M]. 北京：北京大学出版社，1996：47-49.

校园中层文化除了校园制度文化以外还有校园行为文化。校园行为文化主要体现于一系列的校园文化活动中。校园文化活动一般指的是发生在校园范围内的各类文化活动，内容丰富且形式多样。比如英国的高校非常重视学生开展课外活动，剑桥大学、牛津大学的学生社团组织丰富多样，不仅有文体娱乐方面的，如音乐、美术、戏剧等类型的学生社团，而且有学术方面的，如辩论、学术沙龙等类型的学生社团。各式各样的社团组织为学生提供了自由发展兴趣爱好的活动空间，极大地丰富了学生的校园课外活动。

（三）校园深层文化：精神文化

校园精神文化指的是高校校园文化的精神层面。2007 年 4 月 14 日，温家宝在同济大学考察时曾强调，一所好的大学，不在高楼大厦，不在权威讲坛，也不在到处张扬，而在每一个人的灵魂和生命，这就是精神。[①] 大学如果没有精神就不能被称为大学。校园精神文化是校园文化的灵魂，体现着这所学校的办学理念、思想信念、价值取向等，是校园文化中最深层次的文化。校园精神文化一旦形成，就会以润物细无声的方式影响全体师生，因此，校园精神文化也被称为“高校的隐形资产”。清华大学 80 周年校庆时，有人问曾担任过清华大学校长的刘达，作为清华学子最留恋的是清华的什么，他不假思索地回答道，最让他留恋的就是清华的精神，一种百折不挠、追求真理的精神，一种严谨、勤奋、求实、创新的精神，一种自强不息、奋发向上的精神！[②] 校园精神文化对于一个人的熏陶是终身并且无可替代的。走出校门后，或许有一天在学校学到的知识会被遗忘，但是校园精神所留下的烙印将会影响学子的一生。

对于西南联大，我们不应该仅仅只是关注于其卓越的学术成就以及傲人的人才培养数量，而更应该着重关注这些成就背后的西南联大精神。最具有时代性的西南联大精神莫过于爱国主义精神。在西南联大的校园中，爱国主义情感是全校师生最为浓烈的情感。1937 年，西南联大的前身长沙临时大学刚一成立，就决定于当年 10 月开学，清华、北大、南开三校的教师

---

① 金艳. 大学文化的内涵与结构分析[J]. 学校党建与思想教育，2011(11)：86-88.
② 陈秋燕. 大学校园文化建设的理性思考[J]. 教育评论，2004(04)：43-45.

学生得到消息立刻向长沙汇聚，有的教师即使自身生活已经非常困难了，仍毅然决然地选择南下。同时，在国外求学的学者，也纷纷放下手中正在做的研究，不惜舍弃自己在国外的发展前途和丰厚待遇，立刻赶回国，以期用自己的才学报效祖国。当时正在剑桥大学做访问学者的华罗庚，短短两年的时间就已经发表了十多篇科研论文，引起世界数学界的广泛关注，但他决心与祖国同胞共患难，因此不顾师友的挽留，毅然于 1938 年回到祖国，决心以科学救国家于危难之际。八年多的艰苦岁月，西南联大的师生并没有放弃学术研究，强烈的爱国精神激励着全体联大人，使他们为中华之崛起而读书，潜心学习，以学术报效祖国。

概言之，高校校园文化的四个组成部分是不可以也不能够孤立存在的，四部分文化之间既相互联系又相互制约。其中，校园物质文化作为高校校园文化的基础，是展现一所大学综合实力的重要内容；校园制度文化是高校校园文化的保障，高校的发展离不开制度文化，同时也必须依靠规章制度来保障高校的运行；校园精神文化是高校校园文化的核心，是对一所大学传统的高度凝炼和升华；校园行为文化作为高校校园文化的外在表现，是高校师生所有行为实践活动的总和，四者共同构成高校校园文化特有的文化氛围。

第三节　大学精神与校园文化的关系

大学精神与校园文化是休戚与共、一脉相连的。一所大学，其在长期的发展过程中逐渐形成了独特的、属于这所大学的大学精神，是这所大学气质的具体表现。大学的产生与发展都与大学精神有着极为密切的联系。大学精神说到底，是一种精神的存在，是看不见摸不着的，因此校园文化是它的外在表现形态。缺少大学精神的校园文化，往往因缺乏传承而显得片面和混乱；而缺乏校园文化建设的大学精神则表现为一种过于理想化的状态，缺乏现实的基础，将成为无源之水、无本之木。[①] 因此，两者互为依托，不可或缺。

---

① 孙庆珠.高校校园文化概论[M].济南：山东大学出版社，2008:222.

一、大学精神是校园文化的灵魂

跨越历史长河追寻中西方大学精神流变与变迁的脚步，我们会发现：大学精神不是虚无缥缈的，它既体现在大学的物质景观和规章制度中，又融汇于大学人的精神品格与气质的最深处。“大学不是风向标”“不能什么流行就迎合什么”。[①] 在日益全球化的现代社会，大学仍然把持着学问中心的重要位置，是汇聚知识与智慧的宝库。然而，大学也面临着空前的挑战与危机。

首先是外来文化给高校校园文化的健康发展带来挑战。西方文化的传入，与传统的中国文化发生激烈的文化碰撞，在文化选择中，一些人逐渐迷失了自己，对于文化选择则没有表现出高度警惕的态度，以往的坚定理想信念被打破。这种情况也波及大学校园，一些人曾经追求的集体主义与社会责任逐渐被享乐主义、拜金主义替代。其次，迅猛发展的网络文化也给高校校园文化带来了不容小觑的挑战。随着互联网与科学技术的日益发展，高校校园网络文化也随之不断发展。这不仅给高校校园文化建设带来了巨大便利，同时也极大地改变了高校学生的生活方式。例如，高校的青年学生由于社会阅历不足、自控能力与抗干扰能力较差，导致网络上所传播的各种不利于学生健康成长的文化垃圾严重影响了学生的思想观念。最后，多元文化的价值冲突也给高校校园文化带来了巨大挑战。快速发展的社会，多元文化间的剧烈冲突，使得高校师生的价值观念、思维方式受到巨大冲击。不断发生碰撞的多元文化，给高校校园带来了各不相同又相互矛盾的信念选择。在这种情况下，一些师生逐渐迷失自我，随之而来的是独立思考与选择能力的丧失，甚至开始迎合社会中出现的各种低级趣味。这样也就使得大学生失去了原本明确的信仰，在理想与现实之间迷失方向，同时还使得青年学生在伦理道德方面产生困惑，社会现象的日益复杂，导致青年学生难以准确地分辨是非对错，或是只注重自身的利益，对周围一切事物持冷漠态度，进而也就渐渐丧失了集体主义与社会责任感。

---

① 亚伯拉罕·弗莱克斯纳.现代大学论：美英德大学研究[M].徐辉，陈晓菲，译.杭州：浙江教育出版社，2001:3.

面对高校校园文化在发展过程中浮现出的种种困难和危机，要想扭转这种局面就要牢牢抓住校园文化的根基与灵魂——大学精神。由文化分层理论可知，精神在文化中是处于核心地位的，对于大学精神与校园文化之间的关系，这个命题同样适用。大学精神与校园文化紧密相连，高校校园文化可以分成处于最外层的表层文化、居于中间的中层文化以及核心位置的内层文化三个层次，三个层次的文化缺一不可。大学精神就是处于校园文化核心位置的内层文化，是一所大学整体的精神面貌、办学水平、教学质量以及向心力、生命力、号召力的具体体现。① 因此，大学需要坚守住大学精神，高校校园文化的发展也需要大学精神的支撑。高校在建设校园文化的过程中，会受到各种外来文化的影响，这也就需要高校对外来文化进行甄别、选择、学习、借鉴。西方文化的涌入，使得高校师生的价值观念、道德品格受到影响，在这样的时代背景下，高校在建设校园文化时，必须以正确的态度看待外来文化与我国传统文化，必须时刻与大学精神的主旋律保持高度一致。

首先，面对外来文化，不能一味地去批判，而是需要做出正确甄别。对于其精华部分，不仅要做到有勇气大胆地引进，而且还要有能力去消化它们。对于外来文化优秀的部分，我们要认可并积极主动地将其移植到我们的本土文化当中，使其时刻与大学精神的主基调保持一致。我们要将大学精神作为指挥棒，做到文化的完美改造和融合，进而实现外来文化本土化。其次，对我们的优秀传统文化要加强宣传推广，将传统文化当中优秀的部分融入大学精神之中，进而加强高校的校园文化建设。民族精神是我国优秀传统文化中最为宝贵的部分，所以，高校在建设校园文化时，要牢牢把握住这一精髓，将其融入高校各类文化活动中，使高校师生的精神世界得到丰富，进而不断提升其精神境界。此外，高校校园文化最大的特点就是多元化，文化的本质实际上取决于价值观念体系，所以价值观念的多元化也就构成了高校校园文化的多元性。但并非所有的多元化的价值观念都是合乎常理的，这就需要高校面对这些多元的价值观念时，能够做出正确的选择。对于我国的高校校园文化而言，这个选择首先应建立在社会主义核心价值观

① 李伯虎.大学精神与构建和谐的校园文化[J].文教资料，2013(12)：66-68.

之上，大学精神也正是在此基础上逐渐形成的。所以，高校在建设校园文化时，必须有机地将多元性与大学精神结合起来，借助大学精神为高校校园文化的发展提供积极向上的有力保障。

大学精神的存在无形中将高校师生紧密地团结在一起，形成强烈的相互认同感。澳大利亚的悉尼大学曾发生过一场风波，这场风波很好地表现了大学精神的这种凝聚功能。当时的澳大利亚政府想要把悉尼大学从原来的五星级大学降级为四星级大学，这个决定无疑引发了悉尼大学全校师生以及全体校友的不满。因众多著名校友联名抗议，最终使得澳大利亚政府不得不放弃这个降级的决定，悉尼大学师生和校友的抗议也为母校的声誉和未来做出了巨大贡献。若不是大学精神早就对高校师生形成了巨大的凝聚力，大学的兴衰荣辱又怎么成为让高校师生以及校友牵肠挂肚的事情，又怎会使全校师生和校友为大学的发展贡献自己的一份力呢？①

二、校园文化是大学精神的载体

大学精神作为一种精神存在是需要一定载体作为依托的，校园文化就是大学精神的重要载体。校园物质文化为大学精神的发展提供物质前提，优美的校园环境不仅给人以美的享受，而且也在潜移默化中熏陶和感染着学生，引领学生对美的追求。不仅如此，一些标志性的建筑甚至会成为一所学校的精神象征，一提起北大的未名湖我们会想到北大精神的自由独立，一提到清华园我们会想到清华精神的进步实干。校园行为文化与制度文化为校园生活能否规范运行、秩序井然提供保障；而校园精神文化作为学校的动力源泉，对于高校的发展是起决定性作用的。精神文化一旦形成，就会深深植根于每个大学人的心中，并内化为一种坚定的精神力量。同时，校园文化的建设发展也离不开大学精神的引导，其核心就是培植和发扬大学精神，同时这也是高校发展建设的焦点，无论是校园建筑、高校制度、师生行为都应当折射出这所大学所弘扬的大学精神，并起到陶冶性情、磨炼品德、塑造性

① 李洛丹.浅析大学精神[D].兰州：兰州大学，2011.

格的重要作用。[1]

（一）办学理念

高校的办学理念指引着高校的发展方向，体现着一所学校的个性特征，而不同的办学理念也催生出了不尽相同的办学特色、大学精神以及校园文化。例如，北京大学“思想自由，兼容并包”的办学理念成就了其“大学之大”。又如，清华大学的“知类通达”“通重于专”的办学理念培养了一批又一批文理兼通的科学文化大师。哈佛大学的办学理念是“求真崇实”，学校在发展过程中也不断强调严谨诚信，注重培养学生的高尚品德和独立思考的能力。这些办学理念普遍要求高校师生强化自身的责任意识，在追求高校全面发展的同时，更要以教育培养学生为主要内容，使学生有能力肩负起推动社会进步发展的责任。

（二）校训

校训是作为大学精神的高度集中体现存在的，例如，曾任清华大学校长的周诒春认为“自强不息，厚德载物”是全面发展的人格的标志，因此他决定将这八个字作为清华大学的校训。“自强不息”要求学生要奋勇向前、永不言弃，也正如他所说：“清华之不幸而产生于国耻之下，当奋发有为，力戒虚骄自大、贪安好逸；当群策群力，同声同气，以拯救国家。”[2]“厚德载物”则要求学生具有包容万物、无私奉献的精神品格。这八个字也成了清华全体师生共同遵守的行为准则，直至今日仍激励着一批批清华人。

（三）校史

校史是记录一所学校从创建之初到发展壮大的整个过程以及所获全部教育成果的历史。校史文化由于其资源的独特性、内容的稳定性和事实的可信性，对大学生具有较强的凝聚力、吸引力和感召力，可以在培育大学生社会主义核心价值观中发挥重要的作用。[3] 历史既是一面镜子，同时也是一

---

① 邬艳．大学精神引领下的高校校园文化建设研究[D]．南昌：南昌航空大学，2012.

② 袁祥，周立文．校训的故事[M]．北京：光明日报出版社，2016：4.

③ 王明生．从校史文化汲取培育和践行社会主义核心价值观的精神营养[J]．思想教育研究，2015(12)：24-26.

部活生生的教材，校史通过文字、视频等载体，再现曾经的事迹风貌，为高校师生提供真实生动的道德情感体验。提起清华大学的建立，大家会不由自主地回忆起中国那段悲痛的屈辱史，从而产生强烈的爱国情怀；提起浙江大学的重要人物，我们会想到王淦昌先生，想到他曾在推动我国科学技术进步、国家民族自立自强等方面做出的巨大贡献，无形之中，世人也受到了他的事迹的鼓舞，激励自己向他学习。蕴含大学精神的校史文化以一种润物细无声的力量熏染着高校校园内的每一个人，进而形成了推动高校大学精神持续健康发展的不竭动力。

第四节　大学精神、校园文化与学生发展

一、文化与人的发展及其相关理论

（一）生态系统理论

1979 年，布朗芬布伦纳（U. Bronfenbrenner）提出了生态系统理论。他认为，自然环境对一个人的行为、心理方面的影响是相当大的，同时，个体是在一个相互作用又相互影响下依然能保持基本平衡的生态系统中得以发展的，布朗芬布伦纳将个体所处的社会生态系统分为以下几个级别：微观系统、中间系统、外层系统、宏观系统以及时间维度，这些系统以一个同心圆的形式呈现，从小到大，从前到后依次包裹着。生态系统理论关注个体与各个系统之间的相互作用，每个人都处在各系统之中并与各系统之间进行互动以影响其健康发展。

如果将高校定义为一个生态系统，那么高校内部的各个因素对于学生的发展都具有重要作用。在人才培养的过程中，大学精神作为主线，将系统内的各个要素串联起来，推动大学践行以人为本的教育理念。生态系统理论倡导人格化管理，尊重人才，重视人才，强调以人为本，着眼于人文精神的培养。对于这种理论，作为以育人为目的的学校组织就更需要吸取它的这

种精神。[①] 高校所传递散发出来的文化气息、所制定的规章制度以及校园建筑的布局均应以学生为中心，使学生在浓郁文化韵味的氛围中，实现真正的自我成长以及自我超越。

（二）文化生态理论

文化生态理论，顾名思义就是将生态科学的概念、理论、观点和方法引入对文化现象的研究中。[②] 德国的生物学家海克尔（E.H.Haeckel）在19世纪70年代首次提出了文化生态学的概念，用以揭示文化与整个环境生物之间的关系。[③] 随后，美国著名人类学家斯图尔德（J. Steward）在其著作《文化变迁理论》中提出了“文化生态理论”的观点。斯图尔德认为，个体赖以生存和发展的自然环境与社会环境中的各种要素之间是不断相互作用、彼此影响的，文化与其生态环境是不可分割的，二者之间既相互作用又相互影响。在斯图尔德的影响下，文化生态学理论逐渐成熟，研究范围也不断扩大，主要体现在系统论和共生论的提出。

系统论指的是由多个要素之间通过特定的方式相互影响、相互作用而形成的具有特定功能的有机整体。[④] 系统所拥有的整体功能不仅能反映系统内部各个部分的单项功能，而且还能产生现有功能以外的新功能，使得系统的整体功能远远大于各部分单项功能单纯叠加的总和。[⑤] 将系统论的观点用于分析校园文化与学生发展之间的关系，可以得到更为全面、客观的认识，在整体上对校园文化的作用进行解读。

共生论指的是在文化生态系统中，各部分要素相互联系、相互作用、彼此影响的一种状态。倘若在原有的文化生态系统中抽离出某单一要素，那么系统的整体功能将会大大降低；若是将原本不存在于该系统的要素纳入系统内部，新引入的要素在经历与系统内部其他原有要素相互作用后，最终

---

① 常艳芳.大学精神的人文视界：关注和谐发展的人的培养[J].江苏高教，2005(06)：21-24.

② 徐建.国内外文化生态理论研究综述[J].山东省青年管理干部学院学报，2010(05)：6-10.

③ 周尚意，孔翔，朱竑.文化地理学[M].北京：高等教育出版社，2004：98.

④ 冯之浚.软科学纲要[M].北京：生活·读书·新知三联书店，2003：282.

⑤ 蒋旖旎.文化生态理论指导下的旅游型乡村空间规划：以河南省温县为例[D].杭州：浙江大学，2020.

融入系统与其他要素共同发挥作用。[①] 共生论的观点很好地解释了校园文化在发展过程中,高校面对纷繁复杂的文化以及迅猛发展的科学技术所做出的调整与变化,高校面对瞬息万变的社会,需要做出正确的选择和吸收,选择先进的文化融入原有的校园文化,比如科学技术的发展带来了便捷的互联网络,高校传统的教学与管理由于互联网的融入,逐渐形成校园网络文化,校园网络文化不断地发展并与其他校园文化类型之间相互作用、彼此影响,进而形成一股合力共同促进高校的健康发展。

二、大学精神与学生发展的关系

(一)大学精神促进学生发展

现代社会的发展需要决定了教育的目的不是仅仅停留在传授知识和进行技能训练上,也不仅局限于学生品德的培养,而是完整且全面地培养学生健全之人格,塑造和谐之人性,使每个个体都能够全面、和谐、自由地发展,不断地趋向完美,达到德才兼备、身心和谐、个体发展与社会发展相统一的状态。作为传递与创新文化的主要阵地,大学在人类发展中具有不容忽视的重要作用。同样,作为大学灵魂的大学精神,则是一所大学能够生存与发展的源泉和不竭动力。因此,大学精神对学生发展的作用是全方位的。

首先,大学精神对学生的精神品性具有引领作用,具体表现在高校通过大学精神对大学生进行人文精神和社会情怀的培养。大学精神对于高校师生来说,不是可有可无的东西,在日常生活学习中,师生都需要而且也表现着或者是践行着大学精神。更重要的是,大学精神是师生追求理想的内驱动力,直接影响着师生对生活意义的追求以及对生活所持有的态度。高等教育的本质就是以教育作为手段使学生成功地从一个自然人向社会人转变,而自然人与社会人最主要的不同就在于社会人是具有社会属性的。学生要想毕业后能够在社会中取得发展,不仅需要有生产能力、谋生技能,同时还需要有完整的人格和优秀的精神品德。从这一层面来讲,教育应该是

① 侯鑫.基于文化生态学的城市空间理论研究:以天津、青岛、大连研究为例[M].南京:东南大学出版社,2006:87.

过程而不应该是目的，高校的一切育人活动都应在大学精神的指引下开展，合理地引导学生找到自我，发展自我。梅贻琦曾被誉为“清华永远的校长”，他认为大学首先要教授给学生的是一种能够“举一反三”的能力，一种即使学生离开了学校也能够运用自如的能力。因此，梅贻琦非常重视学生的全面发展，提出“通才教育”，强调大学所开设的全部学科都应该以“通识教育”为主导，强调大学应重视基础课程的学习，对学生进行德智体美劳的全面训练，致力于培养出触类旁通的全面均衡型人才。①

其次，大学精神对于学生的和谐发展具有协调作用。协调性精神品质的养成有助于学生自身的身心和谐、学生与社会之间的和谐、学生与自然之间的和谐的最终实现，同时，协调性精神品质也是保证个体能够和谐发展的重要精神品质。大学精神的实质所包含的自由、科学、创新精神等是大学精神在培养学生的过程中，使学生具备协调性精神品质的关键所在。蔡元培就职于北京大学期间，广纳天下英才，一时之间北大的校园群英荟萃。当时北大的教师队伍中，不光有新文化运动的主力，如陈独秀、李大钊、胡适等人，还有旧学深沉的辜鸿铭、刘师培、黄侃等；不光有拥护帝制的守旧顽固派，也有拥护共和的改革派。各派之间思想斗争虽然很激烈，但这并没有妨碍北大的发展，反而正是各派激烈的思想斗争，使得北大得到发展，并使其从“升官发财之阶梯”成为真正意义上的大学。那么，到底是什么力量使得持有不同观点的学者能够凝聚、协调起来的？归根结底，就是大学精神。②

最后，大学精神对于学生的理想人格起到规范定型的作用。每一所大学都有独属于自己的大学精神，这种精神能够促进高校提升自身竞争力，促进人才的发展。如今国内的一些大学根据自身的座右铭如“拼搏进取”“求真务实”等创作创新其校训校歌，发扬独特的大学精神，感召学生发展个性促进自我人格发展。大学精神是高校师生在大学发展过程中逐渐凝炼出的、多种精神品质的集合，本身就具有对学生的人格进行规范定型的作用，如美国的芝加哥大学自建校以来，培养了一批批的社会精英，并创造了100

① 常艳芳.大学精神的人文视界[D].长春：东北师范大学，2004.

② 邓德强.论大学精神与人的和谐发展[D].长春：吉林大学，2007.

多位诺贝尔奖得主的傲人纪录。这些诺贝尔奖得主的精神人格和文化品德，成为芝加哥大学的莘莘学子着力培养的精神品格，引领着他们奋勇前进。[①] 从这个层面来讲，大学精神对于一个人理想人格的规范定型的作用，其实是一个循序渐进的过程，学生在大学精神的熏陶浸染下逐渐形成与大学精神相同的步调。

（二）学生发展丰富大学精神

大学生作为高校的主体之一，对于大学精神的发展同样具有不容忽视的作用。大学精神是以高校物质文化、制度文化、精神文化以及行为文化作为载体而存在和发展的，而这些都不能缺少大学生的参与。大学生同时也是社会人，自然避免不了会受到社会文化、政治经济等其他因素的影响。作为联结社会与高校之间的纽带，大学生自身的发展影响着大学精神的发展。

首先，大学精神的衍生和外化实际上要通过大学生的行为活动来实现。大学精神体现于高校学生的日常言行中，离开了大学生，大学精神也就无从谈起。大学精神的形成、延续与健康发展也离不开和谐平等、互爱互助的师生关系。正如雅斯贝尔斯所说："大学的理想要靠每位学生和教师来实践，至于大学组织的各种形式是次要的。如果这种为实现大学理想的活动被消解，那么单凭组织的各种形式是不能挽救大学生命的，而大学的生命全在于教师传授给学生新颖的、合乎自身境遇的思想来唤醒他们的自我意识。"[②] 所以，大学精神的延续需要高校师生的共同努力，教师将大学精神潜移默化地传授给学生，而学生又持续不断地给母校的大学精神注入新鲜的生命力。也只有这样，大学精神才有机会得到发扬，并能够继续发扬下去。

其次，经济因素也会影响学生的发展，进而对大学精神的建设产生不同程度的影响。随着我国高校毕业生就业制度的逐步改革调整，毕业生在进行自主择业的同时，也逐渐认识到毕业生就业并不是一项简单的人力资源配置工作，这项看似简单直接的配置工作，实则受到经济、政治、教育质量等各种因素的影响。在这之中，经济因素的影响最大、影响范围最广，经济的

---

① 李继兵.大学文化与学生发展关系研究[D].武汉：华中科技大学，2006.

② 苗希婷.大学精神与学生发展关系研究[D].南宁：广西师范学院，2014.

迅猛发展势必导致高等教育的发展和工作岗位的变革，进而对高校毕业生的就业意向、就业岗位等产生巨大影响。与之相较的是以往的计划分配机制，计划分配使得高校毕业生与用人单位相互之间缺少自由选择的权力，因此，在人力资源配置方面很容易导致学非所用、用非所长的尴尬局面。同时，计划分配制度缺少必要的竞争机制，使得学生在校学习期间缺少内在动力，又缺乏外界压力，这对学生的学习积极性产生了极大的影响。

最后，各种社会思潮对学生发展的影响也会对大学精神的独立性产生一定程度上的阻碍。随着经济的迅猛发展以及高校办学规模的不断壮大，在各种思想文化相互交织、相互渗透与相互冲击的复杂环境中，一些违背社会主义核心价值观的社会思潮在大学校园内不断传播与蔓延。这些社会思潮给校园文化健康建设带来了巨大的冲击。一旦校园文化失去健康发展的保障，大学精神的独立性与纯洁性自然也就失去了生存的土壤。

三、校园文化与学生发展的关系

本节开篇所提到的生态系统理论，其根本观点认为人与环境之间的关系是一种互惠关系，环境能够影响个人的发展，反之个体亦能够适应环境的变化。考虑到大学这个组织的特殊性质，如果将大学比作一个生态系统，那么这个生态系统就是以大学精神为主线，将各个生态系统要素连接起来，并以学生和谐全面发展为目的来进行人才培养的。早在 20 世纪 30 年代，我国教育界就流传着这样一句谚语“北大大，清华清”，这句简单顺口的谚语从侧面反映了这两所著名学府的校园文化所展现出的不同特点，同时也说明了不同的大学有着不同的校园文化。高校以其丰富且独特的校园文化熏陶着莘莘学子，从而造就他们不同的气质。

（一）以人为本的校园物质文化建设

校园物质文化作为高校校园文化的基础，是高校校园文化健康发展的物质基础。反过来，校园物质文化也是高校教育活动有序展开的产物。高校在对学生进行培养的过程中，校园物质文化不仅起到了重要的示范作用，而且为学生道德品质的健康形成创造了诸多便利条件。近些年来，快速发展的校园物质文化使得学生的课余生活不断得到丰富，学生的整体文化素质也得到了极大提升，同时也使其专业知识与技能得到全面增强，校园物质文化为高校师生营造了一个能够任其独立性与创造性不断锻炼完善的学习工作环境。不仅如此，校园中的花草树木、雕塑画像，都能够使学生受到艺术层面的熏染，并逐渐引导他们培养高尚的道德情操。“大学不仅仅是一种客观的物质存在，更是一种文化的和精神的存在。”[①]因此，在进行校园物质文化建设时，需要转变观念，加快各类显性校园物质文化的建设，彰显出自身独特的文化特色，提升自身的文化内涵，而非一味地求大气、求奢华地盲目发展。

（二）以人为本的校园精神文化建设

首先是要创设和谐的校园人际关系网，校园精神文化要想促进人的和谐全面发展，必须牢牢把握以人为本的建设主线，而人的和谐全面发展需要在和谐的校园文化氛围中才能更好地实现。高校教师要以身作则，以自身的品德风范对学生的日常行为进行正确的引导，以达到提升学生道德境界的目的，平时生活学习中关心爱护学生，和学生以诚相待。高校师生之间应建立一种和谐互爱、相互理解、彼此尊重的良好师生关系。此外，高校还应注重树立良好的校风，发展具有这所大学独特气质的大学精神。校风主要包含高校的教风、学风以及学校的领导作风，可以从本质上反映这所大学的精神实质。校风就好比一份高校师生共同遵守的精神契约书，在人才培养方面发挥着重要作用。高校应努力建设“刻苦学习、勤思善问、勇于创新”的良好学风，可以利用校园内的宣传媒介，进行良好校风的传播。例如，南京大学在宣传其“诚朴雄伟、励学敦行”的校训时，就在教学楼内的走廊上以及校园内的道路两旁，用各种不同样式的字体把这一训言标识起来，使师生们在平时的散步、闲谈过程中都能感受到精神的熏陶。

（三）以人为本的校园制度文化建设

以人为本的校园制度文化首先离不开的就是制定与实施人性化的校园

① 杨福家.当代大学的使命与大学生的责任[J].世界科学,2006(06):31-36.

规章制度。校园的各项规章制度在对高校师生起到约束作用的同时，本身也是为高校师生服务的。因此，高校在制定日常规章制度时应该广泛征求师生以及工作人员的意见与建议，任何决策都应该建立在理解与尊重广大师生的基础上。高校应通过制定科学的奖惩制度以及日常管理制度等，为全校师生营造稳定和谐的学习、工作以及生活环境，营造制度与人对话的平等氛围。在制度制定之后，还应该积极广泛地进行宣传，不断地反复实践、训练示范。对于违反制度规定的人，要根据实际情况做出合理处理，做到“制度有情”“目中有人”；对于遵守制度表现突出的师生，也应该及时给予奖励。以人为本的校园制度文化要适度地超前于人，不断地引导高校师生提高自身素质，不断走向和谐全面的发展。

（四）以人为本的校园行为文化建设

以人为本的校园行为文化蕴藏在形式多样、类型丰富的各类文化活动之中，各类校园文化活动的开展应以本校的历史传统、大学精神为主旋律。任何一所大学都有其独特的发展过程，在这个过程中所涌现出来的名人逸事等也是高校发展过程中宝贵的精神财富。例如，由北京大学编写出版的《北大人文与风物丛书》就向大众解读了北大的历史与传统，也向世人展现北大之精神。从清末时期的京师大学堂，再到燕园，师生风采和景观布局无不透露出“爱国进步、民主科学”的北大精神。不仅如此，蔡元培担任北大校长期间所推崇的“思想自由，兼容并包”的教育理念，也为北大开展各类形式多样的文化活动营造了一个宽松民主的环境。

第十讲
力争上游:大学排行榜能排出精英大学吗?

排序似乎是人类的天性,从对宠物狗的智商的排名到先有蛋还是先有鸡这样的争论,我们似乎什么事都必须分出个高下和先后。日常生活中,我们每天都被各种排名萦绕着,餐馆菜品的质量、旅店床铺的舒适度、体育明星的运动能力、影视明星的演技,等等,我们都愿意为其打个分、排个序。如同其他事物一样,大学也有高低之分,排序标准可谓众说纷纭。然而,一个不可忽略的事实是并非所有的事物都可以进行排序。正所谓"文无第一,武无第二",假设大学可以被简化为一个单一的数字,那么应该使用什么具体标准来衡量呢?正如有学者所指出的那样,大学排行榜是一个完美的"懒人"方案,它把大学简单粗暴地格式化为一个等差序列上的数字,让我们从数字中得到我们想要的东西。然而,事实真的如人所愿吗?大学排行榜真的能排出精英大学吗?本讲我们来探讨一下这个貌似简单然而却十分复杂的现象。

第一节　大学排行榜的出现与发展

20 世纪六七十年代是西方高等教育发展的黄金期,由于宽松的环境和大量的资金支持,西方各国的高等教育规模急剧扩大。正如教育社会学家马丁 · 特罗(M. Trow)的高等教育阶段论所认为的那样,西方国家的高等教育逐渐从"精英化阶段"迈向了"大众化阶段"和"普及化阶段"。

一、高等教育竞争与大学排行榜的出现

20 世纪 80 年代之后,西方国家不同程度上遭受了经济危机的冲击。与之相随的是政府公共资金短缺,财政赤字规模扩大,引起了社会公众的普遍不满,新公共管理运动进一步在西方国家流行起来。由于资金的削减以及政府对高等教育经费管理方式的变化,高等教育领域的竞争开始变得激烈起来。一方面,社会公众对高等教育质量提出了更高的要求,希望投入高等学校的公共资金能够取得更大、更多的回报。另一方面,高等学校为了回应社会对高等教育质量的诉求以争取更多的资金支持,在高质量教师、社会资源、教育经费以及学校知名度等方面的竞争也日益激烈起来。

20 世纪 90 年代兴起的知识经济热潮也是大学排行榜出现的一个重要原因。科学技术的进步,特别是电子信息技术的发展,使得各国的经济社会日益倚重知识与人才,大学开始受到各国政府的高度重视。他们深知,大学的发展可以推动社会各个领域的进步,是未来决定国家之间竞争成败的软实力,为此纷纷实施了各种计划以支持大学的发展建设。如德国的“卓越计划”、法国的“校园计划”、韩国的“21 世纪智慧韩国(BK21)”工程、加拿大的“卓越研究讲座教授计划”、印度的“14 所世界一流大学”计划以及日本的“21 世纪 COE 计划”与“全球 COE 计划”,等等。我国同样在 1998 年 5 月宣布实施“985 工程”项目。

虽然大学的发展受到包括政府在内的社会各界的高度重视,但是高等教育质量并不如人所愿,而且各种问题频发。例如,学术不端、资源分配不均、师资力量短缺、毕业生就业率低,等等,一众问题亟待解决。在此背景之下,为了确保大学的持续发展,保证有质有量的教学与科研活动,大学评价慢慢地从社会边缘走向了中心,进入大众的视野当中。大学排名作为大学评价中的一种表现途径被社会大众熟知。正如一些社会评论家所指出的那样,“虽然大学排名不是本世纪大学开展活动的主要枝干,但它正在慢慢地影响我们生活和工作,成为越来越重要的一部分”,对高等教育而言,“将来

必须学会与大学排名共存,或者至少要学会如何进行大学排名”①。

二、大学排行榜的发展阶段

在现如今的社会当中,充斥着形形色色的大学排行榜。那么,大学排行榜是何时出现,又是如何发展的呢?经过梳理,大学排行榜的发展历史可划分为如下三个阶段。

1.起源阶段

大学排行榜的起源阶段大致可追溯至 1906 年美国著名心理学家卡特尔(J. M. Cattell)的著作《美国科学家生平索引》(*American Men of Science*)。在这本书中,卡特尔用一定数量的指标,包括教师的专业知识、学术成果和毕业生的成功率等,去预估到 1950 年有哪些人会成为杰出的美国人。②

2.扩张阶段

大学排行榜的扩张阶段开始于 20 世纪 60 年代的美国全国性大学排名。美国联邦教育局根据其掌握的数据信息对大学进行排名,并于 1970 年发布了年度报告。具有现代意义的大学排名是由《美国新闻与世界报道》(*U.S.News and World Report*,简称 U. S. News)在 1983 年发布的“美国最好的大学”(America's Best Colleges)的排名。此排名每两年发布一次,它主要面向的对象是本科教育高校,其被认为是全球第一个综合性的大学排名。1987 年之后改为每年进行一次,从只面向本科教育扩大至研究生教育。当时的大学排行榜资料数据多来源于美国相关机构,《美国新闻与世界报道》杂志只是收集数据并加以利用,最后对外公布排名,它向学生和家长提供了各种量化数据,以供他们在学生升学选择学校时进行参考。

1986 年,英国《泰晤士报高等教育增刊》发布了关于大学分学科的排名,让英国的大学排名走进公众视野。继美英两国发布了排行榜之后,德国也紧随其后发布了《明镜》排名。之后,各个国家都在积极开展关于本国的大学排名,各类大学排行榜开始层出不穷地挤进大众的视野。

---

① UCD in Times Higher top 200[EB\OL].(2013-10-30)[2022-08-23].https://www.ucd.ie/news/0711_nov/141107_thes.html.

② 韩之.大学排行榜的前世今生[J].大学指南,2011(04):14.

3.多元发展阶段

2003 年,上海交通大学首次发布了全球性世界大学学术排名(Academic Ranking of World Universities,简称 ARWU),标志着大学排名进入了一个新的阶段。排名已经不仅仅局限于一个国家,而是开始在国际全球化的背景下去分析和评估。ARWU 排名的最初目的不仅是为了找寻和设立世界一流大学的评价标准,也是为了通过排名评分去识别中国大学在世界大学系统中处于什么样的位置。[①] 继 ARWU 发布之后,英国《泰晤士高等教育》(*Times Higher Education*,简称 THE)也发布了世界大学排名。事实上,早在 1986 年,《泰晤士高等教育》(THE)的前身——《泰晤士报高等教育增刊》(THES)就发布了英国高校学科性排名的排行榜。在 2004 年至 2009 年共六年的时间里,《泰晤士高等教育》(THE)和夸夸雷利·西蒙兹公司(Quacquarelli Symonds,简称 QS)一起合作发布大学排名行榜,并得到了社会公众的热切关注。THE 和 QS 在 2009 年合作结束之后,2010 年开始分别发布各自的世界大学排名,分别为"泰晤士高等教育世界大学排名"(The Higher Education World University Rankings)和"QS 世界大学学科排名"。近年来,二者也成为全球热门的大学排行榜之一。

总体上看,大学排行榜从无到有,从单一性到综合性,从全国排名到全球排名,大学排名的队伍在不断壮大。随着高等教育领域发展趋于国际化,大学排行榜的数量自然也会不断增加,每一家的排名范围不同,指标比重各异,影响力也自然会有所差异。

第二节　大学排名是如何得出来的?

随着经济全球化的发展,众多大学排行榜也逐渐呈现在大众的视线当中。排名从单一的全国性排名,变成各类更加细致的划分,如学科、地区性、全球性排名,等等。每一个排名使用的指标体系不同,有的侧重于研究和教学质量,有的倾向于科研能力,还有的重视声誉影响以及毕业生质量等,不

① 谢亚兰.大学排名指标体系及影响研究[D].上海:上海交通大学,2010.

一而足。世界银行研究者萨尔米(J. Salmi)和萨拉杨(A. Saroyan)指出:"我们有理由将排名的大量涌现与高等教育的大众化和世界范围内高等教育规模的空前扩张联系起来。"①

为了促进排名的持续发展和积极引导高等教育领域的大学排名应有的功能和潜在的功能,也为了能够严格规范排名并寻找改进大学排名的可行性路径,2004 年,联合国教科文组织牵头组织,共同发起成立了大学排名国际专家组,针对大学排名中的科学性与规范性开展工作。2006 年 5 月,大学排名国际专家组在柏林召开第二次会议,专家组讨论最终确定了一套有关高等教育排名质量和操作范例的原则,即高等教育机构排名的柏林原则。该原则共有 16 项,主要从排名的目的、指标设计与权重、数据收集与处理、结果公布四个方面进行了详细规定,以作为对高等教育机构进行排名需遵守的共同标准。

柏林原则的发布,对大学排名的重要程度不言而喻,它从持续发展性的视角为大学排名确立了改进准则,希望能对排名质量和评价有所帮助和参考。同时也标志着大学排名在国际中进一步走向科学化、规范化与秩序化。高等教育机构排名的柏林原则如下。

一、排名的目的与目标

(1)排名应该成为对高等教育的投入、过程和产出进行评价的众多方法中的一种。排名可以提供高等教育的可比信息和对高等教育进行更深入的了解,但是不应该成为判断高等教育是什么和做什么的主要标准。排名从市场的角度来看待高等教育机构,这可以作为政府、认证机构以及其他独立评价机构所从事工作的补充。

(2)排名应该明确自己的目的和目标群体。排名的设计应该和目的相一致。为特定目的或特定群体而设计的指标可能并不适合其他目的或目标群体。

---

① SALMI J, SAROYAN A. League tables as policy instruments: uses and misuses [J]. Higher Education Management and Policy, 2007(02):31-68.

（3）排名应该认识到高等教育机构的多样性并考虑到它们不同的使命和目标。例如，对研究导向型院校和面向大众化教育的普通院校的质量评价标准就截然不同。排名应该经常咨询被排名院校和相关专家的意见。

（4）排名应该清楚数据来源范围和数据背后的含义。排名结果的可靠性取决于信息的来源（比如数据库、学生、教师、雇主等）和对信息的加工。好的做法应该是将来源于不同渠道、代表不同立场的数据组合起来，从而形成一个对被排名院校的更全面的看法。

（5）排名应该考虑被排名院校所处教育体系的语言的、文化的、经济的以及历史的背景，特别是国际排名应该意识到可能产生的偏向以及结果的精确性。并不是所有的国家和教育体系在对第三级教育机构的“质量”认定上都有共同的价值取向，排名系统不应该被设计用来强制进行这种比较。

二、排名的指标设计与权重

（1）排名方法应当清楚透明，透明包括指标的计算和数据的来源。

（2）指标的选择应该基于指标的恰当性和有效性。数据的选择应该基于对质量和学术优劣的各种评价指标的认识，而不是仅仅考虑数据的可获取性。排名应当明确告知为什么包括这些指标和这些指标反映的是什么。

（3）尽可能优先评价产出而不是投入。投入数据反映的是机构现有的、全面的情况并且通常都可以获取。然而，产出评价是对特定机构或专业的声望和质量所进行的更为精确的评价，排名的完成者应该确保这两者的权重达到恰当的平衡。

（4）指标的权重分配（如果有的话）应该非常明确并且尽量保持稳定。权重的变化会使用户难以明确地判断究竟是实力的变化还是排名方法的变化导致的机构或专业的位次变化。

三、排名的数据收集与处理

（1）排名应该有一定的道德标准并吸收更合适的操作方法。为确保每次排名的可靠性，数据的采集、使用和网络访问的提供应该尽可能地客观和公正。

（2）排名应该尽可能地使用审核过的、可核实的数据。这样的数据有许多优势，比如机构已经接受了这些数据，这些数据在机构间是可比的、口径是一致的。

（3）排名使用的数据应该是按照科学的数据收集过程所获得的。从不具代表性的或有缺陷的样本（学生、教师或其他群体）中获得的数据可能不能准确地反映一所机构或专业的实际状况，这样的数据不应该被用于排名。

（4）运用各种手段对排名活动本身进行质量保障。应该考虑采用评价高等教育机构的方法去评价排名本身。排名应该不断地根据专业意见去改进排名方法。

（5）采用体制性的措施增强排名的可靠性。这些举措可以包括设置顾问委员会甚至是监督委员会，委员会成员最好包括一些国际专家。

四、排名的结果公布

（1）提供有关排名制作的所有信息，使用户能清楚地理解排名是如何得到的，并且允许用户自由选择排名结果的展示方式。这样，排名的使用者可以更好地理解用于排名的指标。此外，他们有机会自行决定指标的权重分配方案。

（2）通过一定的处理消除或降低原始数据中的误差，并且通过恰当的组织和公布方法使得错误可以被校正。机构和公众应该被告知排名中曾犯过的错误。

以上这四方面十六项清楚地规范了大学排名，专家组借此原则希望可以为大学排名的排序和发布确立一套框架。越来越多的大学排名机构去依据或者采纳柏林原则部分条例去排出每个机构独有的排行榜。尽管各大排行榜的方法、指标体系有所不同，但柏林原则始终为大学排行榜的持续改进和完善做出了积极的引导，同时它也为高校和社会大众看待大学排名带来理性的认识和新的观察视角。

第三节　影响大学排名的因素

大学排名的兴起和发展有着复杂的历史经纬和现实考量。为什么它能够从一个最初只是为了方便学生和家长选择高校提供参考的报告,发展成为社会高度关注,甚至高校也极度重视的事物呢?究其原因,主要在于它用极度简单的方式满足了利益相关者的需求。这个群体的范围十分广泛,政府、高校、家长、学生、教育机构等都被囊括其中。大学排名与这些目标群体如今已经形成了相互依赖、相互影响的关系。本节我们从社会学的视角分析影响大学排名的诸多因素。

一、国家政策

20 世纪 90 年代以来,世界各国纷纷出台各种政策以促进经济社会发展和改善公共福祉。与大学排名发展相伴的是世界各国逐渐刮起了一股建设世界一流大学的狂飙,而大学排名恰好迎合了这一需求。之所以政府、高校、家长、学生、教育机构等都十分重视大学排名,是因为国家支持大学发展的"锦上添花"政策导向。以我国为例,"211 工程"是指面向 21 世纪,重点建设 100 所左右的高等学校和一批重点学科的建设工程。"211 工程"大学总计 115 所。"985 工程"是中共中央和国务院在世纪之交为建设具有世界先进水平的一流大学,决定重点支持部分高校创建世界一流大学和高水平大学而做出的重大决策。虽然随着国家"双一流"建设方案的出台,"211 工程"和"985 工程"建设的相关政策已经失效,但是强者愈强、弱者愈弱的"马太效应"(Matthew effect)已经形成,其社会影响也早已根深蒂固。例如,各地的人才引进政策,对人才的首要要求就是"985"或"211"高校毕业,相对而言,普通高校毕业生的竞争力较低。

当前,大学排名和国家政策支持之间俨然已经形成了一种"正向"循环。政府通过大学排名评价大学的好坏,大学通过提高自身排名获得国家政策支持。国家政策支持代表着能获得更多的办学资源,更多的办学资源代表着会有更好的大学排名。事实上，2017 年 1 月 24 日教育部、财政部和国家发展改革委联合印发的《统筹推进世界一流大学和一流学科建设实施办法（暂行）》中，“以一流为目标、以学科为基础、以绩效为杠杆、以改革为动力，推动一批高水平大学和学科进入世界一流行列或前列”的表述也表达出了这一政策导向。世界上其他国家的相关政策导向也都类似。例如，俄罗斯联邦政府实施“5-100 计划”，发展目标定位是：加强俄罗斯世界一流大学的建设，力促俄罗斯高等院校进一步融入世界教育市场，争取到 2020 年有 5 所大学进入世界大学排行榜的前 100 名。德国推行的“德国大学卓越计划”希望建成属于德国自己的“哈佛”，将一些高校建设成为全球性的精英大学。各国政府出台的政策都是主要资助特定的杰出大学以及资助在特定大学的杰出年轻科研人员。从这些国家建设世界一流大学的举措可以看出，政策及相应资源也都是向顶尖高校或者是排名靠前的高校倾斜的。在如此的国家政策导向之下，政府、高校、家长、学生、教育机构等社会各界都十分关注大学排名自然也就不足为奇了。

二、经济

大学排名同样受制于经济因素，政府部门的拨款是大学经费的主要来源之一。我国的大部分高校是政府出资办学的，事实也证明排名越高的学校拿到的拨款经费也就越多。大学的竞争和发展是保持和提升国家竞争力的关键，一流大学建设对于国家的发展至关重要，为了能拥有自己的一流大学，一些国家会根据大学排名制定大学发展政策。例如，为了建设世界一流大学，芬兰政府在 2007 年将赫尔辛基艺术设计大学、赫尔辛基经济学院、赫尔辛基理工大学三所高校进行合并，取名阿尔托大学，政府为其一次性注入 5 亿欧元的初期投资。

首先，从国家层面来说，对高等教育领域的重视使其不断加大对高校财政经费的投入，特别是“211 工程”和“985 工程”的启动。“211 工程”在“九五”和“十五”两期总建设资金完成数为 368.26 亿元，其中中央专项 78.42

亿，三期建设中央财政将投入计划金额增加至 100 亿元。[①] 2011 年 12 月，教育部决定不再新设这两个工程的学校，至此共有 112 所高校进入“211 工程”，39 所高校进入“985 工程”。在 2017 年 ARWU 世界大学学术排名中，我国入榜的大学共 45 所，其中 32 所为“985”大学，44 所为“211”大学，分别占比为 71.11%和 97.78%。

其次，从我国省级层面来说，广东省财政 2017 年安排 6 亿元的专项资金支持 5 所入选“双一流”的高校，其中，拨款 4 亿元支持中山大学和拨款 1.7亿元支持华南理工大学的“双一流”建设，以及支持暨南大学、华南师范大学、广州中医药大学各 1000 万元建设世界一流学科。入选的五所高校获得的资金也是有差距的，最高的 4 亿元，最低的 1000 万元。这仅仅只是入选的五所，还有很多学校没有入选，它们的经费拨款会不会更少呢？经费拨款多的高校，它们可以将经费用于科研、教学、校园环境等多方面，使得学校各方面都得到提高，从而获得更好的资源、声誉。

最后，从社会层面来说，大学排名也会影响社会捐赠，高校越来越多地被利用在任何可能对私人或公共福利做出贡献的地方。[②] 因此，不仅毕业的校友会对学校进行捐赠，社会人士和企业等也都乐于向高校提供捐赠，尤其是向排名靠前的大学捐赠，这也就成了捐赠者的主要捐赠动机之一。任何人都愿意与“强者”联系起来，他们认为捐赠不仅可以帮助高校获得资金，而且也可以提升自己或者整个企业的社会知名度。譬如，某位捐赠者在对美国伯利亚学院不太了解的情况之下，仅仅根据大学排名的名次对该学院进行捐赠，数额为 2.5 万美元。[③] 而在“校友会 2018 中国大学校友捐赠排行榜”里，清华大学、北京大学和中国人民大学三所大学分别以 26.54 亿元、22.99亿元、21.57 亿元的捐赠额跻身校友捐赠“20 亿俱乐部”的前三名。[④] 这个事实说明了大学排名影响了社会捐赠。相反，如果高校想拿到更多的

① “211 工程”部际协调小组办公室.“211 工程”发展报告(1995-2005)[M].北京:高等教育出版社,2007:12.

② 罗欢.大学排名对利益相关者影响的研究[D].武汉:武汉工程大学,2019.

③ 张旺.大学排名对高等院校的影响[J].高教发展与评估,2012(01):19-26.

④ 艾瑞深校友会网.校友会 2018 年中国大学校友捐赠排行榜[EB/OL].(2018-12-27)[2022-03-18].https://www.sohu.com/a/212757782_356902.

社会捐赠就需要去提升自己的大学排名,二者相互促进、相互影响。大学排名和经济共同进入一种循环中,大学排名靠前的高校就能拿到更多的拨款和社会捐赠,它们拿到钱就可以更充分地发展学校的教学、科研、环境等,也就能在下一次的排名当中获得好的名次,而好的名次又会为这些高校继续带来丰厚的经济资源。

三、文化

文化自然也是影响大学排行榜的因素之一。可是,在文化的背后,其实就是价值观念。而世界上比较著名的大学排行榜有美国的 U.S.News,中国的 ARWU,英国的 THE、QS 和德国的 CHE。

表 10.1　CHE 大学排名指标体系

模块 1	就业市场与职业规划	硕士课程与专业性实践的相关程度,研究过程与工作经验的相关程度,工作环境,就业市场的准备,促进就业能力的措施,实践型教师的比例,实践型课程的比例,有工作经验的教授比例,实践学期中的支持程度,与企业合作的学位论文比例
模块 2	资源	实验室设备,建筑学实验室设备,信息技术基础设施,图书馆资源,演讲厅与研讨室设备,体育设施,临床研究仪器,牙科治疗椅数量,牙科治疗设备的数量与使用年限,学生工作站设备
模块 3	科研	出版物引用率,具有博士学位的教师数量,每十位教授发表专题著作的数量,每位科学家发表的国际出版物,每十位科学家的发明专利数量,院系科学家数量,每个院系发表的出版物数量,每个教授发表的出版物数量,每年发表的出版物数量,科研声誉,核心学科科学家数量,重点研究领域或特殊项目,第三方资金赞助情况
模块 4	国际化	强制性出国留学,强制性国外实习,强制性国外学习期,外国客座讲师人数,外国籍教授人数,交换生的国籍,国际定位程度,国际导向教学程度,交流最频繁的大学,即将离任的客座教授,用国外语言授课的比例,国际学生的人数,对停留国外的支持,加入欧洲学分转换系统

续表

模块 5	学习成果	第一次考试的平均期限，每年毕业生数量，准时毕业的学生数量，准时毕业的研究生数量，医学考试方法检查，医师考试未通过率，医师考试通过率，标准学习时间
模块 6	城市和大学	骑自行车上学的比例，驾车或骑摩托车上学的比例，步行上学的比例，使用公共交通工具上学的比例，与他人合住的比例，居住学生公寓的比例，住私人公寓的比例，学生与父母同住的比例，本科生比例，硕士生比例，外语课程比例，语言与文明研究学生比例，工科与理科学生比例，法律、经济学和社会科学学生比例，数学与自然科学学生比例，医学与健康科学学生比例，高校所在城市居民人数，图书馆特色，大学体育特色，房屋租金水平，每学期或每学年的学费
模块 7	学生	申请者与地点的比例，一年级学生人数，男女生比例，各学位课程学生总数，具有教师资格的人数
模块 8	学术研究与教学	入学选拔标准，院系组织的特殊实践活动，课程设置，课程组成，网络在线学习，硕士课程，外语教学，交叉学科，特殊专题研究课程，实验室实习，实验室新生名额数，入学前信息提供情况，进入研究第一年支持情况，与其他学生合作程度，整体学习状况评估，对新生的支持，教学特色，教学支持情况，学习支持情况，来自教师的支持，教学评估，院系或教师的简介，研究项目的简介，研究活动的组织，学位课程交叉程度，跨学科能力教学，医学诊断能力教学，方法论能力教学，技术或专业能力教学，教授数量，各学科课程学分分配，在线申请网站建设，录取方式，问卷回收率
模块 9	教授和学生的整体评价	学生的整体评价，教授对大学声誉的整体评价

从德国发布的 CHE 大学排行榜中的指标体系可以看出，学术研究与教学在指标中占比是最大的，看得出 CHE 的指标评比是把重心放在教育质量方面。而在当下其他的大多数排行榜的指标中，都十分看重大学的科研能力和声誉，就像《泰晤士高等教育》发布的大学排名中“引用量”和“科研”分

别占据高达30%的比例。[①] 相比而言，CHE大学排名的指标是从多维度多层面为社会大众提供丰富信息，排名对大学的教育质量更偏重，这大大维护了大学人才培养的基本使命。[②] 这跟德国的价值观念也有关，早在1524年，德国宗教改革家马丁·路德就在《致德国各市镇的市镇长和议员书》中指出："一座城市最大的利益、最大的保障和最大的力量是具有大量有学识、明智、正直和虔诚的市民"，"提供系统完备的学校并鼓励公民入学，同样也是一个城市应有的职责"。[③] 1810年，洪堡创立柏林大学时，德国政治上正处于最危险的时期，国家不仅担负着战争带来的税收，以及生活用品价格的上涨。在此困难的境况下，国家每年给这所大学以22500镑的巨额拨款，这一行动恰似战场上最勇敢的行为。[④] 为了发展本国的教育事业，德国政府不断地提高对教育领域的投入。到1880年，德国的教育经费已经占国民生产总值的1.6%，而后在1890年提高到1.9%。而同一时期，英法两国的教育经费只占国民生产总值的0.9%和1.3%。到1930年时，德国的教育经费占国民生产总值的4.1%，英国只占2.8%。[⑤] 以上数据体现了德国潜在的价值观念：对教育质量的重视。这一价值观念在CHE大学排名指标上就有体现。

反观美英两个国家中的两大世界排行榜：U. S. News世界大学排行榜和THE大学排行榜，其都是由大型新闻集团主导的，大学排行榜在其产业中并不是主要产业或者不是其唯一的业务，但却仍然顶起整个新闻集团的半边天，占据其全部业务的重要部分。从表10.2和表10.3中可清晰地看出，在表10.2中声誉调查和学术声誉两项指标在整个排名指标体系中共占33%，在表10.3中全球学术声誉和地区学术声誉共占据25%，能看出这两个排行榜对声誉一项指标的设置，使其占据了很大的比重，因此它们两个排行榜的评价价值取向既有商业化的信息，又存在非商业化的信息，这两个排行榜中的指标体系也随着社会的需求与发展的变化而不断变化。

---

① 蔡宁波，陈来.德国CHE大学排名的特点与启示[J].现代教育科学，2017(04)：134-138.

② 熊万曦.德国CHE大学排名及其启示[J].比较教育研究，2008(09)：40-45.

③ 弗·鲍尔生.德国教育史[M].滕大春，滕大生，译.北京：人民教育出版社，1986：38.

④ 博伊德，金.西方教育史[M].任宝祥，吴元训，译.北京：人民教育出版社，1985：330.

⑤ 刘国莉.德国文化价值观念对教育的影响[J].德国研究，1995(02)：37-45.

表 10.2　THE 排行榜指标和权重①

标准	一级指标	二级指标	权重
教学	教学环境	声誉调查	15%
		师生比	4.5%
		博士学士比	2.25%
		师均博士学位授予数	6%
		学校收入	2.25%
研究	数量、收入和声誉	学术声誉	18%
		科研收入	6%
		科研成果	6%
引用	研究影响力		30%
国际视野	员工、学生和研究	国际国内学生比	2.5%
		国际国内教师比	2.5%
		国际合作	2.5%
工业收入	知识转化		2.5%

表 10.3　U.S.News 排行榜指标和权重②

一级指标	特征指标	权重
学术声誉指标	全球学术声誉	12.5%
	地区学术声誉	12.5%
	论文总数	12.5%
	归一化引用影响指数	10%

① 资料来源：Anon.World University Rankings 2016-2017 methodology[EB/OL].(2016-09-05)[2018-11-06]. http://www.timeshighereducation.com/world-university-rankings/methodology-world-university-rankings-2016-2017.

② 资料来源：Morse R, Krivian A, Martin E. How U.S.News Calculated the Best Global Universities Rankings[EB/OL].(2018-10-29)[2018-11-06]. http://www.usnews.com/education/best-global-universities/articles/methodology.

续表

一级指标	特征指标	权重
文献计量指标	总被引次数	10%
	高被引论文数	12.5%
	高被引论文比例	10%
	国际合作	10%
学校层面指标	授予博士学位数	5%
	师均授予博士学位数	5%

四、受众群体

大学排名在不断地迎合着人们的欲望：学生都想进入好学校，教师都想和知名高校紧密联系，大学排名是学生和家长了解高校信息的重要渠道。随着高等教育大众化的推进，大学不断从社会边缘走向社会中心，大学在社会生活中的重要性越来越高，许多家庭的孩子都有了上大学的机会，政府对高等教育的拨款也不断增加，公众想要了解关于大学办学水平的详细信息。虽然大学从象牙塔演变成公共机构，但大学并没有主动将自己的办学信息公之于众，造成大学与公众之间的信息不对称。此时，简单易懂的大学排名就成了公众了解大学的最佳选择。一项关于大学排名的研究以上海 4 所"985"高校的毕业生为研究对象，调查学生在出国留学择校时对大学排名的参考情况。该调查共回收有效问卷 201 份，这其中有 64.2% 的学生在择校过程中参考过大学排名。[①] 部分学生和家长之所以参考大学排名，一方面是因为大学排名在一定程度上填补了公众对大学象牙塔的信息空白；另一方面是因为排名的结果以排名序号的形式呈现给公众，其结果简单易懂、一目了然。尤其是在大学排名刚产生的年代，那时的互联网不像今天这样发达，信息交流不方便，家长和学生很难足不出户就获得全球大学的信息。

正如布尔迪厄所说，人们对有关社会地位的数据有着难以遏制的渴

① 李玉琼，程莹.学生使用大学排名进行择校的原因与行为研究：基于上海四所"985"高校毕业后出国留学的学生调查[J].清华大学教育研究，2015(01)：88-95.

望[①],因为大学排名已经开始主导大学的地位,并决定了其在社会上的相对价值,因此,它已经成为身份文化的一种内在的、不可或缺的组成部分。大学排名可方便学生和家长选择学校,每一届高考生想要接受高等教育,都需要为自己选择一所适合自己的大学,这可以说是他们人生中第一个重要的选择,也是他们人生中的第一个转折点。而组成大学排行榜的有各类指标,可以为形形色色的学生提供他们自身所需要的信息,并且不只是高考生,还包括毕业生,母校的名声和实力可以成为他们找工作的一块敲门砖,用人单位可能会根据毕业生履历上的毕业院校,在第一时间去评估应聘者的能力和层次,之后再确定是否正式录取。一项针对德国潜在大学生的调查显示,大约有60%的被调查者有去了解大学排名并将它作为在选择高校时用于参考的来源之一。[②] 同样,在美国也有对于大学生的相关调查,加州大学洛杉矶分校高等教育领域的研究中心调查发现,35.7%的受访学生认为大学排名重要,17.6%受访学生认为大学排名非常重要。[③] 以上几个研究为什么都得出了大学排名能够对学生产生较大的影响呢?原因在于社会大众尤其是学生群体接收到了一种"大学排名即卓越标准"的错误暗示。[④] 学生在升学、留学的时候无疑都会去参考大学排行榜,他们可以深入地了解各种高校或者自己已经有意向的高校,而大学排名的指标体系也在一定程度上反映了高校的教学质量、科研质量、毕业生质量、教学环境、高校声誉、学费、硬件设施以及国际化占比等方面的情况,可以让学生更清楚地去选择适合自己的高校。同时,学生的家长是学生择校时的重要影响因素之一,有些家长可能会认为自己的孩子应该在名声大的学校就读,而有些学生家长可能想为孩子选择毕业生质量高的高校就读。因此,大学排名的存在无疑给学生和家长提供了一定程度上的参考,而在大多数人的眼里,选择在大学排行榜靠前的学校就读,可以接受优质的教育,以及在未来可以拥有薪资丰厚的工作和

---

① Bourdieu P. The forms of capital[J]. In:Richardson, J.G., Ed., Handbook of Theory and Research for Sociology of Education. New York:Greenwood Press, 1986:241-258.

② FEDERKEIL G. Rankings and quality assurance in higher education[J]. Higher Education in Europe,2008(2-3):219-231.

③ 李玉琼.大学排名对学生择校的影响[J].亚太教育,2015(03):72.

④ 谢亚兰.大学排名指标体系及影响研究[D].上海:上海交通大学,2010.

优渥的生活。相对来说，参考大学排行榜的人越多，那么这个排行榜的名气就会越大，也就会让更多的人所知晓，更多人去选择参考这个排行榜，这个排行榜在获得关注度的同时也能获得更多的利益。大学排行榜的受众群体不仅有学生、家长，而且有教师。教师都想进入一所好的大学任教，因为排名靠前意味着会有更多的资金、丰富的资源、优质的生源，等等。除此之外，大学排名还为企业招聘提供参考。一些知名企业在招聘时，往往会到排名比较靠前的高校，也会把好的岗位留给这些学校的学生。更有一些招聘会以排行榜为门槛，例如规定 QS 排名前 200 的高校毕业生才有资格参加应聘，企业的这种做法使他们招聘到的员工整体素质较高，更有利于企业的发展。

总的来说，大学排名作为高等教育质量评价的新型途径之一，势必会对政府政策、经济以及师生群体产生深刻影响，而它的影响因素远不止上述四种，其既可以产生积极影响，也可以产生消极影响。

第四节　“第三方”真的价值中立吗?

大学排名最早起源于一些非高等教育领域的机构对大学的评估排名，发展到现在，形形色色的关于大学的排名充斥社会，其中有国家官方发布的，而更多的是“第三方”机构受到委托去评估排名。这让学生、家长以及教师等群体在选择之时，不免会挑花眼。那么，“第三方”机构在评估之时真的价值中立吗？这个问题值得我们深思。

存在于市面上的各类大学排名，可谓大相径庭。看这些排名，同一所学校在不同榜单中的排名跌宕起伏；看其指标，评价指标内容参差不齐、数据来源不清不楚；看其机构，排行榜出处五花八门、盲目扎堆打榜。目前全球几种具有一定影响力的大学排名都是由商业机构来提供的，这些商业机构先通过对大学排名再向外界提供相关的衍生服务，例如为大学做广告和宣传、为学生提供升学咨询服务、为公众提供排名数据，等等。由此可见，这些商业机构通过对大学排名来获取利润的空间是非常大的，并且很多排名都是偏重评价大学的某一方面的职能（比如科研或教学），而并不是全部方面。

使用社会交换理论能够解释大学排行榜是否真的能够排出精英大学。霍曼斯和布劳的社会交换理论虽有不同之处,但二者都揭示了在交换的过程中,交换主体都会尽心竭力去展示自己的价值和盈利能力,以此去吸引他人与自己交换,所以在交换的过程中自然就会有竞争的情况出现。但人们自身所拥有的财力、物力、资源种类等程度是不平均的,那些拥有丰富资源的人在交换过程中占据的自然是较高的地位。而拥有财力、物力、资源种类较少的人,他们不能像资源多的一方一样自由地选择交换对象,只能处于较低的交换地位,基本没有自由地去挑选交换对象的权力。当这二者进行交换活动时,处于较低地位的一方便会选择遵照、服从作为双方交换的回报,使得另外一方自然而然获得了权力以及较高地位,从而使权力分化出现在社会群体当中。

从霍曼斯的理论来看,他认为人类所有的行为都可以看作交换行为,而交换成为社会生活当中的基本形式,因此大学排行榜也可以看作一种交换。可是,大学排名机构和参与排名的大学,它们两者的财力、物力、资源等都是不对称的,那么他们进行交换的条件是什么呢?按照布劳的社会交换论的观点,社会交换的源头来自吸引,当社会行动者双方发现对方拥有自己所需要的社会资源,并知晓对方愿意提供这些社会资源时,社会吸引随之在他们之间产生,进一步社会交换过程就会伴随发生。那么,大学排名机构和参与排名的大学之间是不是相互存在吸引,即他们是否拥有各自所需的社会资源呢?一方面,大学排行榜在 20 世纪 60 年代诞生后,经过几十年的发展,综合实力和影响力一直在不断提升,排行榜能影响大学的声誉、学生入学人数、师生质量等。另一方面,如果知名高校参与排名,同样也可以为排行榜带来知名度、公信力、资金等,排行榜也需要高校的助力,更加拓宽自身的发展空间。因此,双方互有所需,存在产生交换的基础。

正如齐美尔所言:“社会交往指的是当不同利益相关者推动他们去形成社会单位时所产生的广泛变动的形式。在这些社会单位中,个体实现这些——感官的或理想的、持久的或转瞬即逝的、有意识的或无意识的、心血来潮的或受目的论诱使的——利益。”[①]那么，在交换过程中，双方互相给彼此都带来了所需的社会资源。大学排行榜的受众群体数量多，能够给大学带来更多的益处，其中排名在前列的大学比排名靠后的大学就更容易吸引到更多的社会资源，间接地巩固和提高了大学的办学实力。在这种意义上，大学排名像是一种信号设备：位于排行榜前列的高校可以吸引到更优质的生源，募集到更多的社会资助和捐赠收入，最终这些丰富的资源进一步推动了大学的发展。[②] 还有一些排行榜为了保留现有参与排名的大学以及吸引更多的大学参与排名，正在上演一系列经典的社会交换理论命题。从霍曼斯的社会交换论来看，行动者会重复那种能够反复得到回报的行为，或者行动者为了继续得到自己必需的服务而去履行其因为过去接受这些服务而应尽的义务。[③] 如果一所大学渴望获得良好的排名，而在某一个大学排行榜上，它的名次能够满足学校的预期，那么这所大学就会更愿意参与这一大学排行榜的排名，也会更为赞同该排行榜；反过来也一样，如果一所大学在某一排行榜中的排名不符合它自身的预期，那么它可能慢慢不再参加该排行榜。同样地，如果一些大学在各大排行榜中一直处于顶尖位置，那么它们可能渐渐地对这些排名会变得不感兴趣，只去参加这一个排行榜，以稳固自己的排名。以上情形无一不在印证霍曼斯的六大命题，在这些假设命题中，大学扮演的是理性经济人，在大学排名的过程中总是采取理性的行动，选择对自己产生最大利益的一方，并且会考虑自身行为成功的可能性，同样也印证了交换论中的理性命题。[④] 我们去假设，如果一所大学一味地将科研作为对教师和学生的重要评价手段，反而轻视教学、社会服务等大学其他职能，长此以往下去，这所大学最终将会发展成一个扭曲的教学组织。从社会交换理论这一点出发，大学排名不会促进一流大学的产生。

现在世界上进行排名的“第三方”机构要么是受到政府或大学的委托，

---

① SINNEL G.Soziologie[M].Leipzig：Duncker and Humblot，1908：6.

② 芭芭拉·科姆，郭珍.大学排名对欧洲高等教育体系的影响[J].北京大学教育评论，2012(03)：24-34，188.

③ 彼德·布劳.社会生活中的交换与权力[M].李国武，译.北京：商务印书馆，2012：154.

④ 刘静.一流与排名的关系探析：大学排名视角下的世界一流大学建设[J].石家庄学院学报，2021(05)：17-22.

要么是来自民间组织自发对大学进行评估排名，在排名的过程中，某些机构可能为了拉拢一些知名高校而故意提高利于这些高校的指标比重，使它们排名靠前。在世界四大著名排行榜中，就它们排名前50的高校来看，仅有36%的高校同时进入四个榜单，其中没有任何一所大学在四个排行榜中名次相同，在两个排行榜中排名相同的大学有24所。排行榜之间排名位次最高差异达33名，排名相差10名(含)以上的高校有36所，相差5名(含)—10名之间的有48所。这一差距在四大排行榜50名之后的高校中更加突出。①

从现有的大学排行榜来看，发布排名的机构类型主要分为两类：一是附属于某大学的排名研究机构，二是社会商业性媒体集团。而从大学排名机构的属性来看，众多有影响力的大学排名都缺乏一定程度上的权威性和独立性。② 无论是哪一种类型的大学排名机构，都会存在自身的利益需求，这就属于典型的利益相关业务。他们在进行排名活动时无法回避在其过程中的商业利益交换，像美、英最有影响的大学排名U.S.News、THE以及QS都是以商业媒体机构的形式进行的。如QS从最开始就是一个包含了商业咨询的机构，为想要提高排名的大学提供咨询服务，提供咨询的机构名为排名执行机构，机构会觉得有责任让自己的用户在自己的发布的排名中的位次得到提高。换个角度说，从大学排名的利益相关角度来看，商业性质的大学排名考虑的从来不是把公共大众利益放在第一位，“商业利益”和“政治正确”才是他们首先要考虑的事情。③

哈泽尔科恩(E. Hazelkorn)发现，在一些社会文化更强调竞争和地位的国家，机构排名位次已成为评价研究型大学校长、副校长以及院长的一项主要的绩效指标，同时它也是一个通用性的指标。这种排名又强化了一流大学的优势，削弱了普通大学的竞争力，它为一流大学引来了更多的优秀人才和经费，也为一流大学赢得了更加坚实的社会地位，进而帮助一流大学稳居前列。而像普通大学、新兴的大学却难以挤进这种队伍当中，绝大多数的大

① 袁振国等.大学排名的风险[M].太原：山西教育出版社，2018：12.
② 张端鸿.排名不能覆盖大学全部发展目标[N].中国教育报，2018-06-20(02).
③ 张端鸿.排名不能覆盖大学全部发展目标[N].中国教育报，2018-06-20(02).

学排行榜对参与排名的高校没有精细化的分类，高等教育机构本身的多样性就决定了在评估时要采用不同的指标体系，如果使用统一的一套标准体系是有很大局限性的，甚至对有些高校来说是不公平的。

尽管大学排名在“第三方”的主导之下已经成为当下名副其实的商业行为，但在根本上，从事这种商业产品生产、运营的群体仍旧以学者为主导。换言之，在大学排名的商品生产及其交换上，一边是以“学者”为主的“生产经营主体”，一边是以“信息供需市场”为平台的“纯粹商品交换”。“因为大学排名不是公益性事业，而是学术服务性产业，排名机构只要遵守社会责任伦理和商业竞争规则，其通过大学排名来追求商业利益是无可厚非的。”① 但作为学者，他们是自己道德准则的监护人，并不完全是为了追求最大化的商业价值而工作。这种商品生产经营主体自身追求和所生产商品价值诉求的非完全统一性，难免造成不同机构、不同群体在大学排名输出上的价值差异、理念差异和排名差异。透过“排名者之用”，排名机构需通过排行榜来获得自己的最大化利益；透过“使用者之用”，利益相关者需要依据排行榜来做出相应的高等教育决策。简言之，大学排名机构通过开发和制定大学排名指标体系、建设或者购买信息数据库、组织开展大学排名活动来获得商业利益并实现商业利益最大化；有的政府依据一些大学排名结论制定政策、分配经费、引导大学办学方向；高校依据一些大学排名调整办学方向、整合组织机构、制订发展计划②；公众需要一份公信力强且连贯的参考信息对不同的大学进行比较，进而依据一些大学排名选择报考的学校。而随着“排名者之用”和“使用者之用”在大学排名供需双方之间交换上的高度统一，“大学排名”也就在排名者和使用者之间形成了市场交换的统一，“大学排行榜”逐步从“物品”转化为“商品”，由原来的以“学术认可/学术声望”和“大学排行榜”之间的物物交换，转变为透过金钱等一般等价物才能进行的交换，即“排名机构收费+利益相关者付费”的市场逻辑。而在现实生活中，大学排行榜的排名过程中就会存在主观上或利益上的偏向，仅科研这一指标就已成为

① 张应强.理性利用大学排行榜　促进高校内涵发展[J].河北师范大学学报(教育科学版)，2020(02)：9-13.

② 胡建华.大学评价的排名化与国际化[J].江苏高教，2020(04)：1-6.

大多数排行榜的重要占比指标,甚至形成唯科研的评价体系。

诚如孟子所说:“尽信书,不如无书。”同理,尽信排行榜,是不科学的也是盲目的,目前一个全面、权威、中立的发榜机构是不存在的,但是可以肯定的是,大学排名尤其是带有社会性质大学排名的发布,说明了高等教育评估系统又走上了新的台阶,是一大进步。在知识经济时代,大学排行的市场行为和商品属性是不可避免的,是顺应社会发展潮流且不可逆转的,但高校、社会等对大学排行结果的理性使用,是必须予以追求和长期坚持的,任一主体对大学排名的异化理解、异化使用和异化追求,最终伤害的都是我国高等教育的发展,损耗的都是我国的高等教育竞争力和国家整体实力。需要清醒地看到,我国高校近年在世界相关大学排行榜上的名次提升,既是我国高等教育发展和全球影响力提升进步的结果,也暗含部分排行对“非理性”高校盲目追求排名的曲意迎合。“为人民服务,为中国共产党治国理政服务,为巩固和发展中国特色社会主义制度服务,为改革开放和社会主义现代化建设服务,是我国高校的办学根本。”概而言之,大学排名的时代已经到来,其队伍在不断地壮大,影响力也在不断扩大,政府、高校、社会三者应更进一步去了解、认识大学排名的内涵与价值,须谨慎看待与使用大学排行榜,只有这样,才能有利于大学良性持续的生存与发展。①

① 阎光才.谨慎看待高等教育领域中各种评价[J].清华大学教育研究,2019(01):1-4.

第十一讲
学术职业:大学教师是一种什么样的职业?

2022年6月教育部公布的数据显示,我国最近十年已经培养了60多万名博士以及650多万名硕士,为我国各项事业发展提供了强有力的人才支撑。随着经济高速发展、高等教育的普及化,加之社会竞争越来越激烈,大学生同以往相比已经不再被视为“天之骄子”了。当前,我国高校毕业生的就业形势逐年严峻,为追求更稳定而舒适的工作,教师成为更多高校毕业生择业的优先选择,大学教师更是很多人梦寐以求的理想职业。在部分人看来,大学教师工作轻松、时间灵活、薪资较高,实属教师行业的“天花板”,但大学教师这一职业果真如他们所想象的那样吗?本讲我们对社会分层与学术职业,大学教师的劳动特点、工作优点与压力以及大学教师如何面对教学与科研的冲突等问题进行探讨,以便让大家更好地认识大学教师这一职业。

第一节　社会分层与学术职业

一、社会分层与学术职业

“分层”(stratification)一词最早来源于地质学,原意主要是指地质构造形成的不同层面,现在社会学领域广泛使用这一概念。社会学家多用“分层”来分析社会系统中各组织之间、群体之间的不同特征,通过对社会系统中组织或群体之间不同层级特征的反映和解释,进而观察社会结构的合理性。在社会学范畴内,学者们赋予了“社会分层”一词多种定义,归纳起来可分为能力分层理论和标准分层理论两种。[①] 能力分层理论认为社会成员在社会生活中由于获取社会资源的能力和机会不同而呈现出高低有序的等级或层次的现象和过程;标准分层理论是根据一定的标准将社会成员划分为高低有序的等级或层次的方法。[②] 综合两种分层理论来看,社会分层是指通过对社会组织中特定人群进行类别和层次上的划分,从而确定不同社会角色的身份和地位,体现的是事物之间的差异性和等级区分。在社会分层过程中,经济收入、权力权威、受教育程度、职业类型、社会声望等都是重要的影响因素。[③]

由于社会分层结构合理与否直接影响着社会的稳定和发展,因此社会分层一直以来都是社会学家高度关注的课题。马克思对资本主义社会阶级与结构进行了深入的剖析,从生产资料是否被占有以及占有程度多少的角度出发,提出了社会结构的"二元阶级"分层理论,用"阶级"来划分社会成员的所属与社会层次。[④] 马克斯·韦伯被称为社会分层理论的奠基者,是最早对身份和身份群体进行分层研究的社会学家[⑤],他提出了划分社会层次结构的三重标准,即财富(经济标准)、威望(社会标准)和权力(政治标准)[⑥]。涂尔干从特定的社会结构背景出发,分析社会分层现象与宏观社会结构之间的内在联系。在涂尔干看来,社会分层并非偶然形成的,而是社会功能分化的产物,与特定的社会整体宏观框架紧密联系,对维护社会稳定起着至关重要的作用。[⑦] 纵观以上三位大师对于社会分层的不同解释可以看出,马克思社会分层理论着重于社会阶级之间冲突的研究;韦伯的社会分层理论强调经济收入、社会威望和权力的差异是影响社会分层的重要因素,同时提出

---

① 李志峰,杨开洁.基于社会分工的高校学术职业分层分类[J].华北电力大学学报(社会科学版),2011(05):125-131.

② 刘祖云.社会分层的若干理论问题新探[J].江汉论坛,2002(09):89-93.

③ 李志峰,廖志琼.当代中国高校学术职业分层及特征分析[J].中国高教研究,2013(08):20-25.

④ 马克思,恩格斯. 马克思恩格斯全集:第6卷[M].北京:人民出版社,1961:221.

⑤ 马克斯·韦伯.经济与社会(上卷)[M].北京:商务印书馆,1977:333-339.

⑥ 于波,闫明星.网络社会分层标准综述[J].哈尔滨学院学报,2009(11):27-30.

⑦ 参见以下文献:涂尔干.社会分工论[M].渠东,译.北京:生活·读书·新知三联书店,2000:40-86及杨开洁. 中国高校学术职业的分层研究:以高深知识为视角[D].武汉:武汉理工大学,2010.

社会分层会导致社会不平等；涂尔干的社会分层理论则偏重从社会功能分化的角度出发来研究社会分层。[1] 总而言之，社会分层作为社会体系中的一种现象，是社会功能分化导致的结果，社会分层的存在一定程度上体现了社会结构的差异性与等级性，反映了社会不平等。美国社会学家格伦斯基（D. B. Grusky）认为，分层是产生不平等社会制度体系的明显原因[2]，正是因为社会中存在差异性和等级性，才会导致社会结构中各个层级之间存在不平等，不同层级的人群享有不同的经济收入、政治权利和社会声望。因此，我们认为社会分层是按照一定的标准将社会组织中特定人群进行类别和层次上的划分，区分出地位层次结构高低不同、社会等级秩序差异的现象。

职业是社会地位的代表性指标，一定程度上决定了人的身份、社会角色及其社会功能。在社会分层理论的相关研究中，我们可以得到以下结论：职业是社会功能分化的结果，直接体现了社会功能的特殊性，不同职业的经济收入、威望和权力形成了职业地位的差异。[3] 学术职业，是社会分层中“职业”的下属层次，是西方教育文化领域中对以学术为主要工作对象的特定职业的称谓，其主要是指以“高深知识”为基础，以崇尚学术自由为主要精神特质，以学术共同体为基本存在形式的集知识的发现、传播、整合和应用为工作内容的一种职业。[4] 学界对于“学术职业”这一定义形成众多表述，如美国教育学家马丁·芬克尔斯坦（M. Finkelstein）教授认为，“学术职业”是“拥有专业知识背景的、易受新知识生产影响的、随着学术劳动力市场波动的、遵循共同学术规则和学术伦理的自主性职业”[5]；韦伯更是将学术职业视作“以学术作为物质意义上的职业”[6]。学界对于学术职业的众多表述在一定

---

① 李志峰，廖志琼.当代中国高校学术职业分层及特征分析[J].中国高教研究，2013(08)：20-25.

② 格伦斯基.社会分层[M].2版.王俊，译.北京：华夏出版社，2005：26.

③ 李志峰，廖志琼.当代中国高校学术职业分层及特征分析[J].中国高教研究，2013(08)：20-25.

④ 李菲.学术职业与大学教师专业伦理的特点[J].教育研究，2020(12)：27-30.

⑤ FINKELSTEIN M J, SEAL R K, SCHUSTER J H. The new academic generation：a profession in transformation[M].Baltimore：Johns Hopkins University Press, 1998：18.

⑥ 马克斯·韦伯.韦伯作品集1：学术与政治[M].桂林：广西师范大学出版社，2004：32.

程度上反映了学术职业的特征[①]:第一,作为社会学中职业的一种,学术职业包含了"职业"范畴内的特征与内容,如职业准入、职业责任、职业文化、工作环境及内容等;第二,学术职业的从业人员除了要在工作中将学术作为主要生活来源,更要在精神上以研究高深知识、追求学术进步为己任;第三,学术职业区别于其他职业的最明显属性是职业自主性。[②] 职业自主性是指学术职业的从业人员可以独立地安排自己的工作,如自主安排工作的时间、地点、程序等。总的来说,学术职业作为职业体系中的一种类型,与其他类型的职业共同构成了社会分层结构的职业体系。

二、高校学术职业与大学教师

在国际化语境下,高校学术职业一般是指高等学校的教师所从事的职业。高等学校是社会分工后的团体,是不同学科的部落,是学术职业工作的场域。[③] 从历史角度来说,高等学校起源于12世纪的欧洲。随着农业、商业、手工业的发展,欧洲出现了大量城市,整个社会发展对于人才的需要更加迫切,然而传统的宫廷学校和教会学校已不能适应社会新的发展需要,因此诞生了一批新型大学,如博洛尼亚大学、牛津大学、剑桥大学等。在这些大学的形成过程中,一些知识分子开始从其他职业中分化出来,专门从事高深知识的教学与研究工作,并以这些工作获得物质意义上的报酬,学术职业就此产生。学术职业的形成和社会化,最终促进了大学的形成和建立。学术职业作为一种社会分工和社会分层功能化的独立职业发挥了重要作用。不同层类的学术职业,对于组织目标的实现、提高学术活动的效率、合理配置学术劳动力资源以及实现学术工作的分工协作起到了积极的作用。就学术职业而言,高校学术职业是学术职业分层的下位概念。高校学术职业在

---

① 易静,李志峰.高校学术职业分层:国内外研究述评与趋向[J].黑龙江高教研究,2011(06):16-19.

② 谢家建.学术职业流动与学术劳动力市场的相关性研究[D].武汉:武汉理工大学,2008.

③ 李志峰,杨开洁.基于社会分工的高校学术职业分层分类[J].华北电力大学学报(社会科学版),2011(05):125-131.

本讲中是指在高等学校以学术工作为对象的教师(科学研究人员)所从事的职业①,也可称为大学教师。

教育被称为人类文化传承的工具与文明进步的阶梯,而教师则被誉为"太阳底下最神圣的职业""人类灵魂的工程师",是传递和传播人类文明的专职人员,是学校教育职能的主要实施者,对社会政治经济文化的发展起着至关重要的作用。在教育系统的众多层次中,高等教育是重要组成部分之一,其本质是一项育人成才的活动。高校教师职业的核心工作是教育培养社会有用之才,这使得高校教师在社会发展中具有特殊而重要的地位。由于高校教师所面对的教育对象是已经接受过基础教育、具有一定基础文化素养的学生,因此高校教师与教育系统中其他类学校的教师及其他行业工作相比,其职业特点鲜明,社会标准要求更高。②

第二节　大学教师劳动的特点

在很多中小学教师心里,大学教师可谓教师群体当中最悠闲、最理想的岗位,他们认为大学教师的工作不仅舒适轻松、课时少,而且能领到的薪酬也不低,比起中小学教师所面临的繁杂工作而言,大学教师真是好太多。但是,事实真如这部分中小学教师所想的那样吗?高校教师真的比中小学教师轻松而多金吗?中小学教师和高校教师的劳动有什么区别呢?

一、高深性与创造性

大学教师的劳动内容具有高深性。我国著名教育学家潘懋元教授曾在其所著的《新编高等教育学》中认为,高等教育是在普通教育基础之上培养高级专门人才的教育③;胡建华等学者在《高等教育新论》中把高等教育培

① 李志峰,沈红.论学术职业的本质属性:高校教师从事的是一种学术职业[J].武汉理工大学学报(社会科学版),2007(06):846-850.

② 许月明,李维军,闫岭.对高校教师职业特点的分析[J].河北农业大学学报(农林教育版),2006(01):79-82.

③ 潘懋元.新编高等教育学[M].北京:北京师范大学出版社,1996:63.

养的人才进行再划分,进一步区分为不同的人才类型①。虽然不同学者对接受过大学培养的人才的质量和标准存在不同理解,但对大学教师与中小学教师劳动内容的差异认识基本一致②,即大学教师的劳动内容具有高深性。

所谓劳动内容具有高深性是指大学教师的劳动内容更专业、更高端。大学教师劳动内容更专业是指大学通常要分门别类地传授专门知识与技能,以培养某一特定领域的专门人才。大学教师的劳动内容更高端是指相较于中小学教师,大学教师所培养的人才在层次和规格上要更高。在我国,中小学等基础教育的任务是培养时代和社会所需要的具备一定基本素质的人才,而大学教育属于高等教育,其培养的人才不仅要具有更高的专业素质,如掌握丰富的科学文化知识与某一领域的专业技能,更要兼备更高标准的道德素质。具体说来,大学教师劳动内容的高深性主要表现在知识的高深性方面。大学课程最本质的特征是知识高深性,学生所接受的课程既是高深知识的探索、发现、判断和选择过程,也是一个高深知识的专门化、逻辑化、系统化和立体化过程,这些过程充满了学术性。③

简而言之,学生在大学阶段学习的知识是在某一特定专门领域具有一定深度和广度的专门知识,其广度与复杂度要明显超过在中小学接受的知识。就数学这一学科而言,学生在初等、中等教育和高等教育中所学习的知识存在较大差异。学生在中小学阶段接受的数学属于初等、中等数学,初等、中等数学通常研究常量和匀变量等问题,比如整数、分数以及代数部分的计算、空间与图形,几何部分初步统计和计算等。学生在大学阶段接受的专业数学学习属于高等数学,高等数学主要研究的是非匀变量,相对于初等、中等数学而言,其学习对象及方法更为复杂。高等数学是由微积分学,更深入的几何学、代数学以及它们之间的交叉内容所形成的一门基础学科,其主要学习内容包括数列、极限、微积分、空间解析几何与线性代数、级数、

---

① 胡建华,陈列,周川,等.高等教育新论[M].南京:江苏教育出版社,1995:228-237.

② 唐德海,曹如军.大学课程高深性:立论基础与实践反思[J].大学教育科学,2017(05):57-61.

③ 李枭鹰.从高深知识到大学课程:一个学术性的生成过程[J].大学教育科学,2018(02):38-42,125.

常微分方程等。相比于初等、中等数学，高等数学的固有特点就是其具有高度的抽象性、严密的逻辑性和广泛的应用性，专业知识更加深入，学习难度更大，更适合解决复杂问题。

更进一步来说，大学教师的劳动内容具有创造性。21 世纪是人类社会进入全球化、信息化、知识化的全新时代，在这样一个新时代，国家之间的竞争主要表现为创新方面的竞争。大学生作为重要的人力资源，肩负着促进国家和民族发展的使命。大学教师作为大学生创新思维和创新行为的主要引导者，课堂教学是促进大学生创新创造能力发展的重要途径。大学教师的劳动内容具有创造性主要是指在教学内容和教学方式上的创造性。

首先，大学教师的教学内容具有创造性。中小学教师的主要教学内容是引导学生掌握基础性的科学文化知识和技能，而大学教师所承担的课程教学内容是引导学生探究并掌握高深性、专门化的科学文化知识和技能，并指导学生通过从事科学研究培养他们的创新意识和创新能力。大学教师在进行授课时通常会带领学生了解该门课程的最新发展形势、行业的最新技术以及专门学科的发展前沿，并促使学生了解目前行业发展所面临的问题和未来的可能发展方向。比如，大学教师在教授某个理论和知识技能时，往往要介绍国内外关于该理论的最新研究成果，这不仅为学生普及该领域的最新前沿知识，还引导学生在掌握基础知识技能的基础上培养创新意识。其次，大学教师的教学方式具有创造性。中小学课程一般采用的教学方法是讲授、问答、讨论、练习等，而大学知识由于具有高深性的特征，所以大学课程除了采用以上常规课程教学方式外，还采用一些独特的教学手段，如大学教师采用“十大经典教学方法”中的针对某一问题由学生自由发言而教师不对学生发言的正确性或标准性进行评论的“头脑风暴教学法”，师生共同合作完成一个完整的项目的“项目教学法”，师生共同在专门教室或实训中心边教、边学、边完成某一教学任务的“理论实践一体式教学法”，等等。

除此之外，许多大学教师还承担着繁重的科研任务，主要是开拓学科内部新领域、推动科学技术的发展与进步。科研是大学教师劳动内容具有创造性最为集中的表现。概言之，大学教师的劳动不是简单的、重复的、单一固定的劳动，而是不断推陈出新的创造性劳动。

二、复杂性与无限性

大学教师的劳动过程具有复杂性。张柏清等人曾指出,“大学教师的教学应当是科学与艺术、情感与技巧的完美统一。知识的再生产、精神的再生产,较之物质生产过程中机械运动、化学过程乃至生物发展繁杂得多”①,可见大学教师的劳动过程具有复杂性。导致大学教师的劳动过程具有复杂性的原因,主要包括以下四方面。

一是劳动对象具有差异性。大学教师面对的主要劳动对象是学生,每位学生在成长过程中所面临的社会背景与文化背景存在差异,其身心发展程度也不同。每位学生都是独立的个体,都具有独特的学识、道德、情感与价值观,这意味着大学教师在培养学生的过程中,为了达到一定的教育目标,既要按照统一的标准来培养学生,又要注意到每位学生的差异,因材施教。二是劳动任务的多样性。与其他劳动产品相比,大学教师的劳动“产品”具有不可比拟的社会价值,大学教师是具有一定科学文化知识和独立思想意识的人。大学教师劳动任务的多样性主要是由劳动“产品”的复杂性和劳动任务的多样性决定的。劳动“产品”的复杂性是指每位学生的成长之路都不尽相同,影响其成长发展的因素具有复杂性。劳动任务的多样性是指大学教师的劳动任务不仅是要传授给学生一定的科学文化知识,还要以身作则,循循善诱,帮助学生树立起正确的思想道德和价值观等;在教育教学过程中,大学教师不仅要发挥自身的主观性,还要调动学生的能动性,帮助学生培养主动学习的习惯,不仅要教书还要育人。三是劳动方式的多变性。大学教师的劳动是一种培养人的活动,其主要劳动任务是传授知识,知识传递的过程不同于一般物品的传递只需要进行简单操作,知识的传递是一种综合运用“消化—传递—转化”的复杂体力劳动和脑力劳动,它要求大学教师不仅要具备丰富的知识储备,还要具有把知识传授给学生、培养学生创新意识的方式和策略。这说明了大学教师在教授学生时仅具有丰富的学识是不够的,还要具有多样化且吸引学生的授课策略,如多媒体教具的使用、新颖化的教学模式等。四是劳动能力的多样性。大学教师的劳动是一种综合

① 张柏清,孙泽文.论大学教师的劳动特点[J].教育与职业,2006(05):44-46.

利用多种能力的、复杂的体力劳动和脑力劳动,大学教师不仅要掌握丰富的专业学科知识,具备较高的思想政治水平等,还要具备教书和育人等方面的多种能力,如分析教材的能力、组织课堂的能力、语言表达能力、把握学生心理的能力、思想政治教育能力、创新能力等。

大学教师的劳动时空具有无限性。学者陆军恒指出,大学教师的劳动具有明显的特殊性,其劳动对象和劳动内容的独特性决定了其劳动呈现形态具有个体性特征。① 对大学教师而言,教学是其首要任务,只要能遵循教学计划与教学大纲,圆满完成教学任务,其劳动时间与劳动形式不必局限于常态化的工作时间与工作地点,即没有固定工作时间与场所,校内校外皆可。就劳动时间而言,大学教师除了在规定的工作时间对学生进行授课以外,还需要利用"私下"的、可自由支配的时间进行备课、指导学生、批改作业、进行科学研究等活动。由于大学教师需要在可自由支配的时间进行以上活动,这就导致了大学教师的劳动时间没有明确的工作和休闲界限,很难用固定的劳动时间去界定大学教师的工作时长。在劳动空间方面,由于大学教师在课程的设计与实施、指导学生等工作内容以及劳动形式等方面掌握较大的自主权,加上大学教师的劳动通常是复杂的脑力劳动,因此导致大学教师的工作地点无须局限于校内和教室,不用严格实行"坐班制"。例如,大学里的某些专业需要进行实践教学,大学教师需要带领学生奔赴教室外的校内实践基地、校外的工厂、远离城市的农村等地区开展实践教学。同时,大学教师还承担着科研任务与社会服务等重任,如此,大学教师的劳动空间更为不固定且得到极大的拓展。以上特征决定了大学教师的劳动时空具有无限性,劳动环境不能局限于办公室,劳动时间也不能单纯采用八小时工作制进行量化评价。

三、滞后性与不易测定性

大学教师的劳动成果具有滞后性。根据陈玉琨教授在《教育评价学》里

① 陆军恒.大学教师个体性与群体性劳动特征研究[J].教师教育论坛,2014(03):5-9,34.

对大学教师工作的阐述[①]，大学教师的主要劳动内容是从事教学与科研工作以及兼职管理的科教工作等，其劳动成果包括教学效果、科研水平、学术论文、社会服务等。由于大学教师的劳动内容、劳动过程等独具特点，因此其劳动成果也与一般意义上的劳动成果不同，主要表现为大学教师的劳动成果具有明显的隐蔽性和滞后性，尤其是在教育对象质量改进和教育对象素质提高这两方面，难以用具体的量化指标进行计算评价，更是难以使用具体的劳动成果收获时间去要求大学教师。针对大学教师劳动成果收获时间的衡量，本部分简单从人才培养和科学研究两部分进行叙述。[②]

在人才培养方面，首先，由于大学培养人才的周期比较长，本科生通常需要3—5年，硕士生和博士生需要6—9年，而大学教师的劳动成果——学生，往往需要经历较长一段时间的实践或者毕业走上工作岗位多年后，才能根据其学术成果、工作实效或对社会产生的重要贡献来衡量大学教师工作绩效的高低和劳动成果的好坏。其次，大学教师的劳动对象和劳动“产品”是学生，对其劳动成果的衡量就是对其培养的学生的工作效果进行衡量。评判学生的学识是否达到合格标准、是否具有健全的人格和道德行为、是否能为社会所需求和所接纳等，这些评价标准不是简单通过学生或教师本人就能够给予全部估量和判定的，其存在价值和作用只能经过较长时间才能够进行检验和评定。在科学研究方面，大学教师的重要劳动成果之一是其科研成果。大学教师的科研内容知识含量高、挑战性大、启发性强，因此其科研成果不能由其所获得的荣誉、奖项等进行评估衡量，通常需要经过一段时间的社会生产实践活动才能检验。另外，如果要将科研成果转化为现实的生产力，实现其经济价值或社会价值，则需要更长的时间。因此，大学教师的劳动成果具有滞后性。

大学教师的劳动成果还具有不易测定性。如果将人才比喻成一种产品，那么大学教师就是产品的制造者，其任务就是生产加工这种特殊产品。至于每位教师每年生产多少这种产品，每个产品的质量如何，由于这种数据

① 陈玉琨.教育评价学[M].北京:人民教育出版社,1999:103-104.

② 杨桂武.大学教师工作绩效及其基本特征研究[D].长沙:湖南大学,2011.

具有一定的滞后性和隐蔽性，因此很难用固定的量化标准来进行衡量，即使是市场经济高度发达的西方国家也对其一筹莫展。大学教师劳动成果具有不易测定性，除因大学教师的劳动过程本身具有复杂性外，主要还与其劳动对象和教育质量影响因素的不确定性有关。①

在大学教师的劳动对象层面，首先，大学教师的主要劳动对象是学生，每位学生的自身质量不一。即使是同一所大学的学生，也都是来自五湖四海，各自的家庭背景与社会文化背景不同，使他们拥有不同的文化基础和理想信念。其次，除学生个人出身背景、经济水平外，大学生个人学习等主观能动性的发挥、校风的好坏、教育基础设施的优劣等都会对学生培养质量产生重要影响。在这个大前提下再加之教师的培养成果（学生质量）具有滞后性和隐蔽性，以上这些因素都会对大学教师的劳动成果产生重要影响，使之具有不易测定性。在教育质量影响因素层面，教育质量的高低可以在一定程度上反映大学教师的劳动成果水平的优劣，但教育质量的高低不仅仅只受教师教学的影响，在现实生活中会受到多种因素的影响和制约。教育质量在微观层面会受到学校教育规定、教育基础设施、教育观念、教育环境以及教育主客体等因素影响，在宏观层面会受到人均 GDP、教育经费总体投入、教育政策、学校数量等因素影响和制约。因此，当我们评价教师的劳动成果时，不仅要计算教师对学生的培养和影响，还要知晓劳动成果的最终结果还受到学生自身因素和外在因素的影响和制约。

总之，大学教师进行学生培养和学术研究是一项系统工程，其劳动成果会受到多重因素的影响和制约，通常会经过较长时间才能够表现出来，因此我们认为大学教师的劳动成果具有滞后性和不易测定性。

四、个体性与群体性

大学教师的劳动方式具有个体性和群体性特征。大学教师是一个群体，大学教师的某个个体是这个群体中的一员。大学教师的劳动主要包括教学和科研两个重要方面，其劳动方式主要呈现出个体自主性和群体协作

---

① 张柏清，孙泽文.论大学教师的劳动特点[J].教育与职业，2006(05)：44-46.

性两个特征。①

大学教师的劳动方式具有个体自主性,主要表现在教学层面,教学是教师劳动的基础性工作。教师在进行课堂教学和指导学生时具有较大的自主性,通常是独立作业,面对教学问题拥有属于自己的个人见解和个人教学哲学。② 在教学层面上,教师对课程的设计和实施也拥有较大的自主权,大学教师在自己独立劳动的状态下对教学内容的研究、教学方法的选择、教学风格的阐释等,均具有明显的个体差异。例如,在进行授课时,有些教师更喜欢采用讲授法或者演示法,通过对学生口头讲解或展示实物、教具等进行教学;而有些教师更喜欢采用讨论法或启发法,通过在课堂上对学生进行提问,采用问答形式启发学生获取知识。

大学教师的劳动方式具有群体协作性,主要体现在科研层面,科研亦是大学教师的基础性工作。在教学层面,教师拥有较大的个体自主性,但在科研层面,随着社会现代科学的发展、研究课题的难度和深度增加、交叉学科研究的深入等,很多科研项目仅靠一两个人是难以完成的。教师"单枪匹马"很难接到大项目和完成大成果。教师之间进行跨学科合作,多层次、多方位地协同配合,科研更容易取得重要成果。一个秉承着团队精神,协同作战的优秀科研团队所取得的科研成果往往会大于各成员个体单独的创造。科研团队之间各成员只有分工明确、配合默契、良好协作,才能使各成员的潜能不断激发释放,从而促使有价值的科研成果更多更好地产出。如一个科研项目可能会涉及多学科的知识,单个人不可能独立完成,多位学者之间相互配合、取长补短才能在科学的王国里有所建树。另外,人们常常谈论一个耳熟能详的道理:你有一个苹果,我也有一个苹果,我们相互交换各自还是一个苹果;但是,你有一种思想,我也有一种思想,我们相互交换将会得到两种思想。这种浅显的道理亦能够在学术研究中呈现,即学术研究正是通过学者之间不断交流、思想碰撞,激发灵感,相互竞争、相互协作,进而产生科研成果。

---

① 陆军恒.大学教师个体性与群体性劳动特征研究[J].教师教育论坛,2014(03):5-9,34.

② 高维.教师个人教学哲学:必要与可能[J].湖南师范大学教育科学学报,2014(03):68-71.

第三节　大学教师的工作是清闲恬淡的吗？

工作对于每个人而言都很重要，因为它不仅直接关系着收入问题，还决定了一个人的生活方式。能够获得一份既安稳又受人尊重的职业，应该是大部分职场人的一个理想状态。教师群体在很多人眼中属于“香饽饽”，而能在高校任教的老师，在不少人心里可能被认为是行业内的“天花板”。在这些人的想象中，大学教师应该工作清闲待遇好。那么，事实果真如此吗？大学教师的工作真的是清闲恬淡的吗？

近年来，不少专家学者对高校教师工作深感兴趣，其中关于高校教师教学、工作绩效、职业满意度等相关的研究不在少数。部分学者认为高校教师工作的满意度从一定程度上也可以反映教师工作的相关情况。本节综合相关调查和部分学者的观点，对高校教师工作的优点和压力进行分析。

一、高校教师工作的优点

1.岗位固定，工作稳定

闽南师范大学的学者帅荣梅以闽南地区三所公办高校的大学教师为调查对象，将其对学校政策制度、发展空间、考核评价、薪酬待遇、教师权益、工作环境六个维度的满意度情况作为研究对象，对高校教师工作的满意度进行调查。[①] 其调查结果显示，大部分高校教师对自身工作较为满意，这主要是因为公立大学教师岗位大部分属于事业单位岗位，即我们所说的“有编制”，工作岗位相对稳定，福利待遇较为优越，属于大众心目中的“铁饭碗”。据相关调查统计，父母最想子女从事的岗位中，教师、公务员位居前列，这与工作岗位稳定这一原因有相当大的关系。体制内的教师除非犯了特别严重的错误，一般情况下不会被辞退。工作岗位较为稳定，这是教师这一职业最吸引人的地方之一。另外，在国人心目中，大学教师与中小学教师一样拥有

---

① 帅荣梅.地方高校教师工作满意度调查分析[J].闽南师范大学学报(自然科学版)，2021(02)：128-132.

寒暑假，工作就是教书育人，相较于其他重体力劳动工作而言较为轻松。

2.工作环境好，社会地位高

在现代人求职过程中，工作环境的舒适与否也是较为重要的考虑之一。大学教师与中小学教师一样，主要在学校里从事教书育人与科学研究工作，面临的主要工作对象是青年学生。普遍来说，学校环境较为优美、健康、和谐，教育对象是学生，学生较为单纯，工作环境既远离了城市的喧嚣又具有特定的社会性，与其他行业的工作环境相比更稳定舒适。

另外，中国有悠久的尊师重教的传统，古代就有“人有三尊，君、父、师”的说法。当今社会，国家特别重视教育，把教育摆在优先发展的战略地位，大力倡导尊师重教，大力发展教育事业，全社会尊师重教蔚然成风。国人普遍认为，教师是一个极好的职业，大学教师相较于中小学教师而言，教学层次更为高级，入职学历标准更为严格，能进入大学当教师的学历通常为硕士或博士，属于高学历人才。基于社会对高学历人才的尊重和对大学教师的工作理解，大学教师的社会地位较高，属于体面的职业。普遍来说，社会各界对大学教师的尊重程度较高。

3.利于子女成长，拥有年轻心态

众所周知，家庭是孩子认识世界、获取知识的最重要的学校，父母是子女成长过程中永远的老师。身为教师的家长，基本具备一定的教育基础知识，相较于从事其他职业的父母而言，身为教师的父母在子女教育上具有天然的优势。① 身为大学教师的父母更是掌握了系统的教育知识，在日常教育教学的过程中，其自身素质也不断得到提高，这对其子女的成长也十分有帮助。大学教师本身具有高学历，在与学生相处和对教育的探索过程中，又更加了解青少年，这就有可能使教师更容易知道如何与子女相处和沟通。虽然教师子女教育“灯下黑”现象也会存在②，但相较于其他职业，教师职业的父母更容易成为一个利于子女成长的父母。另外，教师教书育人的对象是学生，而学生是祖国的未来，他们大多天真热情、积极向上，他们的活力能感

---

① 刘秀春.教师家庭教育偏差对子女成长的影响研究[J].知识经济,2020(12):163.

② 熊和妮.教师子女教育“灯下黑”现象研究[J].教师教育论坛,2016(04):12-15.

染人、激励人，与这样的群体交流使教师在工作中常保持一种积极向上的心态。教师与学生建立良好的师生关系，不仅有助于教学工作的展开，还会在师生的交往过程中碰撞出新的灵感火花，改善教育教学的方式方法和提升科研学术水平，使一些工作中的困难迎刃而解，教师的心理压力也会慢慢减小，更容易拥有较为年轻的心态。

二、高校教师工作的压力

1.教学与思想教育压力

高校教师常会面临教育教学压力。随着高等教育的普及，高校入学人数急剧增加，如不能做好整体调控，不仅会造成高校基础设施建设跟不上、师生比例失调，而且会导致教师教育教学压力加大。例如，有些学校招生多而教师少，导致教师教学任务繁重且教学水平无暇提高。另外，提高教学质量不仅需要扎实的理论基础，还需要合适的教学方式、多样的教学技巧、丰富的教学经验等，而高校为缓解严峻的师生比局面，常会采用引进年轻教师的解决措施。高校新进青年教师一般是博士、硕士，他们有很好的本专业知识基础，但很少是师范类科班出身，大多缺乏系统的教育学背景，在教学方式、教学技巧、课堂管理、教学经验等方面存在欠缺，更容易面临教学压力。

高校教师亦会面临学生思想教育的压力。高校教师不仅要做好教学工作，同时还要做学生思想道德的引导者，其思想道德和言行对学生有很强的示范作用，需要教师提高政治思想认知和道德水平，规范自身的行为习惯。虽然高校教师群体整体表现良好，但部分教师思想现状仍不容乐观，出现思想道德教育和专业知识教育不平衡的现象。近年来，随着自媒体的发展，不少高校教师被曝出在课堂上有不正确、不合适的言行，也反映出部分高校教师在政治思想道德上存在偏颇甚至错误的认识。因此，高校对思想道德建设的高要求对教师有压力。

2.科研产出与职称晋升压力

高校教师会面临科研产出压力。众所周知，高校重视科研创新能力提升和科研成果产出，很多高校甚至将科研成果作为教师职称和职务晋升的主要标准之一。一般来说，高校对教师科研产出的要求包括项目、论文、专利、专著等多个方面。尽管高校教师多数取得了博士学位、硕士学位，具有一定的科研基础，但很多人也面临着创新能力不足，或无法在短时间内有高质量科研成果的情况。例如，很多新进青年教师还面临研究方向的转变或调整，新科研环境的适应等，导致他们科研产出效率不高；而年纪较大的教师常会出现上进心不强、凡事图稳定、创新能力不强、科研动力不强等现象。此外，很多高校科研经费集中在少数精英和高职称教授中，普通教师申请项目有诸多障碍，话语权也很低，加之我国高校学术评审制度的硬性标准大多包含教学这一项要求，高校教师面临繁重的教学压力的同时，还要投入更多精力到科研任务上，这往往导致学术成果重数量不重质量。

高校教师亦会面临职称晋升压力。高校教师自身利益与其职称评定和晋升密切相关，其职称高低直接关系到该教师的工资收入、学术地位和社会名望等个人切身利益方面。对于教师而言，高职称等级具有更高的工资收入、课时津贴、差旅报销标准等，在学校或学院的各种事务决策中也具有更强的话语权；反之，较低的职称在工资收入、事务决策等方面会面临话语权不足的问题。高校教师的职称晋升压力在年轻教师中更为常见。例如，高校新进青年教师一般从低到高开始逐级晋升，处在职称这一金字塔的底层，其职称评定需求大、竞争激烈，压力相对而言也更大。高校职称评审和晋升标准相对而言更为苛刻，因名额有限，加之近年来新进教师人数快速增加，评审名额却没有相应大幅增加，因此，十几个青年教师竞争一两个晋升指标的现象非常普遍。一些高校为缓解高校扩招后的师生比例失衡状况，普遍采取持续的人才引进政策，导致这种压力有增无减。而且，在职称晋升评审中，有些高校存在“论资排辈”“权力说话”“人情因素”等混乱现象，这些不公正因素与不良风气不仅不利于高校教学科研水平的提升，还会严重挫伤部分教师的积极性，加剧高校教师职称评定压力。

3.生活压力

除了要应对诸多方面的工作压力，高校教师也正在面临一系列生活压力，这部分压力主要集中在高校青年教师和部分中年教师身上。高校青年教师多为博士、硕士刚毕业，主要面临着一系列生活压力，包括婚恋、经济、住房、医疗、子女抚养教育等，其中经济问题、婚恋问题和住房问题占比较大。其次，部分高校中老年教师亦会面临一些生活压力，更多的是集中在薪资待遇等经济压力方面、与领导同事等人际关系方面。相关调查结果显示，教师职业压力的首要来源是工资较低。相关调查显示，高校教师普遍认为待遇与工作难度不成比例，甚至出现反差。①

高校是我国现代化建设中的人才培养基地，社会对高校有着殷切的期望，相应地，上级教育管理部门对高校的要求也更高，结果是高校的领导对教师的工作要求不断提高，高校教师所面临的工作压力不断增加。但与之相反的是，部分高校教师的工作待遇并没有随之提高，这使得部分教师除面临较高的工作压力之外还面临着一系列生活压力。为缓解部分生活压力或追求工作卓越，促使高校教师不断积极努力追求职称晋升，这种个人心态也同时会提高高校教师的科研产出压力和职称晋升压力。概括来说，高校教师这一职业虽具有一定的优点，但相应来说其面临的压力也是多重的。

第四节　大学教师如何解决科研与教学的"悖论"？

教学与科研是高校主要的两大职能，做好教学与科研工作是高校教师的职责所在。因为不管是从高校的发展历史还是社会群体对高校的期待来看，高等院校作为一种教育机构，其本质都是为了培养人才而存在，教学和科研都是高校进行人才培养的一种手段。有学者认为，在高等院校人才培养过程中，科研与教学应当紧密结合、融为一个整体共同发展，而不应厚此薄彼，导致存在"无科研的教学"或"无教学的科研"等现象。② 但事实上，高校内部关于科研与教学孰轻孰重的讨论一直存在。那么，大学教师在面对教学与科研孰轻孰重时又是如何取舍的呢？

一、面临抉择：教学还是科研

如何处理好教学与科研两者之间的关系是现代大学特别是现代研究型

① 潘伟伦.关于高校教师职业压力现状的调查分析[J].中国市场,2017(04):227-230.

② 沈岑砚,黄明东.教学与科研融合:高校可持续发展的应然选择[J].中国人民大学教育学刊,2022(02):5-15.

大学经常面对的难题。众多学者基于不同角度对于这一难题进行了不同阐述，其中安小敏基于扎根理论对研究型大学教师的教学与科研之间的促进机制进行了较为清楚的阐述，对本讲的分析提供了较大启发。[①] 正如伯顿·克拉克认为的那样，在现代高等教育系统中，没有什么问题比研究科研和教学的关系更为根本[②]。从历史发展来看，自科研与大学关联在一起之日就是有关教学与科研两者之间关系讨论的时间起点，自 20 世纪六七十年代以来，关于教学与科研关系的研究逐渐成为专门的研究领域，发展至今，教学与科研的相关研究已然成为高等教育研究中的经典命题。关于教学与科研的关系，学术界大致形成了三种基本认识[③]。一是两者之间相辅相成、相互促进。这种观点的主要代表人物是布拉克斯顿（J. M. Braxton），他认为教学和研究的角色是相似的，它们涉及共同的价值观（如理性），因此它们应该是相辅相成的。二是两者之间相互冲突。持这种观点的学者认为，教学与科研不仅无法相互促进，而且在本质上或事实上是相互冲突的。如特赖斯（A. J.Trice）从教学与科研活动的角度出发认为，教学与科研这两种活动都是劳动密集型的，因此一个人在这两个领域几乎不可能都取得成功。[④] 三是两者之间没有联系。持这种观点的学者通过计算认为两者之间联系并不大甚至于无，如海蒂（J. Hattie）和马什（H. W. Marsh）在对已有研究进行元分析的基础上，通过模型分析考察了两者的关系，结果发现教学与科研关系近乎于无。[⑤] 总之，大部分研究认为教学与科研之间存在“有关系”和“没关系”两种情况，相互促进和相互冲突是“有关系”中的两种极端状况。这种争议表明，教学与科研之间不存在一成不变的关系，这提示我们不应该脱离具体情

---

① 安小敏. 研究型大学教师教学与科研的相互促进机制研究：基于扎根理论的分析[D].大连：大连理工大学，2019.

② CLARK B. The modern integration of research activities with teaching and learning[J]. Journal of Higher Education，1997(03)：241-255.

③ 安小敏. 研究型大学教师教学与科研的相互促进机制研究：基于扎根理论的分析[D].大连：大连理工大学，2019.

④ TRICE A J. The tensions between teaching and scholarship[J]. Chronicle of Higher Education，1992(01)：B4.

⑤ HATTIE J，MARSH H W. The relationship between research and teaching：a meta-analysis[J]. Review of Educational Research，1996(04)：507-542.

境来讨论教学与科研的关系。我们可以在不同情境下讨论如下问题:教学与科研之间存在何种冲突?身为主体的大学教师如何应对这两种冲突?

如上所述,高校教师的两大主要职责是教学和科研,两者皆处于非常重要的地位,都应当受到重视。然而,由于外部政策导向、教师晋升评价机制中科研成果这一项的分量通常较重,再加之教学成果难以准确度量,很多学者认为我国高校中存在着“重科研、轻教学”的现象。进一步探讨可以发现,高校教师重视科研的原因主要是科研成果的多少与教师的职称考核、个人发展密切相关。对于高校教师而言,众多考核标准中,科研产出无疑是最直接与最关键的考核标准,高校教师在面临越发严格的教师聘任与考核制度时,不管是自愿还是被动,都将科研放在了自我职业生涯的重要位置,相较于科研,教学所占的比重要少很多。教师进行职称考核时离不开对科研成果的要求,科研论文对教师的个人发展起到重要作用,这也是导致高校教师更重视科研的原因之一。

虽然高校重视科研成果并非错误,但是不可否认的是高校既是科研单位,又是教学单位,这里不仅为社会科技进步发挥着极其重要的创新驱动作用,也承担着培养学生的重要任务。对于一个高校而言,科研的分量不容忽视,同样,作为一名教师,他必须既是科研的力量,也是好的教学骨干,教学成果特别突出也可以进行职称晋升。如 2019 年,南京某大学蒋姓教师凭借 33 年的教龄与优异的教学成果如愿评上了教授,成为该校第一位“教学专长型”教授。但对大多数高校教师而言,想要凭教学成果进行职称评审与晋升难度较大,首先是教师的教学成果没有参照标准不好衡量,教学工作可以量化,教学质量却难以给予相应的科学评价。其次是教学成果的实现与衡量期限较长,短时间内难以出成果。例子中蒋姓教师成功评上教授的年限是从教 33 年,对于一般教师而言,仅靠教学成果实现晋升耗时长、难度大,不如直接有效的科研论文、专利或重要项目来得明确与“硬核”。从各方面考虑,高校教师为了更好地发展与晋升,科研成果都是必不可少的而且是最直接有效的条件与方式。

二、走向“共赢”：科教并重

国内外研究者对于科研与教学之间的关系究竟是“相互促进”“相互牵制”还是“相互独立”已经做了众多研究探讨。通过收集相关文献，学者们普遍认为，在一定程度上，研究型大学的教师其科研成果与教学效果之间存在相互促进的关系。① 在研究型大学中，高校教师要想成为一个优秀的知识传授者和研究者，必须将教学与科研联系起来，走向“共赢”，科教并重。

1.科研是搞好教学的基础

中国科学院院士钱伟长曾指出，“教学没有科研做底蕴，就是一种没有观点的教育、没有灵魂的教育”。② 对于大学教师而言，教学是其最基础也是最主要的任务，教师作为学生的主要知识传授者和行为影响者，其是否具备较高水平的科研素质和教学能力在人才培养过程中具有显著影响。科研作为教学的“源头活水”，对提高教师教学能力具有促进作用，因此具有较高教学素质的教师必然是具有较高科研水平的教师。这主要表现在以下方面：一是具有较高科研水平的大学教师对知识把握更加准确，对教学内容思考更为深刻透彻，对教学过程更易做到“深入浅出”，更有助于学生对相关专业知识的学习与理解。二是具有较高科研水平的大学教师对所教授的专业知识最新发展更为关注，更加及时了解专业科研发展进度，这有利于教师能够及时将最前沿的学术成果不断充实到教学的课堂中，弥补已有课程知识与最新研究成果之间的“断层”，更有利于吸引学生的学习兴趣和提升教学能力。三是具有较高科研水平的大学教师大多具备刻苦的学习精神、严谨的科研态度以及独特的问题思考方式。大学教师不仅在教学内容上对学生产生影响，在与学生交流过程中其独特的个人教学风格、严谨的科研态度也会对学生产生潜移默化的影响。

众所周知，大学的第一要务是培养人才，而科学研究则是高等院校培养高层次人才必不可少的方式。③ 纵观世界各发达国家的教育发展历史可以

---

① 魏红，程学竹，赵可.科研成果与大学教师教学效果的关系研究[J].心理发展与教育，2006(02)：85-88.

② 魏丽.浅谈高校青年教师的培养[J].教育教学论坛，2013(12)：37-38.

③ 陆军恒.大学教师个体性与群体性劳动特征研究[J].教师教育论坛，2014(03)：5-9，34.

发现,大学的教学是学习已知与探索未知相统一的过程,没有基础科学研究的开展,是不利于培养出高素质人才和创新人才的。只有将科研与教学紧密结合,从而产生新知识、创造新理论,才会对培养高素质人才有直接促进作用。大学教师应将科学研究作为自己的重要职责之一,在教学中善于发现问题,并通过不断深入的科学研究和教学实践解决问题,最终达到以科研促进教学的良性循环。总而言之,在高等院校人才培养过程中,大学教师的科研应服务于教学和培养创新人才,通过提升科研水平促进其教学质量的提高,如果只完成与教学完全脱节的科研任务,在一定程度上也偏离了教师科研的目的。①

2.教学是科研的"隐形动力"

自中世纪起,大学就对教学与研究予以同等重视,甚至更为重视研究。部分学者认为,如果从认识论角度来看,中世纪大学兴起的真正原因在于研究而非教学。② 随着时代发展,科学研究在大学内部所占据的地位越发重要,而1810年柏林大学的建立,正式确立了科研在大学中的重要地位。在现代大学中,学者认为科研与教学之间最理想的状态应当是相互统一的,科研是搞好教学的基础,而教学亦是科研的"隐形动力"。

中国教育界自古就有一句俗语:"要给学生一杯水,教师自己就得有一桶水。"这句话的含义是要想教给学生的知识,教师自身的知识储备就要比学生多十倍甚至上百倍。教师要想更好地教育和引导学生,必须不断学习,扩展自身的知识储备。教师为了更好地教学而充实、提升自身的过程,在某种程度上来说会推动教师的科研工作,教学从而成为推动其科学研究的"隐形动力"。教师在教学过程中要想更好地完成教学任务,绝不能局限于课程教学知识之内,还要具备对所教授内容由表及里地掌握的能力,以及对专业学科未来发展抱有信心的长远眼光等,这些教学工作都将有助于教师拓宽科研工作的思路,以及通过实践教学提升科研水平。例如,为了达到预想的教学效果,教师需要备课、上课、对学生的疑难问题进行解惑以及批改作业

① 肖朵朵,周建敏,黄艳仙,等.高水平理工科大学建设背景下教师教学与科研协调发展的研究[J].教育教学论坛,2020(49):218-219.

② 王建华.重温"教学与科研相统一"[J].教育学报,2015(03):77-86.

等。教师在精心备课过程中，常常需要阅读大量与课程教学内容相关的最新研究成果和研究局限等材料，这将促使教师在进行教学准备工作时再次对学科专业问题进行深入思考。此外，教师在教学过程中或批改作业时，常与学生进行学术讨论，在某些时候教师会在师生研究讨论过程中获得新的科研灵感等。

三、破立并举：新时代教师评价改革的方向

教师评价是教师发展的"指挥棒"，较长时间以来，我国教师评价考核过程中的"五唯"（唯分数、唯升学、唯文凭、唯论文、唯帽子）现象突出，这背离了科学的教师评价方向，阻碍了我国教师队伍建设与教育事业的发展。[①]2018年9月10日，习近平总书记在全国教育大会上指出，要坚决克服唯分数、唯升学、唯文凭、唯论文、唯帽子的顽瘴痼疾，从根本上解决教育评价指挥棒问题。2020年10月，中共中央、国务院印发了新时代我国关于教育评价系统性改革的纲领性文件《深化新时代教育评价改革总体方案》（以下简称《方案》）。《方案》中提出要深入推进新时代我国教师评价改革，要坚持以立德树人为主线，以破"五唯"为导向，以五类主体为抓手，着力做到政策系统集成、坚持破立结合、改革协同推进，形成教师评价的综合指标体系。

当前，我国高校教师评价大多采用基于教师业绩成果的奖惩模式，教师不再是单一的、同质化的学术群体，而是逐步发展成多元的、异质化的职业群体。基于此，部分学者认为此前的高校教师评价在"师德评价可操作性""教学评价重视程度""科研评价指标"以及"教师评价方法"等方面有待优化，应构建出"基于分类管理的教师评价体系"。[②] 针对当前高等院校教师评价出现的问题，《方案》提出新时代教师评价要进行"破""立"并举的改革，"破"的是重分数轻素质等片面办学行为，"立"的是立德树人落实机制，相应提出高等院校改革的五项重点任务，分别是"坚持把师德师风作为第一

① 王鉴，王子君.新时代教师评价改革：从破"五唯"到立"四有"[J].中国教育学刊，2021(06)：88-94.

② 胡建平，刘福窑，孙守印，等.新时代高校教师评价改革及体系构建[J].办公室业务，2022(15)：147-149.

标准”“突出教育教学实绩”“强化一线学生工作”“改进高校教师科研评价”以及“推进人才称号回归学术性、荣誉性”，为我国高校教师评价改革指明了方向。

在以往，我国教师评价过程中普遍存在“五唯”现象，其中“唯论文”“重数量、轻质量”等倾向在高校科研评价工作中比较突出，不利于提高高校教师科研水平。“唯论文”“重数量、轻质量”主要是指高校在对教师进行评价时，将论文数量作为教师科研能力考核、晋升职称、评奖评优的唯一指标。为了成功地晋升职称和评奖评优，部分高校教师或压缩其他工作，提高科研训练时间，或为增加论文数量，大量发表低质量论文，更有甚者不惜学术造假。对于这部分高校教师而言，最大的问题在于没有对大学教师这一职业进行科学合理的定位，忽视了身为教师教书育人的立身使命。许多高校原本为引导树立正确的科研评价质量和贡献导向，采取指标与绩效工资分配、奖励挂钩的方式。《方案》中除了明确提出废除“唯论文”等突出问题，还对改进高校教师科研评价进行了“突出质量导向”“坚持分类评价”的政策设计，强调高校教师科研评价的重点在学术贡献、社会贡献以及支撑人才培养情况，根据不同学科、岗位特点，坚持分类评价，不再将论文数、项目数以及课题经费等科研量化指标与绩效工资分配、奖励挂钩。新时代教师评价应牢牢抓住教师“扎实学识”这一基本功，提升教师教育教学和科学研究的综合素质。教师评价体系也应相应形成与“唯论文”倾向截然不同的、教学与科研并重的综合分类管理评价指标，对取得重大理论创新成果、前沿技术突破、解决重大工程技术难题、在经济社会事业发展中做出重大贡献的，申报高级职称时论文可不作限制性要求。

诚然，人的精力是有限的，高校教师正面临教学与科研的抉择，但如何处理好、平衡好教学与科研两者之间的关系，对于教师个人和高校层面而言，最重要的是看教师本人的驾驭能力和高校对于教师的管理。大学教师个人要对自身的职业进行科学准确的定位，明确应如何处理好科研与教学的选择；高校也应对不同岗位类型教师的考核标准进行区分，不能“一刀切”，应注重教师教学能力和科研能力双提升。好的教师，应该是教学很受欢迎，科研能力也很强。总而言之，大学教师既不能“浮于”教学而忽略科研素质的提高,也不能“沉于”科研而放弃提升教学能力,更不能在面临科研与教学的双重压力时抱怨、迷茫与顾此失彼,应当树立信心,正确且充分地认识到教学与科研的内在联系,于日常教学研究工作中科教并重,做一名“大先生”。

第十二讲
学术向善：高校科研诚信如何实现

近年来，国际、国内学术界科研不端行为的丑闻接连不断，从著名科学家到初入学界的研究生，抄袭、剽窃、数据造假等问题被频频曝光，引发社会各界高度关注。面对科研不端行为，许多人不以为意，认为不就是发表了几篇注水论文，浪费了一些科研资金，何至于“兴师动众”？还有一些机构讳疾忌医，认为世风日下，人心不古，学术圈也难以守住一片净土，只能采取“睁一只眼，闭一只眼”的态度。古语言，“君有疾在腠理，不治将恐深”，对于看似轻症的不重视最终会招致大患。以此类比，屡屡发生的科研不端现象就像潜藏在学术肌体中的毒瘤，其危害不容小觑。放眼于远处，科研不端是对学术公平的无视和对社会诚信的践踏；着眼于近处，科研不端不仅会扰乱正常的学术秩序，还会影响到社会生活的良性运行。一个简单的例子，医学领域科研不端是对生命健康的巨大威胁，极可能会危及我们每一个人的生命安全。2022 年 7 月 22 日，《科学》杂志报道了神经学家马修 · 施拉格（M. Schrag）对 2006 年发表于《自然》杂志上的一篇关于阿尔茨海默病早期研究论文的质疑。这篇被质疑论文的被引用次数高达 2300 多次，据称是 21 世纪被引用最多的关于阿尔茨海默病的研究之一。许多媒体都以“医学界地震”“研究被颠覆”为题发文，认为阿尔茨海默病领域被这篇“造假”论文误导了 16 年。[1] 因此，预防和杜绝科研不端，建立风清气正的学术环境任重道远。高校是人才培养和科学研究的主阵地。主阵地失守，危及全局。有鉴于此，对高校科研不端行为的成因和预防进行深入探讨十分必要。本讲基

① 张洪涛.华裔女学者论文造假误导老年痴呆研究 16 年？真相究竟是啥？[EB/OL].（2022-08-01）[2022-0802].https://news.ifeng.com/c/8I7aiLfCj8t.

于社会学视角,从学术的精神气质、学术规范训练等内容层面进行讨论。

第一节 学术的精神气质

"粗缯大布裹生涯,腹有诗书气自华。"不只人有气质,学术也讲气质。学术规范、价值观和素养修为在一定程度上内化为学者的个人品质,铸就学者的学术良心。崇善尚德、滋养正气、求真向善、潜心学问、严谨治学、淡泊名利等品质都是学术精神气质的重要体现。作为专门从事科学研究和教书育人的学者,必须更好守护公序良俗,强化责任担当,涵养高贵的学术精神气质。许多研究表明,发生科研不端行为的原因多种多样,但学术精神气质缺乏是科研不端行为发生的内在动因。防治科研不端行为的发生离不开学术制度、学术规范的刚性约束,同时也有赖于学术精神气质的软约束。①

一、何谓学术精神气质?

(一)学术精神气质的内涵

学术的精神气质,也称科学的精神气质,这一概念源自美国社会学家默顿的著作《科学与社会秩序》②。学术的精神气质是默顿科学社会学的基础,其解释了学术人员如何在规范的指导下进行研究,及科学的社会运行如何在科学规范的框架内展开。默顿认为,正是因为有了科学的精神气质,科学才获得了成为一种"社会建制的资格"。在默顿看来,学术的精神气质是"制度性必需的规范",即科学作为一种社会建制所必需的最基本规范,可被定义为:约束科学家的有情感色调的价值和规范综合体。这些规范以规定、偏好、许可和禁止的方式表达。③

---

① 江新华,吕良珊.论对我国学界科学的精神气质的培育[J].内蒙古师范大学学报(教育科学版),2005(05):1-4.

② MERTON R K. The sociology of science: theoretical and empirical investigations[M]. Chicago: The University of Chicago Press, 1973:221-223.

③ 盛华根.论科学规范的层次结构——默顿科学精神气质的另一种解读[J].科学技术与辩证法,2005(06):97-100.

(二)学术精神气质的结构

按照默顿的解释,学术的精神气质包含四项主要规范[①]:①普遍主义(universalism)。普遍主义与权威主义相对。英文中的“universalism”是事物在属性或范围方面一致的事实或状态,在此处指检验科学真理的标准具有客观性和普遍性,即从事科学研究的“准入”条件和科研成果的评价原则应遵循“普遍”这一基本理念,不能因个体属性如国籍、种族、阶层、宗教以及其他个人特质而否定其科学能力和影响其科学成果评价。②公有主义(communism)。公有主义与私有主义相对。英文中的“communism”原本是指倡导财产公有,消除私有,劳动者各尽所能、各取所需的理念。作为科学规范,此处指在科学活动中,应将所有科学知识或任何有意义的发现都视为全人类的共同财富,而不是科学家的个人私有财产。进一步而言,科学家对其成果发现仅享有优先权而无占有权,任何创新都是对前人科学思想和研究成果的继承,是社会乃至全人类合作的产物。此外,公有主义要求科学家所有创新成果应公开发表。③无私利性(disinterestedness)。英文中的“disinterestedness”意为无私心、无偏见的品质。该规范在科学规范视域指的是科学家以科学为目的、非功利地从事研究的价值取向,要求科学家不把从事研究作为带来金钱、地位、声望或荣誉的手段,同时谴责在科学研究竞争中运用不恰当的方式抬高自己或压制对手。④有条理的怀疑主义(organized scepticism)。英文中的“organized scepticism”是一个组合词,意指科学的怀疑不是无端的,而是有组织、有条理的,即必须借助经验和逻辑标准。该规范要求科学家在科研活动中不能迷信任何绝对权威,对人类所有知识,包括科学研究或其他权威产生的知识,均应持怀疑态度,对这些知识进行严格审视和考查。

默顿的四项规范结构后续不断得以补充和完善。例如,巴伯(B. Barber)补充了理性精神和感情中立;斯托勒(N. W. Storer)增添了客观性和概括性;齐曼(J. Ziman)增加了创新精神;默顿也对该理论继续完善,补充了

① 盛华根.论科学规范的层次结构:默顿科学精神气质的另一种解读[J].科学技术与辩证法,2005(06):97-100.

谦虚和创新性。在不断修正和完善中,学术的精神气质解释力得以增强,对引导和规范科学家的研究活动和行为起到重要作用。①

二、为何要培育学术精神气质?

(一)对科研活动的形塑

学术的精神气质属于科学规范体系结构的理念价值层面,具有“元”性质。有学者认为,学术的精神气质是科学规范确立的基础,通过这种元规范可以推演出许多具体的技术性科学规范,进而对科学进行社会控制。当今社会,学术已经成为一种职业,这一职业的最高价值在于求真和求善,学术的精神气质体现的就是这种价值。因此,一方面,学术精神气质作为一种元规范是对科学目标和功能理念层面的反映,操作性较差,概括性和统领性较强,虽然不属于条条框框的具体要求,但是对科技法律、标准规范、规章程序等操作性较强规范的形成和制定具有基础性作用;另一方面,学术精神气质也反映了科研人员对学术这一职业的道德观和价值观。② 因此,学术的精神气质对科研活动的作用是不可或缺的,具有引领和形塑科研活动方向和内容的功能。

(二)对不端行为的防治

学术的精神气质对于治理科研不端至关重要。学术的精神气质所包含的规范借助制度性价值而合法化,这些规范通过赞许、告诫和范例传达等方式在不同程度上被科学家内化,形成科学良知。有研究认为:虽然科学的精神气质并未经过系统整理,但在科学家的习惯中,在无数论述科学精神的著作中,在由于触犯精神气质而激起的科学家道德义愤中,其所表现出来的道义上的一致性,可以推断出科学的精神气质。③ 学术职业要求科研人员求真

---

① 江新华,吕良珊.论对我国学界科学的精神气质的培育[J].内蒙古师范大学学报(教育科学版),2005(05):1-4.

② 盛华根.论科学规范的层次结构:默顿科学精神气质的另一种解读[J].科学技术与辩证法,2005(06):97-100.

③ MERTON R K. The sociology of science: theoretical and empirical investigations[M]. Chicago: The University of Chicago Press, 1973:269.

和求善，勇于批判和反思，形成一种以普遍主义、公有主义、无私利性和有条理的怀疑主义为核心的文化氛围和价值观念，成为治理科研不端行为的核心理念。①

（三）对相关制度的补充

培育学术的精神气质是治理科研不端行为的重要方式。对科研不端行为的控制除依赖于科研人员的自律外，制度的约束作用也不可或缺。② 一般来说，制度主要分为正式制度和非正式制度两种类型。正式制度主要指组织的各项法律规章等，具有刚性特征。而非正式制度通常是在社会历史演进过程中自发形成的，不以人的主观意志为转移的文化传统、风俗习惯、价值观等，具有内在的软性特征。正式制度的功能是“为人制定选择空间的边界”，即对人的行为具有强制约束作用，违反正式制度的后果是受到明确的惩罚。③ 正式制度作用的发挥有赖于同非正式制度的结合与协调。有研究表明，正式制度只有与意识形态、文化传统等非正式制度相契合，才能充分发挥作用，反之，如果两者之间充满冲突矛盾，正式制度就无法发挥有效作用。④ 当前，针对科研不端行为，教育和科技等政府部门制定了一系列法律法规，科学组织也有明确的规章制度，但是抄袭、剽窃等行为仍然屡禁不止，一个重要原因就在于缺乏非正式制度的有力支撑。因此，学术的精神气质作为一种非正式制度需要得到大力培育，更好地耦合正式制度，这样才能更有效地规约科研人员的学术行为，减少科研不端行为发生。

三、如何培育学术精神气质？

学术精神气质的养成非一朝一夕之事，需要长时间的引导和积淀。培育学术精神气质可从转变学术发展理念和加强学术道德建设方面加以考量。

---

① 刘尧，余艳辉. 大学教师学术不端行为的诊断与防治［J］. 大学教育科学，2010(01)：60-67.

② 江新华，吕良珊. 论对我国学界科学的精神气质的培育［J］. 内蒙古师范大学学报（教育科学版），2005(05)：1-4.

③ 卢现祥. 西方新制度经济学［M］. 北京：中国发展出版社，1996：24.

④ 王跃生. 没有规矩不成方圆［M］. 北京：生活·读书·新知三联书店，2000：16.

（一）转变学术发展理念

第一，以社会需求和公众满意为导向。社会意义上的学术发展无法脱离经济与社会的大环境。大学和科研机构应从经济、社会发展的需求出发，将科研与国家的经济、社会实际问题结合起来，把论文“写在中国大地上”，让科学研究真正造福于国家与人民。第二，尊重科学发展规律。科学发展具有不以人的意志为转移的内在旨归。为此，学术发展不能违背学科发展、人才培养和科学研究规律，要协调好教书育人与科学研究之间的关系，而不是盲目追求即时的成绩。[①] 第三，转变急功近利的发展理念。学术研究是一个循序渐进、不断积累的过程，应树立可持续发展理念，克服急躁情绪。近些年来，学术界急功近利、浮躁浮夸之风盛行，这种风气须及时得到抑制。

（二）加强学术道德建设

第一，增强学术诚信意识。学术诚信是学者从事科研活动的基本前提和内在要求。为此，需要加大科研诚信宣传教育力度，建立学术工作“宣誓”制度，增强学者的诚信理念。第二，强化学术良知。学术良知是潜藏于学者内心深处的复杂意识活动，是把学术责任转化为学者内心的道德情感和道德信念形成的内在自我意识。学术责任行为一定程度上是学术良知的外化，为此需要通过教育、激励及惩戒等方式强化学者的学术良知。第三，开展学术道德实践。马克思主义道德学说认为，个人的道德修养离不开改造社会、改造世界的客观实践。道德规范实践多以提供行为认知模板和意义系统为特定情境下的个体行为提供参照，对个体的价值偏好、身份认同和行为方式具有重要影响作用。学者积极参与道德实践有助于增强自身使命感和社会责任感，建立自身与规范之间的“实践理性”，进而在学术活动中自觉遵守学术规范。[②]

---

① 郭德红.建设“双一流”重在培育追求真理的学术精神[J].北京教育(高教),2016(03):20-22.

② 刘尧,余艳辉.大学教师学术不端行为的诊断与防治[J].大学教育科学,2010(01):60-67.

第二节　学术规范的训练该如何进行？

学术规范训练不仅对于科研不端行为的预防和规避具有重要作用，而且对于科研人员树立良好学风、培养正直诚信的科学品德以及提高自身创新水平也具有十分重要的现实意义。组织社会学的新制度主义理论对我们开展有效的学术规范教育和训练，具有深刻的启发和借鉴意义。

一、何谓学术规范训练？

没有规矩，不成方圆。学术规范是指科研人员在学术研究活动中必须遵守的行为准则。治学无定法，从业有行规。学术规范事实上就是学术行业的规范，也就是在学术共同体内部形成的有关科研活动的基本伦理道德规范，其贯穿于学术研究活动全过程，涉及各个专业和学科领域。① 在默顿看来，学术规范是具有感情基调的一套约束科学家的价值和规范的综合，是科学精神气质的体现，是学术研究工作中的“超我”，应内化为科研工作者的科学良心。② 除此之外，有研究综合了已有概念，将学术规范界定为保障学术研究活动有序进行，研究人员必须遵守的一系列规则、制度和行为准则。具体说来，主要包括学术规范意识和学术规范行为两个层面的内容。其中，学术规范意识包括认知、情感和意志三个方面；学术规范行为则是对学术规范意识的践行。③ 综上所述，本讲中的学术规范指的是指导和约束科研人员学术活动的一系列规则，包含价值、意识和行为等层面的内容。其中，价值主要体现为科学的精神气质和伦理道德等；意识主要指内化至科研人员学术活动中的科学思维和习惯等；行为则主要表现为准则和规则等。

一般认为，学术训练是指对科研人员进行的系统和全面的学术培养和专业训练。学界多将学术训练的对象局限于学生，即以获得学位为目的而

---

① 钱茂伟.研究生学术规范教育初探[J].学位与研究生教育,2010(09):47-50.

② 默顿,林聚任.科学的规范结构[J].哲学译丛,2000(03):56-60.

③ 任凯歌,黄菊.试论研究生学术规范意识及其培养机制[J].中国高教研究,2010(10):51-53.

进入和准备进入专业学术研究领域的人，如硕士生和博士生。但也有学者认为这种观点失之偏颇，主张学术训练是所有科研人员乃至高等教育工作者的基本功。① 综合考虑这些观点，可以认为学术规范训练是学术训练中的一部分，包含学术价值观、治学态度、学术道德、学术规范意识以及学术规范行为准则等方面的训练和养成。

二、学术规范训练的必要性

（一）学术规范意识薄弱现状堪忧

当前，科研人员学术规范意识薄弱是一个既存事实。国内一项针对大学生科创项目的调查显示，参加过学术规范相关讲座和课程的人数几乎为零；完全没有听说过“学术道德”和“学术规范”的学生占到5.8%；听说过、但不了解的学生占58.93%；对遵守学术规范之于科研工作重要性的问题，有近20%的人认为重要但论文成功发表更重要；更为值得注意的是，对于“修改数据”“署名不当”以及“一稿多投”的具体行为，持完全不赞同态度的学生约为20%。显而易见，即使参加过科研项目的大学生，学术规范意识也比较薄弱。② 同时，一项针对教师和研究生的调查研究表明，有少数教师和研究生对于学术规范及其执行情况并不了解，更有小部分教师几乎没有进行过相关问题的讨论。③ 这些现象都反映出，当前科研人员的学术规范意识比较薄弱。

（二）学术规范知识欠缺现象普遍

当前，科研人员学术规范知识欠缺也是一个十分普遍的现象。有学者认为，当前我国学术界出现的一系列科研不端行为，其根本原因是学术规范训练这一“地基”没有打好。许多本科生，甚至相当一部分研究生分不清合理引证与抄袭剽窃的区别；少数研究生表示不清楚著作权和知识产权保护

① 朱文通.关于学术训练及其他[J].社会科学论坛,2013(05):102-108.

② 晏丹,张金铭,王雯惠,等.参与大学生创新训练的本科生学术规范现况分析:以武汉科技大学为例[J].教育教学论坛,2017(40):76-77.

③ 朱缨.学术规范教育给力吗?:关于研究生学术规范教育现状的调查分析[J].学位与研究生教育,2014(01):23-27.

方面的要求；在关于后果的认识方面，多数研究生对于科研不端行为后果严重性的认识不足。在学术论文写作过程中，学术规范知识欠缺导致研究生意识不到科研不端问题的严重性。有调查研究表明，部分教师和学生认为，学校有关学术规范的规定在标准、要求以及行为后果方面存在模糊性，导致不知道如何具体实践。而在美国等一些国家，本科期间就已明确要求大学生必须重视学术道德和学术规范，每个大学的学生手册上对于作业和论文的抄袭及其处罚都有十分明确和具体的规定，许多教授在开课第一天的教学大纲上会写明抄袭者课程成绩为零。同时，学生的论文写作手册中不仅包含资料收集、选择、使用、分析和观点陈述等技术方法方面的内容，对于注释、引用、格式等学术规范方面的内容也有详细的规定。在给论文打分时，除内容以外，资料使用是否规范也是十分重要的考量依据。[①] 相比美国的这种学术规范教育模式，包括高校在内的我国学术界还存在一定差距，如此，导致科研人员学术规范知识普遍欠缺。

（三）学术规范执行低效状况明显

近年来，我国科学界学术规范制度建设成效比较显著。国家有关部委出台了一系列学术规范相关文件，国内高校也普遍制定和完善了有关科研规范的相关规定。这些规定涵盖了学术道德原则、科研行为规则、违规处理程序、具体处罚规定，以及学术规范的主管和执行机构等一系列内容。[②] 总体而言，我国学术规范制度建设工作在不断完善。

制度是否起作用，关键在于执行。虽然我国学术规范制度在加速完善，但是执行效果却难以令人满意。有调查表明，多数研究生对科研不端有较好的认识，对于学术诚信问题比较重视，但在执行方面存在严重脱节。[③] 学术规范教育的主要责任人是教师。可以看到，教师对科研不端行为的态度，会对学生具有直接和潜移默化的影响。教师对科研不端的鲜明态度和严厉

① 王笛.学术环境与学术发展：再谈中国问题与西方经验：任教美国大学手记[J].开放时代，2002(02)：100-108.

② 朱缨.学术规范教育给力吗?：关于研究生学术规范教育现状的调查分析[J].学位与研究生教育，2014(01)：23-27.

③ 滕建华，郭雪娜，于璐.研究生学术诚信现状的调查与分析[J].黑龙江高教研究，2014(03)：109-112.

处罚措施,会直接影响学生对学术规范的认知和行为,能够有效控制科研不端行为的发生。有调查研究显示,大多数教师对学生的科研不端行为均持绝不姑息的态度,但能够严格执行的却很少,甚至有一小部分教师采取"睁一只眼,闭一只眼"的态度。教师对科研不端行为的态度消极含混,惩罚措施力度不足,学术规范制度的执行效果自然会大打折扣。[①]

(四)学术规范训练不足问题突出

当前,我国科研人员学术规范训练不足的问题比较突出。北大前校长许智宏认为,多数科研不端行为源于学术规范基本训练不足。[②] 随着我国对科研不端行为重视程度不断提高,许多高校开始在专业课程中穿插一些学术规范知识,少数高校还结合学科或专业开设了专门的学术规范教育课程。课堂教育逐渐成为学术规范教育和训练的重要渠道。不过,与其他专业课程相比,专门的学术规范教育课程尚未形成,以课堂方式普及和训练学术规范未得到足够的重视[③],诚信的科研氛围不浓厚。有学者认为,当前虽然许多学校和相关院系都制定了具体的学术规范和有关规定,但由于缺乏理解和自觉,多数研究生似懂非懂地执行着这些规定,在事实上并没有真正按照学术规范进行操作。学术规范教育效果不理想的原因归根结底在于操练不足,学术规范没有内化为科研工作者的实际行为习惯。[④] 有调查显示,多数研究生认为实施学术规范教育能够积极引导他们正确地从事学术活动;但也有相当一部分研究生认为学术规范教育内容空洞,起不到指导作用;还有小部分研究生对此给予消极评价,甚至认为学术规范教育没有必要并且妨碍了正常的学术研究,不愿意遵守。另外,许多教师认为,单纯的学术规范教育是不够的,"学术道德""学术价值观"以及"操作性规范"教育亟待加

---

① 朱缨.学术规范教育给力吗?:关于研究生学术规范教育现状的调查分析[J].学位与研究生教育,2014(01):23-27.

② 文静.我们需要怎样的学术诚信[EB/OL].(2007-02-05)[2022-09-11].https://zqb.cyol.com/content/2007-02/05/content_1666716.htm.

③ 劳俊华,段利强.研究生学术规范素养的调查与思考[J].学位与研究生教育,2006(10):16-18.

④ 钱茂伟.研究生学术规范教育初探[J].学位与研究生教育,2010(09):47-50.

强，尤其要加强教育的深入性、全面性和有效性。[①] 由此可见，学术规范训练不足是当前科研领域亟须改进的短板。

三、学术规范训练该如何开展？

学术规范训练是防治科研不端的有力手段和途径，但仅依靠具体的操作性规范指导显然不足。学术规范训练不仅仅局限于具体的操作性指导，还涉及营造良好的科研环境以及完善科研不端的监督和惩戒机制等层面，此处我们主要从学术规范的制度建设方面予以论述。

对于学术规范训练的开展，可以运用组织社会学新制度主义理论加以解释。斯科特认为，制度是为社会行为提供稳定性和意义的由符号性要素、社会活动和物质资源构成的持久社会结构，制度既对行为具有禁止和制约作用，也为行动提供指引和资源支持。许多社会学家将规制性（regulative）、规范性（normative）和文化-认知性（cultural-cognitive）系统确定为制度的三大核心要素，制度促进稳定、形成意义与秩序的功能实现依赖于这些要素所发挥的作用。简言之，这些要素作为制度结构的核心构成部分提供具有弹性的框架以指引行为和抵制变迁。其中，规制性要素旨在强调和明确外在的各种规制过程，包括规则设定、监督以及奖惩活动；权力、惩罚和自利性策略是规制性要素的核心成分；宪法、律令、规则、指示、规制和正式控制结构的拓展等是规制性要素的显性指标。规范性要素强调社会生活的规定性、价值评价性和义务责任性层面，价值观和规范是其核心构成部分，专业协会等标准制定机构的鉴定和认证等是规范性要素的经验性指标。文化-认知性要素建构于人们对社会实在性的共同理解，以及创造了形成意义的认知框架，共同理解、专业意识形态、认知框架或集体意义等是文化-认知性要素的显性指标。[②]

承前所述，学术规范是为确保研究活动的有序开展，科研人员需要遵守

---

① 朱缨.学术规范教育给力吗?:关于研究生学术规范教育现状的调查分析[J].学位与研究生教育,2014(01):23-27.

② 理查德·斯科特. 制度与组织:思想观念、利益偏好与身份认同[M]. 4 版.姚伟,等译. 北京:中国人民大学出版社,2020:53-115.

的一系列规则、制度和行为准则。[①] 因此,新制度主义理论可以为学术规范训练和教育的开展提供一定解释和借鉴。具体而言,可从规制性、规范性和文化-认知性层面进行学术规范训练。

(一)建设有力的学术监管机制

新制度主义理论强调规制性要素对行为的约束作用,因此强有力的学术监管机制是预防科研不端的重要方式。具体而言,可考虑以下措施。一是设立和健全层级清晰和权责明确的学术管理机构。如学术委员会、学术诚信委员会和学术审查委员会等,为审查和处理科研不端提供机构和程序保障。[②] 二是建立健全学术相关的法律法规。完善国家、教育和科技部门等各层级的法律及规章制度,对科研不端行为的界定、预防和惩戒提供明确的规定。三是强化监督审核。在日常科研训练中加强对课程论文、学术论文以及学位论文的审查力度,及时甄别科研不端行为。四是加大惩戒力度。对科研不端行为采取"零容忍"的态度,按照既定的程序及时进行调查,结合调查结果并根据相关规定给予惩戒。[③] 例如,高校对科研不端行为给予严厉处分,包括不授予学位或取消已授予学位,记入个人诚信档案,进行违纪处分,不得参评各类奖助学金、荣誉称号,收回已获得的奖助学金、荣誉称号等,以此警示和约束科研不端行为。五是借助科技手段甄别和防范科研不端。[④] 例如,在论文发表和学位论文审核过程中充分使用科研不端检测系统和反剽窃软件等技术手段对科研不端行为进行辅助检测和识别。

(二)开展有效的学术规范教育

新制度主义理论认为规范性要素对行为具有一定的引导作用。因此,大力开展学术规范教育是预防科研不端的重要措施。具言之,第一,需要加

---

① 徐珊.研究生学术规范水平内部差异及提升策略分析[J].大学(研究版),2020(04):56-65,44.

② 李礼.加拿大高校学术道德与学术规范教育探析:以多伦多大学和滑铁卢大学为例[J].比较教育研究,2012(09):14-17.

③ 朱彬,刘英辉,刘念.学术不端与研究生学术规范教育[J].西南民族大学学报(人文社科版),2008(08):267-270.

④ 贾宝余,刘红.研究生学术道德和学术规范教育的趋势与途径[J].学位与研究生教育,2010(05):46-50.

强对科研人员的学术道德教育。学术规范实质上是一种行业规范，涵盖学术共同体内部形成的开展学术活动的基本伦理道德规范。[①] 学术道德是科研人员从事学术研究必须遵守的行为规范。除法律及规章制度以外，应建立和完善各类学术道德规范。第二，可以借鉴美国较为成熟的科研诚信教育理念或体系——负责任研究行为（Responsible Conduct of Research，简称RCR）教育，就数据收集和管理、利益冲突管理、实验对象保护、研究人员的责任、同行评议、科研合作以及包括抄袭、伪造等在内的科研不端行为等方面的内容，对本科生、研究生以及各层次研究人员进行课程教育和讲座培训，为加强研究人员的诚信意识提供支持。[②] 例如，科研机构需设立和完善专门的学术规范课程体系，将论文写作指导和学术研究规范相关课程作为必修课纳入培养环节，通过课堂学习和考核评价的方式扎实开展学术规范基础教育。第三，强化科研实践训练，加强科研人员的实践操作，促进科研人员将学术规范内化和巩固，并将学术规范转化为专业习惯。高校可从本科开始即设立专项科研基金项目，鼓励本科生和研究生结合课程学习和应用实习开展研究，同时应拓展学术训练平台和丰富学术训练活动，通过学术沙龙、学术论坛以及课题辅导等多种形式强化学术训练，在实训中提升学术规范水平。第四，强化导师在学术规范教育中的责任。以高校为例，本科生导师和研究生导师是培养质量的把关者，也是学术规范的训导人，其不仅要训练学生的科研创新能力，更要以身作则，引导学生树立正确的价值观，恪守学术规范，增强社会责任感。具言之，一方面，高校应在对导师的培训中增加学术规范教育模块，同时可将导师实施学术规范教育和学生遵守学术规范的状况作为导师考核的内容指标，以强调导师在科研不端防治中的责任；另一方面，在日常的学术训练中增进沟通交流，加强学术规范指导和监督管理，督促学生在遵守学术规范的基础上进行研究。第五，加大学术规范宣传力度。研究机构应充分借助各类媒体平台加强学术规范宣传教育。[③]

---

① 钱茂伟.研究生学术规范教育初探[J].学位与研究生教育,2010(09):47-50.

② 周霞,常虹,刘美满.国内外医学科研诚信教育现状及启示[J].护理学杂志,2012(01):95-97.

③ 朱缨.学术规范教育给力吗?:关于研究生学术规范教育现状的调查分析[J].学位与研究生教育,2014(01):23-27.

例如，在机构网站设置专门的学术诚信页面或者设立学术规范教育专栏，通过电子手册、视频讲座、咨询答疑等形式对学术研究活动的规范准则、基本要求以及科研不端案例等内容进行阐述和解释，发挥指导和警示作用。

（三）营造良好的科研环境氛围

在文化层面，努力营造风清气正的学术文化，弘扬学术正气。在我国，现代意义上的科学研究发展历史不长，学术界追求真理的科学文化积淀不足。因此，要大力弘扬诚实守信的学术文化，创造求真向上的科研创新环境，营造良好的学术氛围，针对科研不端形成一种环境层面上的压力。① 在心理层面，需着重培养和提高科研人员的学术规范意识。学术规范意识是科研人员进行学术研究中对外部环境因素主动和有选择地进行认识、记忆和推理等的心理加工过程，并由此形成关于学术规范的价值判断、理性认知、意志情感等，其结构要素包括三大相互交叉和互为依托的体系，即学术规范意识的认知体系、知识体系和经验体系。学术规范意识对科研行为具有控制作用。有鉴于此，可以通过学术规范教育和实践训练增强科研人员的学术规范意识，促进科研人员掌握学术规范知识，建立对学术规范的尊重和认同意识，养成自觉遵守学术规范的能力，合理恰当地开展科研工作。②

① 贾宝余，刘红.研究生学术道德和学术规范教育的趋势与途径[J].学位与研究生教育，2010(05)：46-50.

② 任凯歌，黄菊.试论研究生学术规范意识及其培养机制[J].中国高教研究，2010(10)：51-53.

后　记

随着科技进步和经济发展，高等教育愈发受到国家与社会的重视。从世界范围看，高等教育已经从一种特殊的社会现象，演化成了一个规模庞大、结构复杂的系统，在整个社会中发挥着不可或缺的重要作用。当前，作为社会子系统的高等教育，已经深刻地嵌入一个国家或地区的政治、经济、文化乃至社会结构和社会制度之中。同时，高等教育与高深知识、学科组织、专业组织等社会建制的深度融合，使内部也形成了一个区别于其他社会子系统而独具自身特征的“社会”。社会中的高等教育和高等教育中的社会引发了诸多问题，亟待学界进行研究并提出科学、合理的解释。

高等教育社会学是从社会学视角研究高等教育问题的一门新兴学科。由于西方国家现代化过程发端较早，西方高等教育社会学的发展历程较长，其研究的主要领域和研究范畴已经基本形成。以伯顿·克拉克（B. R. Clark）为代表的一批卓越学者，深入探讨了影响该学科发展的社会、组织和认知因素等，对学科未来的发展前景和研究方向也进行了极具前瞻性的擘画。他们当中一些优秀学者的作品已经被翻译成中文，如冈伯特（P. J. Gumport）所著的《高等教育社会学》，正启发着我国高等教育学领域的教师、学生和研究者。不过，正如社会学这门学科研究范式所强调的那样：知识难以脱离具体情境而单独存在，时间约束、空间背景和前提假定的情境性特质，决定了我们不能不加检验地接受这些西方高等教育社会学知识，尤其是不经甄别地用以认识和解释我国社会的高等教育现象及问题。

众所周知，我国有自己独特的历史传统和文化习俗，中国人具有迥异于西方社会的信仰、态度和价值观念，同时我们也有着不同于西方国家的政治、经济和社会制度。我国高等教育的发展历程，与经济、社会的联系，同国家、政府的关系，等等，这些因素都是在构建我国高等教育社会学学科知识体系的过程中必须加以深思熟虑的。与此同时,经历了改革开放40多年的发展,我国高等教育取得了长足的进步,正在逐步迈向国际高等教育强国之列,与之相伴而生的是高等教育系统内部和外部也涌现出了大量的新问题,亟待我们使用科学的理论和方法进行研究、认识和理解。高等教育社会学恰恰为我们提供了这样一个知识储备丰富且极具启发性的学科视野。循沿这一路径,国内许多学者付出了大量的辛勤努力,以张德祥、王处辉、侯定凯为代表的一批学者出版了《高等教育社会学》等学术专著,对我国高等教育社会学的理论体系、研究方法、前沿性问题以及教学与研究的"中国化"等进行了全面、系统和规范的研究。除此之外,许多年轻学者也开始把研究兴趣聚焦在高等教育社会学这一领域,他们尝试使用社会学理论和方法开展研究工作,在期刊上发表了大量的高质量论文,极具洞见力地认识和解释我国高等教育的理论和实践问题,为构建我国特色高等教育社会学学科体系贡献了知识与智慧。

本书的写作并非延续上述学者的学术脉络,而是笔者对个人从事高等教育社会学课程教学工作的一个系统总结。在长期的高等教育社会学课程教学实践中,笔者发现教育学专业的学生多数比较缺乏社会学理论和研究方法的相关知识储备。由于课程学时所限,高等教育社会学课程无法系统、完整地讲述社会学知识,这就导致了课程讲授过程中师生之间难以进行良好的知识交流和思想互动。许多学生对社会学理论和方法浅尝辄止,对教育问题进行蜻蜓点水式的分析,这令人深感困惑与不安。为了解决这一问题,多年以来大连理工大学高等教育社会学课程一直坚持基于问题的教学方式,强调用问题把社会学的相关理论和教育现象联系起来进行讲述。具体说来,就是通过对问题的描述,引导学生认识和理解社会学的相关理论和方法,同时沿着理论和方法提供的思维脉络探讨和分析具体的教育问题。课程的内容安排不是按照知识体系的逻辑保持固定不变,而是根据高等教育领域关注的基本问题和热点问题具体展开。正如本书所呈现给读者的那样,不是按照传统教材或者著作那样围绕学科知识体系进行撰写,而是结合理论以十二讲的形式对高等教育的社会功能,高等教育内部的组织、制度和文化,以及大学排名、科研规范等热点问题分别进行了社会学视角的探析。

本书的出版得到了广西师范大学出版社的大力支持和大连理工大学“管理工程”学科建设经费的资助,我们在此深表感谢!本书的撰写工作得到了大连理工大学高等教育研究院的鼎力支持,许多热心的老师给笔者提出了极具启发性的建议,一些博士研究生和硕士研究生参与了本书的资料收集和整理工作。本书的前言和第一讲由笔者独自撰写,其余章节由博士研究生和硕士研究生辅助笔者撰写完成。具体分工情况如下:第一讲,李冲;第二讲,李冲、张婷婷;第三讲,李冲、牛广妍;第四讲,李冲、余晓璐;第五讲,李冲、齐婉宁;第六讲,李冲、毛伟伟;第七讲,李冲、李霞;第八讲,李冲、刘世丽;第九讲,李冲、李蕊;第十讲,李冲、王婧雪;第十一讲,李冲、易文静;第十二讲,李冲、李英琦。

本书力图让读者了解并掌握高等教育社会学的经典理论以及得到学术界普遍认可的知识,因此引证了大量学者的著作、教材和学术论文等资料。出于对原作者的致敬,本书以脚注的形式对多数文献进行了引证,以供读者进一步查证和研究使用。尽管如此,也难免挂一漏万,在此向各位原作者表达由衷的敬意,没有你们提供的研究积累,本书难以顺利完成。在资料引证和理论观点的转述中,尤其是写作过程中,出于对文字简化而进行的阐释,难免会有不当之处,敬请原作者知会并予以订正。此外,受本人学识和精力所限,本书必然有大量疏漏之处,也恳请广大读者和专家学者批评指正。

李冲
谨识于大连理工大学高等教育研究院
2024 年 8 月 30 日